本书是北京市社会科学基金项目
"民间外交中与文化他者的跨文化沟通策略研究——以在京留学生的跨文化经历为例"
（编号：18JDXCB002）的最终成果

并获得中央高校基本科研业务费专项资金资助
（编号：2023CB011）

北京外国语大学资助学术著作出版

田野中国 Field CHINA

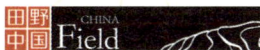

INTERNATIONAL STUDENTS IN BEIJING

在北京的留学生

国际教育流动中的跨文化体验与适应

INTERCULTURAL EXPERIENCES
AND ADAPTATION
IN TRANSNATIONAL EDUCATIONAL
MOBILITY

刘杨　著

社会科学文献出版社
SOCIAL SCIENCES ACADEMIC PRESS (CHINA)

序

　　每一个研究的背后都隐藏着研究者自己的故事。每每被别人问起，为什么要选择跨文化传播作为研究方向，为什么要聚焦来华旅居者，我总是笼统地回答兴趣使然。我的回答之所以如此简短，是因为很长一段时间里我自己也并不确定这颗兴趣的种子在我心里何时落土生根，发芽开花。如果以时间为衡量标准，我对来华旅居者这个群体的好奇或许可以追溯到孩童时代的一次北京之行。那是1987年的春夏之交，父母带着年幼的我去北京旅游。在人头攒动的北京火车站，我一下子就被两三个金发碧眼、大学生模样、背着硕大背包的女生吸引了。那应该是我第一次在日常生活中看到外国人。据我母亲回忆，我当时非常好奇，目不转睛地盯着人家看，于是她不失时机地教育我出门在外要节俭（因为她看到其中一个女生吃完苹果之后，把苹果核周围的果肉也吃得干干净净）。除了外国女生吃苹果的记忆，那次北京之行还有一件趣事，也与外国人有关。据我父母回忆，我在北海公园游玩的时候突发奇想，开始跳舞，碰巧有一个外国游客走过，觉得可爱，就举起手中的相机要给我拍照。谁知我一下子别扭害羞起来，一头扎进母亲的怀里，不肯让人家拍。

父亲觉得我的小孩子脾气有点不礼貌，试图解释，但与对方语言不通，只能报以微笑。后来家里大人一提到这个事情，总是笑着打趣，说我关键时候临场退缩。在之后的 30 多年里，我在人生的不同阶段，与来自不同国家的旅居者展开过不同程度的跨文化交际。现在想来，这些互动通常始于好奇，过程中往往存在着差异带来的距离感。这种对不同文化的好奇感以及接触之后的距离感一直贯穿我所经历的跨文化交际，其最浓烈的呈现发生在我赴美留学的岁月里。与很多"80 后"一样，我在成长过程中学习美式英语、看过美国电影、追过美国电视剧。这种以语言习得和媒介使用为载体的跨文化体验形塑了我对美国文化的初步想象。带着这种想象，我在 2011 年的夏天踏上了赴美留学的旅途。我到现在还清晰地记得我在入境排队的时候突然发现自己是当时那个队列里唯一的黑头发、黑眼睛、黄皮肤的个体。在那种强烈的对比下，我生平第一次深刻地意识到自己的中国人样貌在那个环境下已经彰显并标注了我在美国社会的外国人身份。现在回想起来，那是我第一次直面自己在美国语境下的文化他者身份。随着时间的推移，我发现自己的文化他者身份并没有逐渐淡去，而是像一团空气一样四散在身份认同这个容器的各个角落。每当这个容器被外界的文化差异所触动，我就会立刻感知到自己文化他者身份的存在。逐渐地，文化他者身份成了我不断拓展自我认知的重要组成部分，同时也赋予了我解读跨文化交际的多元视角。正如学者们论述的那样，他者与自我是相互依存的，他者产生于与"自我"的差异之中，并不断地丰富着个体对自我的理解[1]。跨文化交际就是我们与不同文化他者互动的过程，在这个过程中我们不断拓宽视域，丰富对自己以及文化他者的多元立体的认知[2]。

陈向明教授[3]在《旅居者和"外国人"——留美中国学生跨文化

---

[1] 单波. 跨文化传播的基本理论命题 [J]. 华中师范大学学报（人文社会科学版），2011，50（1）：103-113. 其他文献详见：单波，张腾方. 跨文化传播视野中的他者化难题 [J]. 学术研究，2016（6）：39-45+73+32.

[2] 贾文山，刘杨. 跨文化传播的诠释学视角——以中国语境为例 [J]. 西安交通大学学报（社会科学版），2018，38：123-129.

[3] 陈向明. 旅居者和"外国人"——留美中国学生跨文化人际交往研究 [M]. 北京：教育科学出版社，2004:15.

人际交往研究》一书的"自序"部分写道，"婆罗门人类学家兹尔尼瓦斯说，人类学家要获得三次诞生：第一次诞生于'本族文化之中，受其文化熏陶塑造'；第二次诞生于'所研究的异族文化之中，因为这时他必须生活于异族，学习异族文化，学会像他们那样思维，变陌生为熟悉'；而当人类学家回到自己的故土，就必须经历第三次诞生，将一度熟悉但已陌生了的事物再次变为熟悉"①。当我获得博士学位回到故土，再度与上述这段文字相遇的时候，我突然发现原来自己也历经了三次诞生。我生于河南，先后求学于陕西和江苏，后在上海工作三年。这些经历算是我的第一次诞生，形塑了我对中国文化和中国人身份的最初认识。当我获得奖学金赴美攻读传播学博士学位时，我的第二次诞生开始萌芽。在美国念书的岁月里，我深刻地体会到中国文化与美国文化之间的差异，以及这种差异对跨文化交际的深刻影响。正如前文所述，我作为一个生活在美国文化体系中的他者，在日常生活中观察、感受并熟悉这一"异族文化"。当我学成归国，开始工作之后，我发现很多我曾经无比熟悉的概念突然在一个瞬间变得有些许陌生，需要再度学习，重新熟悉。但不同于前人学者描述的那种自觉式第三次诞生，我的第三次诞生出现于自己与来华旅居者这些文化他者接触的过程中。对跨文化交际的兴趣以及自己曾经旅居美国的经历让我对来华旅居者这个群体产生了浓厚的兴趣。早在硕士研究生阶段，我就尝试做过相关的研究，并以此为题完成了自己的硕士学位论文。但鉴于自己有限的学术训练和人生经验，我一直觉得硕士学位论文可以深化下去，但一直苦于无从着手。后来在博士学位论文开题的时候，我再度想起了自己心中的这个"未竟之志"，决定依然聚焦来华旅居者这个群体，并将研究重点放在他们如何在跨文化交际中实现身份协商与共建上。在我返回中国做田野研究的时候，我接触到很多在中国旅居多年的外国人。在采访过程中，我发现这些文化他者对中国文化的一些感知和关注点与我这个局内人不同。这种差异极大地触动了我，让我

① 冯增俊. 教育人类学 [M]. 南京：江苏教育出版社，1991：52-53.

突然意识到有很多事物在我的认知体系中是一种想当然的存在，我从未认真并深入地探究这些认知出现的根源以及延续的原因。比如，中国女性坐月子的习俗引起了一些受访者的强烈兴趣，他们在访谈中询问我为什么有这样一种习俗的时候，我竟一时语塞，答不上来，只能含糊地说这是老一辈人延续下来的做法。在那一瞬间，我突然发现自己对曾经认为熟悉的事物其实缺乏深入的了解。为了再度熟悉我的文化，我查阅资料，咨询专家，终于找到了对应的答案。

对于学者而言，每一份完成的研究都存在不完美的地方，这种不完美也是促使大家继续深入研究的动力所在。考虑到自己有限的精力、财力和时间，我的博士学位论文研究只聚焦了来华美国旅居者的跨文化体验。虽然研究问题的聚焦可以确保分析的深入开展，但也不可避免地将研究发现限定在单一群体之内。因此，我萌生了将研究范围扩大至欧美文化体系内其他国家的来华旅居者的想法。此外，我在博士学位论文的研究过程中发现绝大多数受访者都有留学中国的经历，这让我对来华留学生群体产生了浓厚的研究兴趣。基于以上两点原因，我启动了针对来华欧美留学生这个文化他者群体的研究。在跨文化交流的过程中，旅居个体的他者身份产生于他们与东道国民众在外貌、语言、生活习惯和价值观等方面的差异之中，这种基于差异感而产生的局外人身份即文化他者身份。来华欧美留学生作为中国文化体系中的旅居者，其文化他者身份产生的历史根源是中国文化与欧美文化这两大文化体系在哲学层面的根本性差异。来华欧美留学生在华跨文化体验直接关乎中国大国形象的树立和中国文化国际影响力的提高，因此针对这个文化他者群体的研究可贡献如下价值。首先，此类研究可以推动中国文化与欧美文化之间的文明共建，化解跨文化冲突。他者与自我并非二元对立，而是相互依存、彼此成就。中国学者通过研究来华欧美留学生这一文化他者群体，可以深化自己对中国文化的认知，跳出局限的自我视角，以更加开放包容的心态从事跨文化对话，从而推动两大文化体系之间的文明共建，化解跨文化冲突。其次，此类研究可以促进跨文化研究的学科发展。中国文化与欧美文化各自经历漫长成熟过程之后才相遇，彼此存在质的区别。因此，来华欧美留学生在进入中国文化体系之后，会比来自亚洲其他国家的留学生更容易感知到文化他者身份以及这种身份带来的疏离感、孤独感和无助感。但目前学界对跨文化交流中出现的文化他者，尤其是中国文化体系下出现的欧美文化他者，还未给予足够的关注。因此对来华欧美留学生的文化他者身份研究可以拓宽跨文化研究的学科外延，丰富其学科内涵。再次，关注来华欧美留学生跨文化经历具有重要文化意义。中国树立大国形象、提升中国文化国际影响力，不仅需要依托孔子学院这样的机构"走出去"，也需要关注来华留学生这样"送上门"的国际受众。让他们真正地了解中国、更好地适应在中国的学习与生活，也是中国文化"走出去"的重要组成部分。根据教育部发布的数据，2018年来华欧美留学生（主要指来自欧洲和北美各国的留学生，同时也包括来自澳大利亚和新西兰的留学生，因为这两个国家在文化和政治层面深受英国影响）总数为115580人，占在华留学生总数的23.5%，其中欧洲学生总数为73618人（占比14.96%），美洲学生总数为35733人（占比7.26%），大洋洲学生总数为6229人（占比1.27%）。因此，来华欧美留学生已经逐渐成为中国与西方国家开展公共外交的重要载体，对这个群体在华跨文化经历进行研究可以为中国整体公共外交政策做出贡献。最后，关注来华欧美留学生的文化他者身份具有教育实践意义。留学生在东道国会面临文化差异和语言不畅所带来的困难，这会导致他们文化他者身份的产生，从而使他们对某些特定的社会支持产生期待心理。因此，把文化他者身份研究纳入社会支持的研究范畴，从理论层面连通两个领域，有助于相关管理部门发现留学生跨文化不适产生的根源，锁定他们所期待的社会支持与现有社会支持之间的断层，从而更有针对性地为其提供在华学习和生活所需的社会支持，最终使他们更全面深入地了解中国、真正爱上中国，成为知华、爱华人士，未来成长为中国与西方国家开展公共外交的坚实桥梁。

目　录

066

第四章 **推拉理论视野下的
来华动因分析**

095

第五章 **留学生在华社会网络
再生产及跨文化适应**

第一章　来华留学生历史回顾
　　　　与研究意义

　　留学生教育古已有之，最早可追溯至古希腊和古印度时期[①]。特蕾莎·贝维斯（Teresa B. Bevis）和克里斯托夫·卢卡斯（Christopher J. Lucas）在其著作 *International Students in American Colleges and Universities: A History* 一书中描述，早在公元前 2 世纪，雅典城邦内教授哲学和修辞的学校已经招收了数量可观的外国人[②]。这些来自不同地区的学生也会追随他们仰慕的智者从一个地方迁移到另外一个地方，这种伴随求学而产生的人口迁移被视为国际学生流动的雏形[③]。继古希腊之后，古印度因为佛教的兴盛而成为全球留学版图上的另外一颗明珠。始建于公元 5 世纪左右的那烂陀寺（Nalanda）曾是一所享誉世界的佛教大学，吸引了来自亚洲各地的学生前往研修佛法，其中最负盛名的学生就是唐朝

---

① 马佳妮. 留学中国——来华留学生就读经验的质性研究 [M]. 北京：社会科学文献出版社，2020.

② BEVIS T B, LUCAS C J. International students in American colleges and universities: A history [M]. New York, NY: Palgrave Macmillan, 2007.

③ AKANWA E E. International students in Western developed countries: History, challenges, and prospects [J]. Journal of International Students. 2015, 5: 271-284.

的玄奘法师[①]。中国作为古代东亚汉文化圈的中心，自古也吸引着众多来自不同国家和地区的留学生，他们作为文化交流的载体，承担着学习以及传播汉文化的重要使命。

一　来华留学生教育历史回顾

（一）隋唐时期

中国政府关于批量接收外国留学生的文字记载最早可追溯至隋朝。董明在《中国古代来华留学生教育的启示》一文中记录，最早派遣来华留学生的国家是日本："其时正值推古天皇在位、圣德太子摄政期间。此前汉语汉字在日本上层社会已然有所传播，圣德太子即具有浓厚的汉学功底。他重视发展同隋朝的关系，从开皇二十年（600）至大业十年（614）派'隋唐使'达5次之多且于推古十六年（608）开创派留学生来中国学习的先例。史留其名的日本来隋留学生共13人，多为汉人后裔。"继隋朝之后，唐朝作为中国封建社会发展的鼎盛时期，凭借国力的强盛和唐文化的魅力吸引了大批外国留学生前来学习[②]。例如，日本为了学习唐代先进文化，促进自己国家发展，多次向唐朝派出遣唐使和留学生，其中仅入唐留学僧和留学生两类就可列出150人左右[③]。在来唐的日本留学生中，最负盛名的当数吉备真备和阿倍仲麻吕。董明在其研究中对这两位来唐日本留学生的突出表现进行了详尽的总结："吉备真备，开元五年（717）随第九次遣唐使来华。在华期间，研覃经史，该涉众节，成为饱学之士。开元二十二年（734）十一月携汉籍多部归国。天皇授其正六位下，拜大学助教。其时日本的大学设有明经、文章、明法、算学、音韵、书法等六科，生徒400~500人。吉备为六科生徒讲授学自中国的各种新知识，教读《史记》《汉书》《后汉书》。高野天皇也跟他

① SHARMA Y. India's ancient university returns to life [DB/OL].2013-05-29. https://www.bbc.com/news/business-22160989.
② 董明. 中国古代来华留学生教育的启示 [J]. 海外华文教育，2003，26：68.
③ 道端良秀. 日中佛教友好二千年史 [M]. 北京：商务印书馆，1992.

学习《礼记》《汉书》。其历史功绩之一是根据部分汉字偏旁部首创制了日语片假名。……阿倍仲麻吕，与吉备真备同时来唐，深造于太学。汉名晁衡（或作'朝衡'）。卒业后，中进士第，在唐就职，官至秘书监，兼卫尉卿……上元（760~761）中，晁衡擢左散骑常侍、安南都护。大历五年（770）卒。共留居唐朝52年，身居高位，显名两国，完全汉化、儒化，堪称对外汉语教学史之美谈。"①

此外，朝鲜半岛大规模派遣留学生来华也始于唐代。有关史料记载，"仅开成二年（837）在华新罗学生即多达216人，而开成五年（840）四月一次回国的新罗学生则有105人，足见数量之巨"②。外国人来华留学的规模空前，从史书记载中可见一斑。例如，《登科纪考》记载："（唐）自天下初定，增筑学舍至千二百区，虽七营飞骑，亦置生，遣博士为授经。四夷若高丽、百济、新罗、高昌、吐蕃，相继遣子弟入学，遂至八千余人。"据考证，当时入唐的各国留学生主要由鸿胪寺负责接收和管理，入唐之后大多数会被安排进入国子监六学馆（国子学、太学、四门学、律学、书学以及算学），与中土学子一同学习③。此外，唐代设立的宾贡科，赋予了留学生及外国贡士在唐朝参加科举考试的资格，及第者可被授予官职，在华建功立业，这种泱泱大国的气度和开放式的胸怀也是吸引大批留学生来华的重要原因之一④。以朝鲜来华留学生为例，从9世纪到10世纪中叶，在中国科考及第的人数约90人⑤。其中，新罗王京人崔致远便是典型的一例。崔致远于9世纪中叶随商船入唐学习，6年之后中进士，后升任殿中侍御史，并于884年以唐朝国信使身份东归新罗，在新罗王朝继续担任要职，著作颇丰，被尊崇为朝鲜汉文文学奠基者，为两国的文化交流做出了重要贡献⑥。

①　董明．中国古代来华留学生教育的启示 [J]．海外华文教育，2003，26：68-74．
②　董明．中国古代来华留学生教育的启示 [J]．海外华文教育，2003，26：70．
③　郭丽．唐代留学生教育管理制度述论 [J]．北京社会科学，2016：65-72．
④　董明．中国古代来华留学生教育的启示 [J]．海外华文教育，2003，26：68-74．
⑤　周一良．中朝人民的友谊关系与文化交流 [M]．上海：开明书店，1951．
⑥　董明．中国古代来华留学生教育的启示 [J]．海外华文教育，2003，26：68-74．

（二）宋元时期

与唐代相比，宋代来华留学人数有显著缩减，但仍有部分外国人在宋学习汉文化。公元918年，高丽王朝取代了新罗王朝。近60年之后，高丽王朝派金行成入宋朝留学，其在一年之后"擢进士第"，后任职殿中丞；与其同时代的另外一位高丽留学生康戬在公元980年高中进士，继而留在宋朝为官，多次受到宋太祖的嘉奖，一生未归故土[①]。在宋太宗和宋徽宗时期，高丽入宋留学生科考及第之后，皆被授予官职遣归，这些留学生中如今有名可考的人包括王彬、崔罕和金端。外国人来华学习的现象在元代依然延续。其中来自高丽王朝、在元代参加科考并中第的贡士人数众多，其中的代表性人物就是李穑。李穑（1328—1396），字颖叔，号牧隐，高丽王朝后期大臣李谷之子，早年在元朝国子监学习三年，深受程朱理学的熏陶，在元朝考中进士，曾供职于翰林院，后归故土担任机要之职，负责在高丽王朝传播程朱理学，成为高丽王朝末期的一代儒宗[②]。

（三）明清时期

琉球在1372年与明朝建立朝贡关系后，即开始向明朝派遣留学生，截止到万历八年（1580），共计派遣来华留学生16批次[③]。这些留学生皆被安排在南京国子监学习，明朝政府"各赐衣巾靴袜，并夏衣一袭，钞五锭。秋，又赐罗衣各一袭，及靴袜衾褥"[④]。明朝政府在给予留学生丰厚物质资助的同时，也对包括这些外国学生在内的监生实施严格的教学管理制度。《明史》记载，"每旦，祭酒、司业坐堂上，属官自监丞以下，首领则典簿，以次序立。……每日习书二百余字，以二王、智、永、欧、虞、颜、柳诸帖为法。每班选一人充斋长，督诸生功课。衣冠、步履、饮食，必严饬中节。夜必宿监。有故而出，必告本班教官，令斋长帅之，以白祭酒。监丞

① 董明. 中国古代来华留学生教育的启示 [J]. 海外华文教育，2003, 26: 68-74.
② 徐付. 高丽末年儒学家李穑及其《牧隐稿》研究 [D]. 呼和浩特：内蒙古师范大学，2010.
③ 董明. 明清时期琉球人的汉语汉文化学习 [J]. 北京师范大学学报（人文社会科学版），2001, 163: 109-116.
④ 董明. 明清时期琉球人的汉语汉文化学习 [J]. 北京师范大学学报（人文社会科学版），2001, 163: 70.

置集惩簿，有不遵者书之，再三犯者决责，四犯者至发遣安置。……
堂宇宿舍，俱有禁例"①。高丽王朝在明代已经进入统治末期，但依
然积极输出留学生到明朝学习，希望以此稳固自己与明朝的关系，
借机巩固自己的政权。对于派遣入明的高丽学生，明朝在表示欢迎
的同时也强调自愿去留的重要性。明太祖对此事的态度在《明实录》
中记载如下："高丽欲遣子弟入学，此亦美事。但其涉海远来，离
其父母，未免彼此怀思。尔中书省令其国王与群下熟议之，为父兄
者愿遣子弟入学，为子弟者果听父兄之命，无所勉强，即遣使护送
至京，或居一年，或半年，听其归省也。"②随着高丽王朝被推翻以
及朝鲜时代的开始，朝鲜半岛的当权者对汉语的重视更甚，多次请
求向明朝派遣留学生，但由于朱元璋之后个别皇帝的保守，这些请
求基本遭到拒绝③。

　　清朝时期的留学生主要来自三个国家：琉球、朝鲜和俄国。据
清《国子监志》的记载，"外藩就学国子监者，有琉球学、有俄罗
斯学，俱不常设。其所遣陪臣子第八监读书，由监臣遴贡生为教习，
又派博士、助教等官董之"；对于学成者，清政府"赐宴及文绮，
乘传厚给遣归"④。与明朝相似，清政府为来华留学生也提供了丰厚
的物质资助。例如，与清政府保持宗藩关系的琉球于 1682 年派遣 4
人到京师留学，《清史稿》记载，这些留学生抵达之后，康熙帝令
"照都通事例，日廪甚优，四时给袍褂、衫绔、靴帽、被褥咸备，
从人皆有赐，又月给纸笔银一两五钱。特设教习一人，令博士一员
督课"⑤。从 1686 年到 1867 年，琉球先后分 8 批向清朝派遣留学
生共 30 余人，这些"官生"后来多成长为优秀的汉语人才，归国之
后成为维系两国友谊、推动汉语言文化在琉球深入传播的中流砥柱；
此外，还有一些琉球青年自费到清朝学习，史称"勤学人"，他们
主要聚集在福州，通过与当地人的接触把福州不少风俗习惯、生产

①　董明. 中国古代来华留学生教育的启示 [J]. 海外华文教育，2003, 26:70.
②　董明. 中国古代来华留学生教育的启示 [J]. 海外华文教育，2003, 26:72.
③　董明. 中国古代来华留学生教育的启示 [J]. 海外华文教育，2003, 26: 68-74.
④　董明. 中国古代来华留学生教育的启示 [J]. 海外华文教育，2003, 26:70.
⑤　董明. 中国古代来华留学生教育的启示 [J]. 海外华文教育，2003, 26:70.

技术以及语言词汇传回琉球，与政府派遣的官生一样，为汉语及汉文化在琉球的广泛传播做出了重要贡献[1]。自 1648 年始，李氏朝鲜多次派遣留学生来华学习西洋历法[2]。鸦片战争之后，针对日本灭亡朝鲜的企图，清政府准许李氏朝鲜派遣的留学生"来天津学习制造、操练"，继续展现其"天朝上国"的气势[3]。俄国留学生来华始于清康熙年间。相关文献记载，俄国"尝遣人至中国学剌麻（喇嘛）经典，以绥东方之众，并遣子弟入国子监，习满、汉语言文字"[4]。1727年中俄签订的《恰克图条约》规定，俄国每 10 年派遣 6 名学生来学满、汉语言文字，此后直至清末，陆续有俄国学子来华赴国子监求学[5]。这些俄国来华留学生中最为人熟知的就是伊拉里昂·卡利诺维奇·罗索欣（Illarion Rossokhin，1717 - 1761）。罗索欣是最早从事中国文化典籍译介工作和满、汉语教学活动的俄国人，为俄罗斯早期汉学的发展做出了巨大贡献，因此被誉为俄罗斯汉学奠基者之一[6]。

（四）民国时期

随着清朝退出历史舞台，新式教育体系在民国时期逐步确立，高等教育质量有所提升，加之一些高校拥有自主招生权，这就使得来华留学教育呈现新特点，展现新趋势。首先，派遣学子来华留学的国家数量增至二十余国，除了有输送来华留学生传统的亚洲周边国家，还出现了欧美国家，如瑞士、波兰、德国、英国、美国和土耳其；其次，留学生来华方式呈现多元化，除了传统的各国政府选

① 董明．明清时期琉球人的汉语汉文化学习 [J]．北京师范大学学报（人文社会科学版），2001，163：109-116．其他文献详见：董明．中国古代来华留学生教育的启示 [J]．海外华文教育，2003，26：68-74．
② 杨昭全：中国—朝鲜·韩国文化交流史（IV）[M]．北京：昆仑出版社，2004．
③ 余子侠，王海凤．近代来华留学生教育的演变历程及特点 [J]．湖北大学学报（哲学社会科学版），2021，48：111-119．
④ 余子侠，王海凤．近代来华留学生教育的演变历程及特点 [J]．湖北大学学报（哲学社会科学版），2021，48：111-119．
⑤ 董明．中国古代来华留学生教育的启示 [J]．海外华文教育，2003，26：68-74．其他文献详见：余子侠，王海凤．近代来华留学生教育的演变历程及特点 [J]．湖北大学学报（哲学社会科学版），2021，48：111-119．
⑥ 董明．中国古代来华留学生教育的启示 [J]．海外华文教育，2003，26：68-74．

派学子赴华单向留学的方式，还出现了中外互派留学生的交流模式，以及依靠个人自行联系校方或经中国学界名人（或教育团体）推荐自费留学中国的新型方式；再次，来华留学生留学所选科目从之前的以中国传统文化为主，逐渐转变为抗日战争全面爆发之后的以现代科学为主；最后，对来华留学生的管理从无序走向有序，如国民政府教育部在 1947 年专门设置了专管留学事务的"国际文化教育事业处"，明确了教育部在来华留学生管理事务中的领导地位，并正式强调了来华留学生需参加各个学校的入校考试，根据考试成绩划定学习方式[①]。虽然时局动荡，但近代来华留学生依然在维系中外友好关系一事上发挥着重要作用，这些学生的例证可见表 1-1。

表 1-1　近代来华留学生代表情况

国家	来华留学生	备注
俄国	1909 年阿理克（B. M. AneKceeB）等入京师大学堂学习	入新式教育机构学习中国传统的经史课程
美国	1925 年孙念礼（Nancy Lee Swann）入北京华文学校进修汉语	该生在来华之前入哥伦比亚大学攻读博士学位，于 1925 年来到北京，为了更好地完成博士学位论文进入华文学校进修汉语并从事汉学研究
美国	1928 年毕乃德（Knight Biggerstaff）入北京华文学校学习中文	该生在来华之前入哈佛大学攻读硕士学位，主攻汉学，1928 年自费来华，后申请哈佛燕京学社奖学金，在华进修汉语并进行学术研究
美国	1932 年顾立雅（Herrlee G. Creel）抵达北京，开始为期四年的留学生活	该生于 1932 年获得哈佛燕京学社为期三年的奖学金并赴北京留学，后又获得洛克菲勒基金会奖学金，这使其留学时间延至四年
土耳其	1928 年赖毅夫（英文名不详）来华学习	由大学院发通晓华文证明书
丹麦	1929 年斯密蒂（Gerd Smidt）入清华大学学习	该生毕业于巴黎东方学院
美国	1929 年美国约翰斯·霍普金斯大学多名学生来华学习	具体资料不详
德国	1929 年德国公使卜尔熙之子入清华大学学习，后肄业	该生为"外人入国立清华大学肄业之第一人"

① 彭泽平，金燕. 近代来华留学教育的递嬗、趋势及历史影响 [J]. 社会科学战线，2022（1）：215-225. 其他文献详见：余子侠，王海凤. 近代来华留学生教育的演变历程及特点 [J]. 湖北大学学报（哲学社会科学版），2021，48：111-119.

续表

国家	来华留学生	备注
波兰	1930 年郭雷新斯基（Krysinski）入上海法政学院学习	该生为波兰公使署参议
美国	1931 年卜德（Derk Bodde）抵达北京，先后在燕京大学和清华大学学习	该生在来华之前入哈佛大学攻读学士学位，主攻中国古代思想制度史，1930 年获哈佛燕京学社奖学金，于次年赴北京学习
美国	1932 年费正清（John K. Fairbank）入北京华文学校学习中文	该生在来华之前就读牛津大学，攻读博士学位，主攻中国近代外交史，获罗德斯奖学金后来华
瑞士	1932 年勃雷贾夫人（Madame Parejas）入中央大学旁听	该生为中央大学英语教授勃雷贾（Parejas）的夫人
英国	1933 年窦女士（Miss Darroch）入中山大学教育研究所学习	具体资料不详
暹罗（泰国）	1933 年一名学子入北京大学学习	1937 年中暹协会成立后，暹罗有派学生来华留学之意，中国中暹协会理事长周启刚为此特呈请政府对暹罗派遣来华学生，分大学、中学来规定学额，各予优待，其主要学习和研究中国教育问题
英属马来	1934 年马来王子安哇尔（Anwar）入同济大学学习	该生毕业于荷兰高级中学
印度	1943 年 10 名学生入中央大学、西南联大、中山大学、金陵大学等校学习	这 10 名印度留学生在进入中国高校之前，有的已获得学士学位，有的已获得硕士学位
秘鲁	1946 年中秘有交换学生的计划	具体资料不详
越南	1947 年段德仁、郑功德、郑功成、武福悬、武德进、陈文翚、阮绍先入中山大学法学院学习	具体资料不详
意大利	1947 年白道礼（英文名不详）入中央大学文哲两系旁听	该生为翻译员
菲律宾	1947 年 4 名官费生入厦门大学学习	主要学习和研究中国语言
澳大利亚	1948 年中澳商讨交换学生或学者来华	具体资料不详

资料来源：顾钧.美国第一批留学生在北京 [M]. 郑州：大象出版社，2015；余子侠，王海凤.近代来华留学生教育的演变历程及特点 [J]. 湖北大学学报（哲学社会科学版），2021, 48: 111-119.

二　来华留学生教育国际化和现代化发展

随着中华人民共和国的成立，中国高等教育国际化和现代化迎来了平稳发展的新时期。来华留学生教育在这个新时期具体可以划分为以下七个发展阶段 [①]。

（一）1950—1978 年：来华留学生教育的启动、停滞与恢复

1950~1952 年，共计 33 名来自东欧社会主义国家的留学生先后分 8 批进入清华大学东欧交换生中国语文专修班学习，其中来自罗马尼亚的留学生 5 人，保加利亚 5 人，匈牙利 5 人，波兰 10 人，捷克斯洛伐克 8 人 [②]。这些留学生的到来标志着新中国来华留学教育的正式启动 [③]。截止到 1965 年，中国共接收来自 70 个国家的 7259 名留学生 [④]，其中 7090 人来自以下三个区域：东欧人民民主国家和苏联，中国周边的人民民主国家包括越南、朝鲜和蒙古，以及民族独立国家 [⑤]。之后，"文化大革命"的爆发使得来华留学生教育陷入了短暂的停滞，直到 1972 年才重新启动，是年赞比亚和坦桑尼亚两国派遣 200 名留学生来华系统学习铁路相关专业 [⑥]。从 1973 年开始，来华留学生教育开始逐步恢复，当年共计招生 383 人，但来华留学生规模在这个时期并没有出现快速增长，"招收的来华留学生主要是大学生、选课大学生和进修生，研究生招生依然处于停滞状态" [⑦]。据统计，1978 年在华留学生总数虽有 1236 人，但仅为 1966 年在华留学生规模的 33% [⑧]。这一阶段，随着中苏关系的改变以及中国与西方国家的建交，"来华留学生的来源国别结构与 1950—1965 年启动阶段有所区别，来自周边国家、欧美发达国家以及民族独立国

① LI L. Stages and characteristics of the development in Chinese international student education over a 70-year period[J]. Journal of International Students, 2020, 10: 6-17.

② 陈强，孙奕，王静，等. 新中国第一批"洋学生"——清华大学东欧交换生中国语文专修班始末 [J]. 神州学人, 2015, 7: 9-13.

③ 李鹏. 新中国来华留学教育的发端：缘起、进程与意义 [J]. 华东师范大学学报（教育科学版），2016, 34: 107-112+124.

④ 程家福. 来华留学生教育结构历史研究 [M]. 上海：同济大学出版社，2012.

⑤ LI L. Stages and characteristics of the development in Chinese international student education over a 70-year period[J]. Journal of International Students, 2020, 10: 6-17.

⑥ 刘海方. 从中国模式的智力援助到全球化时代新公共外交——讲述中国对非洲奖学金的故事 [J]. 当代世界，2013: 54-57.

⑦ LI L. Stages and characteristics of the development in Chinese international student education over a 70-year period[J]. Journal of International Students , 2020, 10: 6-17.

⑧ 于富增. 改革开放 30 年的来华留学生教育 [M]. 北京：北京语言大学出版社，2009.

家的留学生占这个时期来华留学生总数的 80.7%"[1]。

（二）1979—2011 年：来华留学生教育的探索、扩大与规范管理

　　随着 1978 年改革开放拉开序幕，来华留学生教育逐步进入探索发展的新阶段。1979 年颁布的《外国留学生工作试行条例（修订稿）》强调，来华留学生教育既是一项国际主义义务，也是为中国社会主义现代化建设服务的一项重要工作[2]。1985 年，国务院批转《外国留学生管理办法》，第一次在留学生招生类别中划分出了研究生，这标志着中国正式开始接收攻读研究生学位的来华留学生，此后出台的《关于招收和培养外国来华留学研究生的暂行规定》则对来华留学的研究生招生与管理做出了系统规定。此外，中国还在这个时期对自费来华留学生进一步敞开了大门，不仅扩大了自费生类别（包括学历生和非学历生），还扩大了接纳留学生的学校范围并增加了学校的招生自主权。在这个探索发展阶段，来华留学人员人数快速增加，留学生人数、学习专业门类、来源国以及自费生比例都有较大变化[3]。1991 年，中国接收来华留学生总数首次突破 10000 名，全年在华学习的各类留学生达 12000 余名，其中自费留学生总数也第一次超过公费留学生人数，达 8300 余名[4]。总体而言，来华留学生教育在探索发展阶段的功能已经从之前的单一政治外交逐步转向政治外交兼为经济建设服务，相应的管理制度逐步完善，高校招收和管理的自主权逐步增大[5]。

　　1992—2001 年是来华留学生教育的扩大发展阶段。在这个阶段里，中国对接收第三世界国家留学生的办法进行重大改革，开始执行高层次、短学制、高效益的培养方针，重点转向为第三世界国家

[1] LI L. Stages and characteristics of the development in Chinese international student education over a 70-year period[J]. Journal of International Students, 2020, 10: 6-17.
[2] LI L. Stages and characteristics of the development in Chinese international student education over a 70-year period[J]. Journal of International Students, 2020, 10: 6-17.
[3] 杨军红. 来华留学生跨文化适应问题研究 [D]. 上海：华东师范大学, 2005.
[4] 于富增, 辽波, 朱小玉：教育国际交流与合作史 [M]. 海口：海南出版社, 2002.
[5] LI L. Stages and characteristics of the development in Chinese international student education over a 70-year period[J]. Journal of International Students, 2020, 10: 6-17.

培养行政、教育和科研方面的高级人才[①]。此外，来华留学生数量在这个阶段实现了跨越式增长，例如，从 1991 年到 1992 年仅一年时间，来华留学生人数就从 1828 人增加至 14000 人[②]。2000 年颁布的《高等学校接受外国留学生管理规定》进一步明确了高校接收和培养留学生的规范化管理体制。这个文件不仅对"改革开放后来华留学生教育政策调整及管理工作实践"进行了系统总结，更是对"进入新世纪后发展来华留学生教育做了前瞻性、制度性安排"[③]。据统计，2001 年来华留学生总数（61869 人）及具备接收留学生资格的高校总数（363 所）较 1992 年分别增长了 3.4 倍和 1.8 倍[④]。

　　2001 年 12 月中国加入世界贸易组织后，来华留学生教育发展也迎来了新的机遇和挑战，进入规范管理阶段。2004 年国务院颁布的《2003—2007 年教育振兴行动计划》指出，要按照"扩大规模、提高层次、保证质量、规范管理"的原则，积极创造条件，扩大来华留学生的规模，实施中国教育品牌战略[⑤]。2007 年，教育部对扩大来华留学生规模进行了限定，"防止高校盲目追求扩大规模，影响中国高等教育声誉"；三年之后经中共中央政治局审议通过的《国家中长期教育改革和发展规划纲要（2010—2020 年）》强调"要进一步扩大外国留学生规模。增加中国政府奖学金数量，重点资助发展中国家学生，优化来华留学人员结构"[⑥]。通过种种努力，来华留学生教育在这个阶段快速发展，人数迅速增多。

（三）2012 年至今：来华留学生教育的提质增效阶段

　　随着中国共产党第十八次全国代表大会在 2012 年 11 月召开，

---

① LI L. Stages and characteristics of the development in Chinese international student education over a 70-year period[J]. Journal of International Students, 2020, 10: 6-17.

② 《中国教育年鉴》编辑部. 中国教育年鉴（1991）[M]. 北京：人民教育出版社，1992. 其他文献详见：《中国教育年鉴》编辑部. 中国教育年鉴（1992）[M]. 北京：人民教育出版社，1993.

③ LI L. Stages and characteristics of the development in Chinese international student education over a 70-year period [J]. Journal of International Students, 2020, 10: 6-17.

④ 《中国教育年鉴》编辑部. 中国教育年鉴（1992）[M]. 北京：人民教育出版社，1993.

⑤ 中华人民共和国国务院. 2003—2007 年教育振兴行动计划[M]. 北京：人民教育出版社，2004.

⑥ LI L. Stages and characteristics of the development in Chinese international student education over a 70-year period[J]. Journal of International Students, 2020, 10:10.

中国进入了全面深化改革、扩大对外开放的新阶段。与此同时，来华留学生教育也进入了提质增效的新阶段，需要进一步承担起服务国家外交大局、提升国家软实力和教育竞争力的重大使命①。2016年中共中央办公厅、国务院办公厅印发的《关于做好新时期教育对外开放工作的若干意见》明确指出，加快留学事业发展、提高留学教育质量是新时期教育对外开放工作的一个重点，同时强调要打造"留学中国"品牌，改进来华留学教育教学和管理，大力提升教育对外开放的治理水平。2016年7月，教育部颁布《推进共建"一带一路"教育行动》，指出要完善全链条的留学人员管理服务体系；实施"丝绸之路"留学推进计划，设立"丝绸之路"中国政府奖学金，为沿线各国专项培养行业领军人才和优秀技能人才。2018年，教育部印发的《来华留学生高等教育质量规范（试行）》作为中国首部针对来华留学生教育制定的质量规范文件，再一次明确了推动高等教育内涵式发展、提高来华留学生高等教育质量的要求。在这个阶段，随着中国来华留学生教育相关政策的不断丰富，来华留学生规模不断扩大，生源结构不断优化，培养质量不断提高。根据中华人民共和国教育部的统计，2019年来华留学生结构不断优化，其中学历生比例高达54.6%，此外"一带一路"沿线国家留学生成为新亮点，占来华留学生总人数的54.1%。②

三　来华留学生教育的研究意义

（一）关注来华留学生跨文化交际经历具有重要文化意义

讲好中国故事、传播中国声音，在国外公众视野中展示真实、立体、全面的中国，是国际传播建设的重要方向，也是当前教育文

---

① LI L. Stages and characteristics of the development in Chinese international student education over a 70-year period[J]. Journal of International Students, 2020, 10: 6-17.
② 中华人民共和国教育部. "十三五"时期来华留学生结构不断优化 [DB/OL]. 2020-12-22. http://www.moe.gov.cn/fbh/live/2020/52834/mtbd/202012/t20201222_506945.html.

化交流的迫切任务^①。改革开放以来，来华留学生人数持续快速增加，学历层次不断提高。中国要树立大国形象、提升中国文化国际影响力，不仅需要依托孔子学院这样的机构"走出去"，也需要关注来华留学生这样"送上门"的国际受众。让他们真正地了解中国、更好地适应在中国的学习与生活，也是中国文化"走出去"的重要组成部分。值得关注的是，来华留学生通过在华的交流学习，既能够实地深入了解中国国情，更好地理解和认同中国社会文化，又可以基于自己对中国文化的熟悉和了解，精准把握海外受众的文化心理和精神需求，承担中国文化对外传播使者这个重要角色，把真实精彩的中国形象带给世界，从而进一步提升中国国家文化软实力^②。更重要的是，从国家形象的他者形塑视角来看，中国自己平台的声音往往被外国受众贴上"主观性强"的标签，而来华留学生恰恰是先天具备所谓"客观性"的"他者"传播主体。这些留学生以自己"他者"的立场对亲身经历的中国故事进行真实的讲述，更容易突破国外受众的固有刻板印象，获得他们的认同，从而修正其之前形成的片面甚至错误认知，提升中国形象的国际认同^③。例如，近代美国来华留学生孙念礼、毕乃德、顾立雅、卜德、费正清等回国后积极从事汉学研究及推广工作，他们的工作有效增强了中华文化在海外的影响力^④。党的十八大以来，习近平高度重视来华留学生在讲好中国故事、传播中华文化方面的重要作用。在给留学生的回信中，习近平强调，"希望大家多了解中国、多向世界讲讲你们所看到的中国，多同中国青年交流，同世界各国青年一道，携手为促进民心相通、推动构建人类命运共同体贡献力量"，并鼓励来华留学生要"更加深入地了解

① 钟新，杨雯. 多元主体、多种渠道、多维理念：赵启正与中国的新公共外交 [J]. 公共外交季刊，2021：85-92+130.
② 马春燕. 来华留学生：中国故事讲述者与国家形象宣传员 [J]. 社会科学论坛，2017：220-229. 其他文献详见：申莉. 优化来华留学生教育管理，促进中华文化认同 [J]. 黑龙江教师发展学院学报，2021，40：1-3；王敬，王令瑶. 中国故事的传播中介、传受偏差与传声纠偏——以在华留学生为中介的研究 [J]. 新闻记者，2020：56-68.
③ 马春燕. 浅谈对来华留学生的公共外交 [J]. 海外华文教育，2017：1695-1701. 其他文献详见：马春燕. 中国故事的"他方"讲述与传播初探——以来华留学生为视角 [J]. 理论导刊，2017：93-96；宋海燕. 中国国家形象的"他者"传播：来华留学生的中介机制 [J]. 新闻爱好者，2021：27-30.
④ 顾钧. 美国第一批留学生在北京 [M]. 郑州：大象出版社，2015.

真实的中国，同时把你们的想法和体会介绍给更多的人，为促进各国人民民心相通发挥积极作用”。来华留学生已经逐渐成为向世界讲好中国故事的重要力量[①]。他们作为公共外交的重要力量和推动中外民心相通的重要桥梁和纽带，是“一带一路”建设的人才基础与民心基础，更是构建人类命运共同体的重要力量，在树立中国形象、传播中华文化、推动世界理解互信等方面发挥着积极作用[②]。

（二）关注来华留学生跨文化交际经历具有教育实践意义

无论对于来源国还是对于东道国，留学生教育都对其区域经济发展、文化传播和人才流动影响深远[③]。丁笑炯在其研究中指出，来华留学生无论来自哪个国家，均希望能够与当地学生融为一体，并将其视为留学生活的重要组成部分[④]。然而，目前中国来华留学生教育管理还在沿用 20 世纪八九十年代“分而治之”的管理办法，留学生在课堂教学、日常生活和学生管理制度等诸多方面都与中国学生隔而不融[⑤]。例如，当前许多高校在来华留学生教育中都采用留学生与中国学生完全分开的住宿方式以及彼此独立的授课方式，这不仅限制了留学生与中国师生之间的深入交流，还容易造成留学生的疏离感和孤独感，凸显其文化他者身份，对其造成不同程度的心理压力，甚至会导致“学业休克”现象，进一步阻碍了其跨文化适应的开展与实施[⑥]。同时，这种差异化管理也不利于来华留学生了解中国文化和社会，难以增进他们对中国文化和社会的认知和理解，增强国家间的互信，进而导致其文化使者与沟通桥梁的角色难以实现[⑦]。

---

① 卢鹏．来华留学生向世界讲好中国故事的议题方略与实践路径 [J]. 思想教育研究，2022（2）：154-159.

② 陈君楣，陈森霖．来华留学生文化传播人才培养路径探索 [J]. 教育评论，2021: 35-39. 其他文献详见：王凤丽，王春刚，徐瑾．来华留学生对中华文化传播探析 [J]. 未来与发展，2019, 43: 69-71+77.

③ 哈巍，陈东阳．人才流动与教育红利——来华留学教育研究综述 [J]. 教育学术月刊，2019: 55-64.

④ 丁笑炯．高校来华留学生支持服务满意度调查与思考——基于上海高校的数据 [J]. 高校教育管理，2018, 12: 115-124.

⑤ 马彬彬，李祖超．高校来华留学生“趋同管理”培养模式探析 [J]. 黑龙江高教研究，2021, 39: 62-65.

⑥ 胡雪松，李文文，王蕾．来华留学生跨文化适应的困境与对策研究 [J]. 高校辅导员学刊，2022, 14: 83-88. 其他文献详见：汪长明．文化调试、制度供给、社会支持——跨文化视野中的在华留学生 [J]. 当代青年研究，2014: 5-13.

⑦ LI L. Stages and characteristics of the development in Chinese international student education over a 70-year period[J]. Journal of International Students, 2020, 10: 6-17.

　　随着来华留学生人数的增加，中国来华留学生教育管理亟须优化管理模式，增强跨文化意识，调整沟通策略，推进中外学生趋同管理、融合教育，最终实现来华留学生教育质量的全面提升[①]。在这个大背景下，从管理科学层面对留学生跨文化沟通效果进行科学评价，从技术规范的角度减少不同文化与价值的冲突，建立符合中国国情的来华留学生跨文化沟通效果评价模式，是保障来华留学生教育事业正常有序发展的现实需要[②]。只有这样，来华留学生才能真正融入中国的高等教育体系，融入中国社会，全方位、立体地了解真实的当代中国，对中国社会文化从"边缘性参与"到"充分参与"，从"充分了解"到"充分理解"，从而最终实现充分认同[③]。因此，本研究希望深入了解来华留学生群体的跨文化交际经历，发现他们所需但尚且薄弱的社会支持环节，在此基础上为来华留学生管理工作提供基于实证、针对性更强的政策建议，助力这个群体在华留学生活满意度的进一步提升，最终达到不出国门即可树立中国大国形象、提升中国文化国际影响力等公共外交目的。

① 申莉. 优化来华留学生教育管理，促进中华文化认同 [J]. 黑龙江教师发展学院学报，2021，40：1-3.
② 李文宏. 留学生跨文化沟通效果评价模式探微 [J]. 人民论坛，2011：170-171.
③ 高一虹. "想象共同体"与语言学习 [J]. 中国外语，2007：47-52. 其他文献详见：申莉. 优化来华留学生教育管理，促进中华文化认同 [J]. 黑龙江教师发展学院学报，2021，40：1-3.

第二章 跨文化适应视域下的
来华留学生研究

　　留学生在抵达目的国之初如果仅做短期学习准备，并无长期居住计划，则被视为旅居者 [①]。海外留学生研究在 20 世纪 90 年代进入蓬勃发展阶段，相关成果在 2005 年之后呈现指数式增长，研究对象多为在美国、英国、加拿大和澳大利亚这些传统留学生接收国求学的旅居个体 [②]。这些研究关注的核心议题之一就是留学生的跨文化适应 [③]。作为跨文化交际领域最早也是最重要的概念之一，跨文化适应在过往几十年间已被广泛研究，从事相关研究的学者学科背景各异 [④]。例如，心理学家科琳·沃德（Colleen Ward）认为跨文化适应可以划分为两个维度：心理层面的适应关注个体在跨文化接触中的心理健康和心理满意度，这个层面的不适多表现为压力、焦虑和抑郁；

[①] 陈向明. 旅居者和"外国人"——留美中国学生跨文化人际交往研究 [M]. 北京：教育科学出版社，2004.

[②] JING X, GHOSH R, SUN Z, et al. Mapping global research related to international students: A scientometric review[J]. Higher Education, 2020, 80: 415-433.

[③] 跨文化适应在英文文献中对应的翻译有所不同。从事心理学研究的跨文化学者多使用 cross-cultural adjustment 这个表达，而传播学背景的学者则多用 intercultural adaptation 这个表达。虽然英文表达各有不同，但它们所指的现象一致，因此我在本研究中不做区分，按我国学界的传统，统一称之为"跨文化适应"。

[④] 陈国明，余彤. 跨文化适应理论构建 [J]. 学术研究，2012: 130-138.

而社会文化层面的适应侧重个体适应东道国社会文化环境的能力，该层面的不适会引起个体社会认同感及归属感的缺失，以及所需社会支持的匮乏[①]。传播学者金荣渊（Young Yun Kim）则提出跨文化适应研究分为个体和群体两个层面：前者关注旅居者在陌生文化中的心理调整，而后者侧重文化背景各异的群体经由交往所产生的濡化（acculturation）过程[②]。上述研究抛开学科差异，均认为旅居个体的跨文化适应依托他们在东道国的跨文化交际而展开，在跨文化交际过程中得以实现，并最终影响其身份认同。中国的留学生教育起步较晚，近十年进入提质增效阶段，蓬勃发展。美国国际教育学会 2018 年发布的国际学生流动报告显示，中国已经凭借国际留学市场 10% 的份额，超越澳大利亚和加拿大，追平英国，成为继美国（22%）之后全球第二大留学目的地[③]。与来华留学生数量激增相对应的是中国学界对这个群体的密切关注。与海外留学生研究类似，来华留学生研究也普遍将这些旅居者的跨文化适应视为一个亟待深入探讨的话题[④]。在这样的大背景下，本研究课题聚焦来华留学生与中国民众之间的跨文化交际，力求从文化他者的视角呈现他们如何感知、体验并解读这些交往，并对这种他者视角进行批判性分析，最终提出基于实证研究的政策建议，进一步提升中国高校与这个群体之间的跨文化沟通质量，助力中国民间外交纵深开展。基于上述

[①] KIM Y Y. Interethnic communication: An interdisciplinary overview [C] //CHEN L. Handbook of inter-cultural communication. Berlin, Germany:De Gruyter Mouton,2017: 389-413. 其他文献详见：WARD C, KENNEDY A. Locus of control, mood disturbance and social difficulty during cross-cultural transitions[J]. International Journal of Intercultural Relations , 1992, 16: 175-194.

[②] KIM Y Y. Communication and cross-cultural adaptation: An integrative theory [M]. Clevedon, UK: Multilingual Matters, 1988. 其他文献详见：KIM Y Y. Becoming intercultural: An integrative theory of communication and cross-cultural adaptation [M]. Thousand Oaks, CA: Sage, 2001.

[③] TIAN L, LIU N C. Inward international students in China and their contributions to global common goods[J]. Higher Education, 2021, 81: 197-217. 其他文献详见：马佳妮. 留学中国——来华留学生就读经验的质性研究 [M]. 北京：社会科学文献出版社，2020.

[④] CAO C, MENG Q. A systematic review of predictors of international students' cross-cultural adjustment in China: Current knowledge and agenda for future research[J]. Asia Pacific Education Review , 2022, 23: 45-67. 其他文献详见：DING X. Exploring the experiences of international students in China[J]. Journal of Studies in International Education, 2016, 20: 319-338；LI X. International students in China: Cross-cultural interaction, integration, and identity construction[J]. Journal of Language, Identity & Education, 2015, 14: 237-254；文雯，刘金青，胡蝶，等. 来华留学生跨文化适应及其影响因素的实证研究 [J]. 复旦教育论坛，2014: 50-57.

研究愿景，本章将对跨文化适应视域下的来华留学生研究进行全景式回顾，力求在此基础上揭示来华留学生研究的独特性和重要性。

一　来华留学生跨文化适应的影响因素分析

（一）东道国特点带来的影响

当留学生进入东道国开始留学之旅的时候，他们已经在宏观、中观和微观三个层面与东道国展开了跨文化交际。在交际过程中，这些留学生的跨文化适应受到所在地移民政策、国际教育环境以及文化理念的影响。首先，东道国的移民政策、经济发展水平、教育质量等会强烈影响旅居者及其他移民的跨文化适应程度[1]。推拉理论（push-pull theory）作为阐述移民动机的经典理论之一，明确地指出移入地（或国家）的移民政策是形成拉力（pull forces）的重要因素之一[2]。例如，加拿大和澳大利亚通过策略性地调整移民政策，以永久居住权为重要的拉力，成功吸引了众多留学生[3]。留学生为了在学习结束之后成功留下，会更愿意主动适应东道国环境，进而获得较好的跨文化适应能力，在个人与东道国之间实现双赢[4]。在世界

---

[1] BOURHIS R Y, MOISE L C, PERREAULT S, et al. Towards an interactive acculturation model: A social psychological approach[J]. International Journal of Psychology, 1997, 32: 369-386. 其他文献详见: JING X, GHOSH R, SUN Z, et al. Mapping global research related to international students: A scientometric review[J]. Higher Education, 2020, 80: 415-433.

[2] ANDRADE M S. International students in English-speaking universities: Adjustment factors[J]. Journal of Research in International Education, 2006, 5: 131-154. 其他文献详见：安亚伦，段世飞. 推拉理论在学生国际流动研究领域的发展与创新 [J]. 北京师范大学学报（社会科学版），2020: 25-35.

[3] ARTHUR N, FLYNN S. Career development influences of international students who pursue permanent immigration to Canada[J]. International Journal for Educational and Vocational Guidance, 2011, 11: 221-237. 其他文献详见：CHEN J M. Three levels of push-pull dynamics among Chinese international students' decision to study abroad in the Canadian context[J]. Journal of International Students, 2016, 7: 113-135；旷群，咸业国. 赴澳 "留学热" 探源——基于推拉因素理论的分析 [J]. 高教探索，2016（1）：20-26.

[4] DENTAKOS S, WINTRE M, CHAVOSHI S, et al. Acculturation motivation in international student adjustment and permanent residency intentions: A mixed-methods approach[J]. Emerging Adulthood, 2016, 5: 27-41. 其他文献详见：HAWTHORNE L. How valuable is "Two-Step Migration"? Labor market outcomes for international student migrants to Australia[J]. Asian and Pacific Migration Journal, 2010, 19: 5-36；SWEETMAN A, WARMAN C. Former temporary foreign workers and international students as sources of permanent immigration [J]. Canadian Public Policy, 2014, 40: 392-407.

各地兴起"中国热"的大背景下，中国以强劲的经济增长为依托，将国际教育视为国家长期发展战略之一，先后出台相关教育合作政策和学历学位互认政策，明确在华国际教育管理规范，增加中国政府奖学金数量并增设专项奖学金[①]，提升中国文化全球影响力，打造在华英文授课课程，通过多个渠道在多个面向形成吸引留学生来华学习的重要拉力[②]。上述政策在具体实施过程中收效甚好，不仅提升了中国在国际舞台的软实力，也吸引了大批留学生来华学习。例如，中国经济的迅速发展以及优质的高等教育资源吸引了大批来自东盟成员国的华裔以及亚洲邻近国家的留学生；同时在华国际教育的高性价比也吸引了众多出身普通的印度学生，他们因无力支付本国昂贵的医学院费用，转而赴华接受性价比更高的医学教育[③]。上述政策不仅提升了中国的全球影响力，也赢得了留学生的肯定，其中来自巴基斯坦的留学生对中国奖学金政策的满意度相对较高；获得奖学金支持的留学生明显比未获得奖学金支持的留学生展现出了更好的跨文化适应状态；有长期旅居中国继续深造或工作打算的留学生比没有这些打算的留学生显示出了更为强烈的跨文化适应意愿[④]。

① 具体可以见第一章中"来华留学生教育国际化和现代化发展"部分的阐述。

② AHMAD A B, SHAH M. International students' choice to study in China: An exploratory study [J]. Tertiary Education and Management, 2018, 24: 325-337. 其他文献详见: BOTHA W. English and international students in China today: A sociolinguistic study of English-medium degree programs at a major Chinese university [J]. English Today, 2016, 32: 41-47; MA J. Why and how international students choose mainland China as a higher education study abroad destination[J]. Higher Education, 2017, 74: 563-579; WU M-Y, ZHAI J, WALL G, et al. Understanding international students' motivations to pursue higher education in mainland China[J]. Educational Review, 2021, 73: 580-596; 程立浩, 刘志民. "一带一路"视域下来华留学教育与经济发展协调关系研究 [J]. 黑龙江高教研究, 2020, 38（8）: 66-71; 方宝. 近十五年东盟国家来华留学生教育的变化趋势研究——基于1999 ~ 2013年相关统计数据的分析 [J]. 比较教育研究, 2015, 37: 77-86; 马佳妮. 留学中国——来华留学生就读经验的质性研究 [M]. 北京: 社会科学文献出版社, 2020; 宋华盛, 刘莉. 外国学生缘何来华留学——基于引力模型的实证研究 [J]. 高等教育研究, 2014, 35（11）: 31-38; 魏浩, 袁然, 赖德胜. 中国吸引留学生来华的影响因素研究——基于中国与全球172个国家双边数据的实证分析 [J]. 教育研究, 2018, 39: 76-90; 杨力苈. 约翰为什么来中国学习?——一位美国留学生的叙事研究 [J]. 教育学术月刊, 2016（2）: 74-81.

③ WEN W, HU D. The emergence of a regional education hub: Rationales of international students' choice of China as the study destination[J]. Journal of Studies in International Education, 2019, 23: 303-325. 其他文献详见: YANG P. Compromise and complicity in international student mobility: The ethnographic case of Indian medical students at a Chinese university[J]. Discourse: Studies in the Cultural Politics of Education, 2018, 39: 694-708.

④ AHMAD A B, SHAH M. International students' choice to study in China: An exploratory study（转下页注）

　　其次，东道国的国际教育环境也会影响留学生的跨文化适应。留学生在跨国迁徙中不可避免地会面对自己业已熟知的教育体系与东道国独特的教育机制之间的差异。这些差异带来的无所适从往往让留学生倍感压力。这种压力往往会导致留学生社交圈的萎缩、孤独感的增加以及日趋严重的不适，最终阻碍其跨文化适应的顺利开展[①]。现有研究显示，有些来华留学生也深受上述压力的困扰，继而无法顺利开展跨文化适应[②]。就教学而言，中国为留学生开设的课程一般采用中文或英语作为授课语言。但来华留学生的中文水平普遍有限，因此中文教学对其而言具有一定挑战性，并不能很好地帮他们在短期内实现跨文化适应，而且这种跨文化不适会进一步影响中国语言文化以中文为载体的对外传播效果[③]。英语授课虽然更利于国际教育的开展，但并非所有来华留学生都以英语为第一语言，因此这种教学方式也无法助其更好地完成跨文化适应；即便对以英语为母语的留学生，长远来看英语授课这个形式对他们在一个以中文为

（接上页注④）)[J]. Tertiary Education and Management, 2018, 24: 325-337. 其他文献详见：CHAN W-K, WU X. Promoting governance model through international higher education: Examining international student mobility in China between 2003 and 2016[J]. Higher Education Policy, 2020, 33: 511-530；LATIEF R, LEFEN L. Analysis of Chinese Government Scholarship for international students using analytical hierarchy process (AHP) [J]. Sustainability, 2018, 10: 2112；LIU Y, KRAMER E. Cultural value discrepancies, strategic positioning and integrated identity: American migrants' experiences of being the *Other* in mainland China[J]. Journal of International and Intercultural Communication , 2021, 14: 76-93；樊静薇，田美. 来华留学生研究综述——基于 WoS 核心合集 SSCI 文献 [J]. 国际学生教育管理研究，2021（1）：81-95；杨林，杨希. 来华留学研究生学业满意度及其影响因素研究——基于上海市研究型大学 A 校的实证调查 [J]. 长春教育学院学报，2018, 34: 26-29.

① KHAWAJA N G, DEMPSEY J. A comparison of international and domestic tertiary students in Australia[J]. Journal of Psychologists and Counsellors in Schools , 2008, 18: 30-46. 其他文献详见：MCLACHLAN D A, JUSTICE J. A grounded theory of international student well-being[J]. Journal of Theory Construction & Testing , 2009, 13；SAWIR E, MARGINSON S, DEUMERT A, et al. Loneliness and international students: An Australian study [J]. Journal of Studies in International Education, 2008, 12: 148-180.

② CAO C, MENG Q. A systematic review of predictors of international students' cross-cultural adjustment in China: Current knowledge and agenda for future research[J]. Asia Pacific Education Review, 2022, 23: 45-67. 其他文献详见：樊静薇，田美. 来华留学生研究综述——基于 WoS 核心合集 SSCI 文献 [J]. 国际学生教育管理研究，2021（1）：81-95.

③ BOTHA W. English and international students in China today: A sociolinguistic study of English-medium degree programs at a major Chinese university[J]. English Today , 2016, 32: 41-47. 其他文献详见：WANG W, CURDT-CHRISTIANSEN X L. Teaching Chinese to international students in China: Political rhetoric and ground realities [J]. The Asia-Pacific Education Researcher, 2016, 25: 723-734；李晓艳，周二华，姚姝慧. 在华留学生文化智力对其跨文化适应的影响研究 [J]. 管理学报，2012, 9: 1779-1785.

第一语言的高校环境里顺利开展跨文化适应并无明显助益[1]。除了教学，高校留学生管理模式及其所提供的支持服务也对来华留学生的跨文化适应有着明显影响。目前很多中国高校的来华留学生教育管理还在沿用以前"分而治之"的管理办法，其结果是留学生在课堂教学、课程设置和学生管理制度等多个方面都与中国学生隔而不融[2]。这种差异化的管理方法与国际上普遍采用的合并管理方式有极大差别，后者会安排留学生与当地学生混班上课，所学课程也并无差异[3]。根据现有研究，这种差异化管理容易造成来华留学生的疏离感和孤独感，不利于他们在中国的跨文化适应[4]。因此国内不少学者已经提出来华留学生的管理、服务与教育教学与本国学生趋于一致的趋同化管理模式，该模式在实践中已被证明有助于来华留学生的跨文化适应[5]。

最后，东道国语境下人际交往的质量和数量对留学生开展跨文化适应有着重要影响。留学生在进入东道国学习和生活的同时，不可避免地要与生活在这里的个体打交道。现有研究指出，留学生从

① LI J, XIE P, AI B, et al. Multilingual communication experiences of international students during the COVID-19 Pandemic[J]. Multilingua , 2020, 39: 529-539. 其他文献详见：WEN W, HU D, HAO J. International students' experiences in China: Does the planned reverse mobility work? [J] International Journal of Educational Development, 2018, 61: 204-212.

② 丁笑炳. 高校来华留学生支持服务满意度调查与思考——基于上海高校的数据 [J]. 高校教育管理, 2018, 12: 115-124. 其他文献详见：马彬彬，李祖超. 高校来华留学生"趋同管理"培养模式探析 [J]. 黑龙江高教研究, 2021, 39: 62-65；叶荔辉. 隐性教育中的群际融合路径研究——基于545名来华留学生的质性访谈和实证研究 [J]. 思想教育研究, 2020: 14-19.

③ MA J, WEN Q. Understanding international students' in-class learning experiences in Chinese higher education institutions[J]. Higher Education Research & Development , 2018, 37: 1186-1200. 其他文献详见：马佳妮. 留学中国——来华留学生就读经验的质性研究 [M]. 北京：社会科学文献出版社, 2020.

④ DING X. Exploring the experiences of international students in China[J]. Journal of Studies in International Education , 2016, 20: 319-338. 其他文献详见：WEN W, HU D, HAO J. International students' experiences in China: Does the planned reverse mobility work? [J] International Journal of Educational Development , 2018, 61: 204-212；丁笑炳. 高校来华留学生支持服务满意度调查与思考——基于上海高校的数据 [J]. 高校教育管理, 2018, 12: 115-124；文雯，刘金青，胡蝶，等. 来华留学生跨文化适应及其影响因素的实证研究 [J]. 复旦教育论坛, 2014: 50-57.

⑤ WEN W, HU D, HAO J. International students' experiences in China: Does the planned reverse mobility work? [J] International Journal of Educational Development, 2018, 61: 204-212. 其他文献详见：刘鑫鑫，钱婷. 从文化冲突到文化融合：高校国际学生趋同化管理的策略研究 [J]. 北京教育（高教）, 2020: 43-45；马彬彬，李祖超. 高校来华留学生"趋同管理"培养模式探析 [J]. 黑龙江高教研究, 2021, 39: 62-65；张静. 来华留学生趋同化管理的现实意义与推进策略 [J]. 中国高等教育, 2020: 55-56；张静. 高校国际学生管理趋同化的思考与建议 [J]. 高等工程教育研究, 2021: 122-127.

东道国民众那里获得的社会支持可以有效缓解异国求学带来的压力，并帮助他们更快、更好地完成跨文化适应[①]。因此，与东道国民众互动的数量与质量在现有文献中被普遍视为留学生更好实现跨文化适应的必要条件。就来华留学生而言，中国教师为其提供的学术支持（如就学习有关的阅读材料、作业等与留学生深入探讨）及非学术支持（如就职业规划和校园活动与留学生进行探讨）有助于这些旅居学生更好地内化中国文化和价值观、了解中国社会，从而更好地完成跨文化适应[②]。此外，来华留学生与中国同学的交往、与中国同门的互动、中国朋友数量以及中文媒体的使用都被证明有助于他们习得跨文化交流技能，获得课外学术支持，提高对中国文化的认同感，从而更好地融入中国社会[③]。除了东道国民众，相关研究还发现，留学生与

---

① BERRY J W. Immigration, acculturation and adaptation[J]. Applied Psychology: An International Review, 1997, 46. 5-68. 其他文献详见：BERRY J W. Stress perspectives on acculturation [C] //SAM D L, BERRY J W. The Cambridge handbook of acculturation psychology. Cambridge, MA:Cambridge University Press，2006: 43-57；SUMER S, POYRAZLI S, GRAHAME K. Predictors of depression and anxiety among international students [J]. Journal of Counseling & Development, 2008, 86: 429-437；WARD C, BOCHNER S, FURNHAM A: The psychology of culture shock [M]. London, UK: Routledge, 2001；ZHANG J, GOODSON P. Predictors of international students' psychosocial adjustment to life in the United States: A systematic review [J]. International Journal of Intercultural Relations, 2011, 35: 139-162.

② FAN L, MAHMOOD M, UDDIN M A. Supportive Chinese supervisor, innovative international students: A social exchange theory perspective [J]. Asia Pacific Education Review, 2019, 20: 101-115. 其他文献详见：TEYE E T, TETTEH A N, TEYE A, et al. The role of individual absorptive capacity, subjective-wellbeing and cultural fit in predicting international student's academic achievement and novelty in China[J]. International Journal of Higher Education, 2018, 7: 78-97；WEN W, HU D, HAO J. International students' experiences in China: Does the planned reverse mobility work? [J] International Journal of Educational Development, 2018, 61: 204-212；崔希涛，何俊芳. 来华非洲留学研究生学术适应问题探究——以坦桑尼亚为例 [J]. 民族教育研究，2021, 32: 158-165；丁笑炯. 高校来华留学生支持服务满意度调查与思考——基于上海高校的数据 [J]. 高校教育管理，2018, 12: 115-124；文雯，刘金青，胡蝶，等. 来华留学生跨文化适应及其影响因素的实证研究 [J]. 复旦教育论坛，2014: 50-57；谢永飞，刘衍军. 亚洲来华留学生在江西高校的社会适应研究 [J]. 西北人口，2009, 30: 61-64；杨林，杨希. 来华留学研究生学业满意度及其影响因素研究——基于上海市研究型大学 A 校的实证调查 [J]. 长春教育学院学报，2018, 34: 26-29.

③ WANG L, BYRAM M. International doctoral students' experience of supervision: A case study in a Chinese university [J]. Cambridge Journal of Education, 2019, 49: 255-274. 其他文献详见：金恒江，张国良. 微信使用对在华留学生社会融入的影响——基于上海市五所高校的调查研究 [J]. 现代传播——中国传媒大学学报，2017, 39: 145-151；匡文波，武晓立. 跨文化视角下在华留学生微信使用行为分析——基于文化适应理论的实证研究 [J].. 武汉大学学报（哲学社会科学版）2019, 72: 115-126；文雯，刘金青，胡蝶，等. 来华留学生跨文化适应及其影响因素的实证研究 [J]. 复旦教育论坛，2014: 50-57；谢永飞，刘衍军. 亚洲来华留学生在江西高校的社会适应研究 [J]. 西北人口，2009, 30: 61-64；姚君喜. 互联网使用对外籍留学生中国文化认同的影响——基于北京、上海、广州高校的实证研究 [J]. 西南民族大学学报（人文社会科学版），2021, 42: 162-170.

其他旅居个体可以相互提供社会支持，但学界对这种社会支持是促进还是阻碍留学生跨文化适应并未达成共识。一些学者认为，与同胞或其他留学生互动可以帮助留学生快速熟悉东道国环境，因此有益于他们的跨文化适应[1]。但另外一些学者持反对态度，他们认为留学生之间的互动不利于他们融入东道国社会，甚至会使他们脱离东道国社会，因而会阻碍他们的跨文化适应[2]。具体到来华留学生这个群体，现有研究多倾向于第一个观点，即旅居学生因为相似或相同的求学经历，更容易在共情的基础上为彼此提供情感支持、物质支持和信息支持，进而帮助彼此更好地适应在中国的学习和生活[3]。

（二）留学生个人特点带来的影响

虽然东道国的特点会影响留学生的跨文化体验，使之产生一定的共性，但个体差异也会在一定程度上使这些旅居者的跨文化适应

① EMIKO S K, EVELYN L. International students' acculturation: Effects of international, conational, and local ties and need for closure[J]. International Journal of Intercultural Relations , 2005, 30: 471-485. 其他文献详见：FURNHAM A, ALIBHAI N. The friendship networks of foreign students: A replication and extension of the functional model[J]. International Journal of Psychology, 1985, 20: 709-722；PEDERSENA E R, NEIGHBORSB C, LARIMERC M E, et al. Measuring sojourner adjustment among American students studying abroad[J]. International Journal of Intercultural Relations , 2011, 35: 881-889；WARD C, BOCHNER S, FURNHAM A. The psychology of culture shock [M]. London, UK: Routledge, 2001；WARD C, KENNEDY A. Psychological and socio-cultural adjustment during cross-cultural transitions: A comparison of secondary students overseas and at home[J]. International Journal of Psychology , 1993, 28: 129-147；WARD C, RANA-DEUBA A. Home and host culture influences on sojourner adjustment [J]. International Journal of Intercultural Relations, 2000, 24: 291-306.
② BERRY J W. Acculturation as varieties of adaptation [C] //PADILLA A. Acculturation: Theory, models and some new findings. Boulder, CO:Westview, 1980: 9-25. 其他文献详见：BERRY J W. Conceptual approaches to acculturation [C] //CHUN K M,ORGANISTA P B,MARÍN G. Acculturation: Advances in theory, measurement and applied research. Washington, D.C.:American Psychological Association, 2003: 17-37；CITRON J. Short-term study abroad: Integration, third culture formation, and re-entry [M]. Phoenix, AZ: NAFSA Annual Conference, 1996；KIM Y Y. Communication and cross-cultural adaptation: An integrative theory [M]. Clevedon, UK: Multilingual Matters, 1988；KIM Y Y. Becoming intercultural: An integrative theory of communication and cross-cultural adaptation [M]. Thousand Oaks, CA: Sage, 2001；PITTS M J. Identity and the role of expectations, stress, and talk in short-term student sojourner adjustment: An application of the integrative theory of communication and cross-cultural adaptation[J]. International Journal of Intercultural Relations , 2009, 33: 450-462.
③ LIU Y. Communication with non-host-nationals in migration: The case of sojourning students from the United States and China [C] //CROUCHER S M,CAETANO J R,CAMPBELL E A. The Routledge companion to migration, communication and politics.Oxon, UK: Routledge, 2019: 351-364. 其他文献详见：崔希涛，何俊芳. 来华非洲留学研究生学术适应问题探究——以坦桑尼亚为例 [J]. 民族教育研究，2021, 32: 158-165；吴彩娟. 来华留学生微信使用与跨文化适应调查 [D]. 武汉：中南财经政法大学，2019.

呈现出复杂性和差异性。首先，留学生的语言能力（这里指的是东道国语言）的高低与他们跨文化适应的程度正相关，因此海外跨文化传播学者均非常重视东道国语言习得对移民及旅居者跨文化调适的正向促进作用[①]。对于在英语国家旅居的留学生而言，较低的英语水平往往被视为他们跨文化适应压力甚至抑郁症的诱因之一[②]。目前来华留学生研究文献普遍认为，留学生熟练掌握并使用中文的能力可以帮助他们提高跨文化交际能力，彰显理想的自我身份，顺利开展跨文化适应[③]。反之，中文熟练程度偏低的留学生在跨文化交际过程中更容易感知到有限的语言能力所带来的压力甚至抑郁情绪，这

① BERRY J W. Conceptual approaches to acculturation [C] //CHUN K M,ORGANISTA P B,MARÍN G. Acculturation: Advances in theory, measurement and applied research. Washington, D.C.:American Psychological Association, 2003: 17-37. 其他文献详见：KIM Y Y. Becoming intercultural: An integrative theory of communication and cross-cultural adaptation [M]. Thousand Oaks, CA: Sage, 2001；POYRAZLI S, ARBONA C, BULLINGTON R, et al. Adjustment issues of Turkish college students studying in the United States[J]. College Student Journal, 2001, 35: 52-63；POYRAZLI S, KAVANAUGH P R. Marital status, ethnicity, academic achievement, and adjustment strains: The case of graduate international students[J]. College Student Journal, 2006, 40: 767-780；SMITH R A, KHAWAJA N G. A review of the acculturation experiences of international students [J]. International Journal of Intercultural Relations, 2011, 35: 699-713；ZHANG Z, BRUNTON M. Differences in living and learning: Chinese international students in New Zealand[J]. Journal of Studies in International Education, 2007, 11: 124-140.

② DAO T K, LEE D, CHANG H L. Acculturation level, perceived English fluency, perceived social support level, and depression among Taiwanese international students[J]. College Student Journal , 2007, 41: 287-295. 其他文献详见：DURU E, POYRAZLI S. Personality dimensions, psychosocial-demographic variables, and English language competency in predicting level of acculturative stress among Turkish international students[J]. International Journal of Stress Management, 2007, 14: 90-110；POYRAZLI S, KAVANAUGH P R, BAKER A, et al. Social support and demographic correlates of acculturative stress in international students[J]. Journal of College Counseling , 2004, 7: 73-82；SMITH R A, KHAWAJA N G. A review of the acculturation experiences of international students[J]. International Journal of Intercultural Relations , 2011, 35: 699-713；SUMER S, POYRAZLI S, GRAHAME K. Predictors of depression and anxiety among international students[J]. Journal of Counseling & Development, 2008, 86: 429-437；YEH C J, INOSE M. International students' reported English fluency,social support satisfaction, and social connectedness as predictors of acculturative stress[J]. Counselling Psychology Quarterly , 2003, 16: 15-28.

③ DIAO W. Between the standard and non-standard: Accent and identity among transnational Mandarin speakers studying abroad in China[J]. System , 2017, 71: 87-101. 其他文献详见：HE Y, QIN X. Students' perceptions of an internship experience in China: A pilot study [J]. Foreign Language Annals, 2017, 50: 57-70；YU B, DOWNING K. Determinants of international students' adaptation: Examining effects of integrative motivation, instrumental motivation and second language proficiency[J]. Educational Studies , 2012, 38: 457-471；李晓艳，周二华，姚姝慧. 在华留学生文化智力对其跨文化适应的影响研究 [J]. 管理学报，2012, 9: 1779-1785；谢永飞，刘衍军. 亚洲来华留学生在江西高校的社会适应研究 [J]. 西北人口，2009, 30: 61-64.

种压力和抑郁情绪不利于他们跨文化适应的开展，也不利于他们在旅居中国的过程中建立归属感[①]。这里需要强调的一点是，来华留学生的中文熟练程度或因国籍和区域差异而有所不同。就来华留学生母语与中文的差异性而言，西方来华留学生面对的差异大于亚洲留学生，但令人惊讶的是，前者的中文口语水平却高于后者，研究者把这种出人意料的结果归因于西方留学生中文学习的整合性动机，并指出这种整合性动机比亚洲学生的工具性动机更能让语言学习者保持长期的学习兴趣，可以收获更好的学习效果，而更好的学习效果反过来会进一步促进学习者的学习兴趣，从而助益他们的中文学习，令其不容易感受到语言焦虑，最终促进他们跨文化适应的完成[②]。

其次，留学生感知到的文化距离（cultural distance）会影响他们的跨文化适应。文化距离作为跨文化研究领域的一个重要概念，用以衡量不同国家之间在规范和价值观层面的差异程度[③]。在跨文化研究领域，学界普遍认为留学生母国文化与东道国文化越相近，他们感知到的文化距离越小，越容易了解并适应东道国文化[④]。例如，欧美文化的相近性使得在美国留学的欧洲学生更容易与本地学生打

[①] DU H. The complexity of study abroad: Stories from ethnic minority American students in China[J]. Annual Review of Applied Linguistics , 2018, 38: 122-139. 其他文献详见：LI X. International students in China: Cross-cultural interaction, integration, and identity construction[J]. Journal of Language, Identity & Education , 2015, 14: 237-254；YU B. Learning Chinese abroad: The role of language attitudes and motivation in the adaptation of international students in China[J]. Journal of Multilingual and Multicultural Development , 2010, 31: 301-321；陈秀琼, 林赞歌. 来华安哥拉青年跨文化心理适应相关因素研究——以在厦一百多名安哥拉留学生为例 [J]. 西北人口, 2017, 38: 36-43；李红, 李亚红. 完美主义、社会联结对来华留学生心理健康的影响——文化适应压力的中介作用 [J]. 西南民族大学学报（人文社会科学版）, 2016, 37: 213-217；文雯, 刘金青, 胡蝶, 等. 来华留学生跨文化适应及其影响因素的实证研究 [J]. 复旦教育论坛, 2014: 50-57.

[②] YU B, WATKINS D A. Motivational and cultural correlates of second language acquisition: An investigation of international students in the universities of the People's Republic of China[J]. Australian Review of Applied Linguistics, 2008, 31: 17.1-17.22.

[③] KOGUT B, SINGH H. The effect of national culture on the choice of entry mode[J]. Journal of International Business Studies, 1988, 19: 411-432.

[④] FURNHAM A, BOCHNER S. Culture shock: Psychological reactions to unfamiliar environments [M]. New York: Methuen, 1986. 其他文献详见：GUDYKUNST W B, HAMMER M R. Strangers and hosts: An uncertainty reduction based theory of intercultural adaptation [C] //KIM Y Y, GUDYKUNST W B Cross-cultural adaptation: Current approaches. Newbury Park, CA:Sage, 1988: 106-139；WARD C, KENNEDY A. The measurement of sociocultural adaptation[J]. International Journal of Intercultural Relations , 1999, 23: 659-677；陈慧, 车宏生, 朱敏. 跨文化适应影响因素研究述评 [J]. 心理科学进展, 2003: 704-710.

成一片，在适应美国生活的时候遇到的困难也较小；而明显感知到文化距离的留学生则因囿于截然不同的文化规范和人际交流准则而较难与东道国民众展开跨文化交际，因而更容易遭遇文化适应不良[①]。同样，有研究认为来华留学生母国文化与中国文化差异越大，即感知到的文化距离越大，他们越难适应；反之越容易适应[②]。例如，亚洲留学生更习惯于从老师那里获得讲授内容，因此他们来华之后可以更好地适应以教师讲授为中心的课堂教学模式；而西方国家来华留学生习惯于师生互动式的小班教学，因而对中国课堂班级容量偏大、老师讲授侧重重复教材内容、师生互动不充分等中国教学模式诸多抱怨，适应不良[③]。针对来华留学生由较大文化距离引起的不适，学界给出的建议是加强文化学习（cultural learning），即通过学习增强对中国文化的了解，从而顺利完成跨文化适应[④]。但也有一些研究提出不同看法。例如，一些实证研究发现，虽然日本和韩国在文化层面与中国相近，但来自这两个国家的留学生不仅没有像

① LAMBERT R D, BRESSLER M. Indian students and the United States: Cross-cultural images[J]. The Annals of the American Academy of Political and Social Science, 1954, 295: 62-72. 其他文献详见：SAWIR E, MARGINSON S, DEUMERT A, et al. Loneliness and international students: An Australian study[J]. Journal of Studies in International Education, 2008, 12: 148-180; SELLTIZ C, CHRIST J R, HAVEL J, et al. Attitudes and social relations of foreign students in the United States [M]. Minneapolis: University of Minnesota Press, 1963; SMITH R A, KHAWAJA N G. A review of the acculturation experiences of international students[J]. International Journal of Intercultural Relations, 2011, 35: 699-713; TOWNSEND P, JUN POH H. An exploratory study of international students studying and living in a regional area[J]. Journal of Marketing for Higher Education, 2008, 18: 240-263.
② ENGLISH A S, ZHANG R. Coping with perceived discrimination: A longitudinal study of sojourners in China[J]. Current Psychology, 2020, 39: 854-869. 其他文献详见：TEYE E T, TETTEH A N, TEYE A, et al. The role of individual absorptive capacity, subjective-wellbeing and cultural fit in predicting international student's academic achievement and novelty in China[J]. International Journal of Higher Education, 2018, 7: 78-97.
③ DING X. Exploring the experiences of international students in China[J]. Journal of Studies in International Education, 2016, 20: 319-338. 其他文献详见：HE J-J, CHIANG S-Y. Challenges to English-medium instruction (EMI) for international students in China: A learners' perspective: English-medium education aims to accommodate international students into Chinese universities, but how well is it working?[J] English Today, 2016, 32: 63-67; MA J, WEN Q. Understanding international students' in-class learning experiences in Chinese higher education institutions[J]. Higher Education Research & Development, 2018, 37: 1186-1200; 马佳妮. 留学中国——来华留学生就读经验的质性研究 [M], 北京：社会科学文献出版社, 2020.
④ AN R, CHIANG S-Y. International students' culture learning and cultural adaptation in China[J]. Journal of Multilingual and Multicultural Development, 2015, 36: 661-676. 其他文献详见：CHIANG S-Y. Cultural adaptation as a sense-making experience: International students in China[J]. Journal of International Migration and Integration, 2015, 16: 397-413.

学界预期的那样顺利适应中国的文化和环境，而且他们的适应水平和速度明显低于其他国家的来华留学生，这一差异可能源于这两个文化群体高度重视集体主义，更倾向于内群体（in-group）之间的交往，而非与外群体（out-group）展开跨文化交际①。

最后，留学生的个人特点也是影响他们跨文化适应的重要因素。留学生远赴异国他乡的主要目的是寻求学习机会②。研究发现，留学生的求学动机越强，越愿意主动迎接学业上出现的挑战，学习东道国文化，结交异国朋友，适应东道国的社会与文化环境③。就来华留学生而言，吸引他们赴中国留学的因素按重要性排序，分别是对异乡求学以及体验异国文化的渴望、对中国繁荣未来以及参与其中的期待、通过留学了解自己的愿景、对中国教育质量的肯定以及对留学中国性价比的考虑④。但遗憾的是，目前国内外针对来华留学生留

①　WEN W, HU D, HAO J. International students' experiences in China: Does the planned reverse mobility work? [J]International Journal of Educational Development, 2018, 61: 204-212. 其他文献详见：侯清勇. 来华日本留学生大学学习融入问题研究 [D]. 上海： 华东师范大学，2010；亓华，李秀妍. 在京韩国留学生跨文化适应问题研究 [J]. 青年研究，2009: 84-93+96.

②　DENTAKOS S, WINTRE M, CHAVOSHI S, et al. Acculturation motivation in international student adjustment and permanent residency intentions: A mixed-methods approach[J]. Emerging Adulthood, 2016, 5: 27-41. 其他文献详见：WINTRE M G, KANDASAMY A R, CHAVOSHI S, et al. Are international undergraduate students emerging adults? Motivations for studying abroad[J]. Emerging Adulthood , 2015, 3: 255-264；WU M-Y, ZHAI J, WALL G, et al. Understanding international students' motivations to pursue higher education in mainland China[J]. Educational Review, 2021, 73: 580-596.

③　BERRY J W. Stress perspectives on acculturation [C] //SAM D L,BERRY J W. The Cambridge handbook of acculturation psychology. Cambridge, MA: Cambridge University Press, 2006；43-57. 其他文献详见：CHIRKOV V, VANSTEENKISTE M, TAO R, et al. The role of self-determined motivation and goals for study abroad in the adaptation of international students[J]. International Journal of Intercultural Relations, 2007, 31: 199-222；DENTAKOS S, WINTRE M, CHAVOSHI S, et al. Acculturation motivation in international student adjustment and permanent residency intentions: A mixed-methods approach[J]. Emerging Adulthood, 2016, 5: 27-41；SELLTIZ C, CHRIST J R, HAVEL J, et al. Attitudes and social relations of foreign students in the United States [M]. Minneapolis: University of Minnesota Press, 1963；WARD C, KENNEDY A. Where's the culture in cross-cultural transition? Comparative studies of sojourner adjustment[J]. Journal of Cross-Cultural Psychology, 1993, 24: 221-249.

④　MA J. Why and how international students choose mainland China as a higher education study abroad destination[J]. Higher Education, 2017, 74: 563-579. 其他文献详见：WU M-Y, ZHAI J, WALL G, et al. Understanding international students' motivations to pursue higher education in mainland China[J]. Educational Review, 2021, 73: 580-596；YANG P. Compromise and complicity in international student mobility: The ethnographic case of Indian medical students at a Chinese university[J]. Discourse: Studies in the Cultural Politics of Education, 2018, 39: 694-708；马佳妮. 留学中国——来华留学生就读经验的质性研究 [M]. 北京：社会科学文献出版社，2020；唐静. 留学生选择来华学习的行为意向研究——基于计划行为理论的解释框架 [J]. 高教探索，2017: 90-94+116.

学意向的研究仍然有限^①，其中着眼于留学意向与跨文化适应之间关系的研究更是匮乏。因此，我只能根据前人研究初步推测来华留学生留学意向与其跨文化适应正相关，并将带着这个研究假设进行初步分析，希望通过本研究可以弥补这个研究空白。此外，留学生之前的跨文化体验（如旅居国外或与不同文化的接触）与其跨文化适应呈正相关^②。现有研究证明，来华之前有过其他跨文化经历的留学生更容易以开放包容的心态对待文化差异，因此与缺乏跨文化体验的留学生相比，可以更好地调适自己的心理，适应中国的社会和文化环境^③。除了留学意向和曾经的跨文化经历，生源地和婚姻状况也被证实会影响来华留学生的跨文化适应。例如，亚洲和非洲留学生在跨文化适应过程中感受到的压力高于西方留学生，因而对中国社会和文化环境的适应效果反而不如后者；已婚留学生因与家人分居两地或兼顾多个社会角色，感受到的跨文化适应压力要高于未婚留学生^④。值得关注的是，留学生旅居中国的时间对其跨文化适应的影响暂无定论。有学者认为留学生在中国长期旅居的经历可以有效促进他们的跨文化适应，但也有学者认为实际情况刚好相反，还有学

---

① MA J. Why and how international students choose mainland China as a higher education study abroad destination[J]. Higher Education, 2017, 74: 563-579.

② AKHTAR M, KRöNER-HERWIG B. Acculturative stress among international students in context of socio-demographic variables and coping styles[J]. Current Psychology, 2015, 34: 803-815. 其他文献详见：SELLTIZ C, CHRIST J R, HAVEL J, et al. Attitudes and social relations of foreign students in the United States [M]. Minneapolis: University of Minnesota Press, 1963；SEWELL W H, DAVIDSEN O M. The adjustment of Scandinavian students[J]. Journal of Social Issues, 1961, 12: 9-19.

③ CAO C, MENG Q. A systematic review of predictors of international students' cross-cultural adjustment in China: Current knowledge and agenda for future research[J]. Asia Pacific Education Review, 2022, 23: 45-67. 其他文献详见：GEBREGERGIS W T, HUANG F, HONG J. Cultural intelligence, age and prior travel experience as predictors of acculturative stress and depression among international students studying in China[J]. Journal of International Students, 2019, 9: 511-534；谢永飞，刘衍军. 亚洲来华留学生在江西高校的社会适应研究 [J]. 西北人口，2009, 30: 61-64.

④ ENGLISH A S, ZENG Z J, MA J H. The stress of studying in China: Primary and secondary coping interaction effects[J]. SpringerPlus，2015, 4: 1-14. 其他文献详见：LIU Y, CHEN X, LI S, et al. Path analysis of acculturative stress components and their relationship with depression among international students in China[J]. Stress and Health, 2016, 32: 524-532；YU B, CHEN X, LI S, et al. Acculturative stress and influential factors among international students in China: a structural dynamic perspective[J]. PLoS One, 2014, 9: e96322；YU B, DOWNING K. Determinants of international students' adaptation: Examining effects of integrative motivation, instrumental motivation and second language proficiency [J]. Educational Studies, 2012, 38: 457-471.

者认为这两者之间并无显著关联[①]。

二　来华留学生跨文化适应过程中的身份认同

（一）跨文化语境下的社会身份认同[②]

身份认同（identity）作为一种自我意识，可在个人（individual）和社会（social）两个层面加以研究[③]。个体身份认同侧重于心理学视角，主要关注决定"我"之所以为"我"的个体独特性，诸如"自我形象（self-image）""自尊（self-esteem）""个性（individuality）"等通过内化形成自我的概念。社会层面的身份认同更多关注个体的群体身份[④]。波兰社会心理学家亨利·泰弗尔（Henri Tajfel）将社会身份认同（social identity）界定为个体认识到自己属于某个特定的社会群体之后所得来的自我概念，以及该群体成员身份所附带的价值和情感意义[⑤]。在跨文化交际的语境下，社会身份认同是多年来被学者反复研究的一个话题。因此本部分内容专注于跨文化语境下的社会身份认同，对这个名词进行如下梳理。

符号互动论（symbolic interactionism）是用来研究个人建

---

① HU S, LIU H, ZHANG S, et al. Proactive personality and cross-cultural adjustment: Roles of social media usage and cultural intelligence[J]. International Journal of Intercultural Relations, 2020, 74: 42-57. 其他文献详见：WEN W, HU D, HAO J. International students' experiences in China: Does the planned reverse mobility work?[J] International Journal of Educational Development, 2018, 61: 204-212；YU B. Learning Chinese abroad: The role of language attitudes and motivation in the adaptation of international students in China[J]. Journal of Multilingual and Multicultural Development, 2010, 31: 301-321；何培仪，张正册，王颖，等. 来华医学留学生跨文化效能及适应现状的调查[J]. 护理研究，2018, 32: 3268-3270；谢永飞，刘衍军. 亚洲来华留学生在江西高校的社会适应研究[J]. 西北人口，2009, 30: 61-64.

② 本部分内容基于我之前撰写的期刊论文修改而成。

③ SPRECKELS J, KOTTHOFF H. Communication identity in intercultural communication [C] //KOTTHOFF H, SPENCER-OATEY H. Handbook of intercultural communication. New York, NY: De Gruyter Mouton，2007:415-440. 其他文献详见：张淑华，李海莹，刘芳. 身份认同研究综述 [J]. 心理研究，2012, 5: 21-27.

④ SHIN C I, JACKSON R L. A review of identity research in communication theory: Reconceptualizing cultural identity[J]. International and Intercultural Communication Annual, 2003, 26: 211-240. 其他文献详见：张淑华，李海莹，刘芳. 身份认同研究综述 [J]. 心理研究，2012, 5: 21-27.

⑤ TAJFEL H. Human groups and social categories [M]. Cambridge, MA: Cambridge University Press, 1981.

立身份、认识自我的代表性理论之一①。深受该理论影响的学者们认为，个体通过与他人的社会互动习得并建立自我，因此自我是一个经由协商而构建的产物，并非一个固定的、预先存在的、孤立的存在。例如，著名社会心理学家查尔斯·库利（Charles H. Cooley）提出的"镜中我（looking-glass self）"理论认为，个人形成自我的过程如同自己照镜子一般，镜中影像即他人对个体的理解和感知，个体通过"照镜子"获得这些理解与感知，并基于这些形成自我概念②。另外一位社会心理学家乔治·米德（George Mead）在库利研究的基础上进一步提出"泛化他者（generalized Other）"这个概念，认为具有统一性的自我只能在个人与泛化他者的互动中出现，后者被界定为有组织的社会群体或社会团体，如俱乐部和公司③。社会规范、态度和价值观是社会群体或社会团体之于个体期待的具象化呈现，而个体需要在与多个泛化他者互动的过程中，通过扮演多个不同的社会角色，实现对这些规范、态度和价值观的内化，最终形成自我的概念④。这种角色扮演（role-taking）作为一种动态过程在社会学家欧文·戈夫曼（Erving Goffman）的剧场隐喻中得到了较好的阐释：日常生活中的社会互动可被视为一种戏剧表演，个体在前台呈现表演，控制他们想要在观众面前展示的角色⑤。个体虽然囿于个人或社会的限制，须得呈现得体合宜的自我，但依然可以在如何突出自己想在前台展示的角色上灵活处理。因此，戈夫曼与米德的观点一致，认为个体扮演了多种不同角色，作为不同社会行动者需要满足预先存在的剧场前台及台下观众的期待。

　　基于上述回顾，我们可以清楚地看到，虽然不同学者基于不同视角对个体的社会身份认同进行了不同的勾勒，但这些阐述无一例外都认为社会身份认同是社会互动的产物，自我在社会互动中受

---

① HALL S. New ethnicities [C] //DONALD J, RATTANSI A. Race, culture and differences.Newbury Park, CA: Sage, 1992. 其他文献详见：张淑华，李海莹，刘芳. 身份认同研究综述 [J]. 心理研究，2012, 5: 21-27.

② COOLEY C H. Human nature and the social order [M]. New York, NY: Scribners, 1902.

③ MEAD G H. Mind, self and society [M]. Chicago, IL: University of Chicago Press, 1934.

④ 张淑华，李海莹，刘芳. 身份认同研究综述 [J]. 心理研究，2012, 5: 21-27.

⑤ GOFFMAN E. The presentation of self in everyday life [M]. Garden City, NY: Anchor, 1959.

社会规范习俗影响，由他人期待所构成，同时也通常遵守着他人期待[①]。除了内置于个体—他人这个结构中的个体视角，社会身份认同研究也可以从社会群体视角出发，将社会身份认同定义为"个体认识到自己所在群体的成员所具备的资格，以及这种资格在价值上和情感上的重要性"[②]。从社会群体视角出发的社会身份认同理论首推泰弗尔在 20 世纪七八十年代提出的社会认同理论（social identity theory）。该理论将社会身份认同的形成视为"社会类化（social categorization）"的产物。换言之，个体通过群体之间的比较，将自己所在的群体与其他群体进行区分，并在这个区分的过程中进一步强化自己所在群体的独特性以及自己对这个群体的认同感，进而产生"内群体成员（in-group members）/ 我们"和"外群体成员（out-group members）/ 他们"的认知分化，最终以这个认知分化为基础形成自己的社会身份认同[③]。英国社会心理学家约翰·特纳（John C. Turner）基于泰弗尔的研究，在强调社会类化的基础上，衍生出自我类化理论（self-categorization theory），指出诸如民族、国籍、性别、职业等社会类别皆可作为划分内 / 外群体（in-group/out-group）的重要依据，而个体通过认同自己在某个特定社会类别内的成员身份，建立自己的社会身份认同[④]。

---

① HECHT M L, WARREN J R, JUNG E, et al. A communication theory of identity: Development, theoretical perspective, and future directions [C] //GUDYKUNST W B. Theorizing about intercultural communication. Thousand Oaks, CA: Sage, 2005: 257-278. 其他文献详见：张淑华，李海莹，刘芳. 身份认同研究综述 [J]. 心理研究，2012, 5: 21-27.

② 张淑华，李海莹，刘芳. 身份认同研究综述 [J]. 心理研究，2012, 5: 21-27.

③ TAJFEL H. Social identity and intergroup behavior[J]. Social Science Information, 1974, 13: 65-93. 其他文献详见：TAJFEL H. Human groups and social categories [M]. Cambridge, MA: Cambridge University Press, 1981；TAJFEL H. Social identity and intergroup relations [M]. Cambridge, UK: Cambridge University Press, 1982.

④ TURNER J C. Social categorization and the self-concept: A social cognitive theory of group behavior [C] // LAWLER E J. Advances in group processes. Greenwich, UK:JAI Press, 1985: 77-122. 其他文献详见：TURNER J C. Rediscovering the social group: A self-categorization theory [M]. Oxford: Blackwell, 1987；TURNER J C, OAKES P J. The significance of the social identity concept for social psychology with reference to individualism, interactionism and social influence[J]. British Journal of Social Psychology, 1986, 25: 237-252.

（二）跨文化语境下西方学界的社会身份认同研究

西方学界所开展的跨文化研究，普遍将文化视为移民和旅居者形成新的文化身份认同所需的重要社会类别之一[①]。正如人类学家克利福德·格尔茨（Clifford Geertz）描述的那样，我们所处的文化系统为我们建立自我身份认同、了解这种认同之于我们的意义划定了边界[②]。目前西方跨文化研究围绕移民和旅居者的文化身份认同所展开的研究主要遵循两个路径。一个路径采用社会解释主义视角，认为移居个体基于共享意义及价值而产生的文化认同是相关研究的焦点所在[③]。从社会解释主义路径出发，来自同一个社会群体的成员使用核心符号、标签和规范表达自我，彼此交流，这种表达和交流的本质即文化建构，而这种文化建构的结果是这个群体成员文化身份的形成[④]。在持社会解释主义观点的学者看来，文化身份认同的形成过程需借助两个要素："先赋自我（the ascribed Self，如'我是谁'）"和"后赋自我（the avowed Self，如'个人的自我感知'）"[⑤]。采用这个路径的学者多数认同戈夫曼的表演理论，认为沉浸于民族志及参与式观察的研究者对于移居个体文化身份认同的思考应该基于两点：这些个体带有传播性质的行为及其通过表演这种形式所赋予传播行为的具体意义[⑥]。

① MENDOZA S L, HALUALANI R T, DRZEWIECKA J A. Moving the discourse on identities in intercultural communication: Structure, culture, and resignifications[J]. Communication Quarterly, 2002, 50: 312-327. 其他文献详见：TING-TOOMEY S. Identity negotiation theory: Crossing cultural boundaries [C] // GUDYKUNST W B. Theorizing about intercultural communication. Thousand Oaks, CA: Sage, 2005: 211-233；TURNER J C. Toward a cognitive redefinition of the social group [C] //TAJFEL H. Social identity and inter-group relations. Cambridge, MA: Cambridge University Press , 1982: 15-40.

② GEERTZ C. The interpretation of cultures [M]. New York, NY: Basic Books, 1977.

③ CARBAUGH D. Cultural communication and intercultural contact [M]. Hillsdale, NJ: Erlbaum, 1990.其他文献详见：COLLIER M J, THOMAS M. Cultural identity: An interpretive perspective [C] //KIM Y Y, GUDY-KUNST W B. Theories in intercultural communication (International and Intercultural Communication Annual). Newbury Park, CA: Sage, 1988: 99-120；戴晓东. 跨文化交际理论从欧洲中心到多中心演进探析 [J]. 学术研究, 2011: 137-146+160.

④ SHIN C I, JACKSON R L. A review of identity research in communication theory: Reconceptualizing cultural identity [J]. International and Intercultural Communication Annual, 2003, 26: 211-240. 其他文献详见：戴晓东. 跨文化交际理论从欧洲中心到多中心演进探析 [J]. 学术研究, 2011: 137-146+160.

⑤ COLLIER M J. Cultural identity and intercultural communication [C] //SAMOVAR L A, PORTER R E. Intercultural communication. 8th edn. Belmont, CA:Wadsworth , 1997: 36-44.

⑥ CARBAUGH D. Cultural communication and intercultural contact [M]. Hillsdale, NJ: Erlbaum, 1990. 其他文献详见：MENDOZA S L, HALUALANI R T, DRZEWIECKA J A. Moving the discourse on（转下页注）

    另一个研究路径采用逻辑实证主义视角，这个视角所主导的跨文化研究深受两种思维模型的影响：一个是线性两极模型（linear bipolar model），另一个是二元维度模型（two-dimensional model）[①]。前者以金荣渊提出的跨文化调整理论（cross-cultural adaptation theory）为代表，该理论将跨国迁徙个体对其母国文化和东道国文化的认同分置于一个区间的两端，认为二者之间是一场此消彼长的零和博弈[②]。具体而言，跨文化调整理论假设任何一个步入不同文化环境的个体，长远来看都应该尽力投身跨文化交际，尽力避免同一群体内的组内交际，这样才能更好地沿着"压力—适应—成长"这个单向路径最终成功适应东道国的社会文化环境，而这种成功适应具体体现在三个目标的实现上，即跨文化人格的形成（formation of intercultural personhood）、个体心理健康的提升（improvement of individuals' psychological health）以及对东道国文化适应性的功能性增强（increase in their functional fitness in the host environment）[③]。不同于线性两极模型，二元维度模型将移居个体群组内交际与他们对东道国文化的认同区别对待，认为二者独立存在，不应该放置在零和关系中混为一谈[④]。在秉持二元对立维度模型的跨文化适应理论中，约翰·贝瑞（John W. Berry）提出的濡化模型（the model of acculturation）最具代表性。在这个模型中，贝瑞界定了旅居个体应对跨文化适应的四种濡化策略，

（接上页注⑥）identities in intercultural communication: Structure, culture, and resignifications[J]. Communication Quarterly, 2002, 50: 312-327.

① GUI Y, BERRY J W, ZHENG Y. Migrant worker acculturation in China[J]. International Journal of Intercultural Relations, 2012, 36: 598-610. 其他文献详见：MENDOZA S L, HALUALANI R T, DRZEWIECKA J A. Moving the discourse on identities in intercultural communication: Structure, culture, and resignifications[J]. Communication Quarterly, 2002, 50: 312-327.

② 克莱默，刘杨. 全球化语境下的跨文化传播 [M]. 北京：清华大学出版社，2015.

③ KIM Y Y. Communication and cross-cultural adaptation: An integrative theory [M]. Clevedon, UK: Multilingual Matters, 1988. 其他文献详见：KIM Y Y. Becoming intercultural: An integrative theory of communication and cross-cultural adaptation [M]. Thousand Oaks, CA: Sage, 2001；KIM Y Y. From ethnic to interethnic: The case for identity adaptation and transformation[J]. Journal of Language and Social Psychology, 2006, 25: 283-300.

④ GUI Y, BERRY J W, ZHENG Y. Migrant worker acculturation in China[J]. International Journal of Intercultural Relations, 2012, 36: 598-610. 其他文献详见：克莱默，刘杨. 全球化语境下的跨文化传播 [M]. 北京：清华大学出版社，2015.

即同化（assimilation）、整合（integration）、分离（separation）
和边缘化（marginalization）^①。具体来说，同化是指旅居个体用
东道国文化形式和习俗替代自己原有文化的一些方面，以此实现对
东道国文化的高度认同；整合是指旅居个体既保留原有文化，又同
时认同并接受东道国文化；分离是指旅居个体不选择融入东道国主
流社会文化，而是坚持自己原有的文化认同，并将自己的交际限定
在自己的文化圈内；如果旅居个体既不能保留原有文化认同，又不
能建立对东道国主流社会文化的认同，就会出现边缘化^②。除了上述
的二元对立思维，社会科学视角下的身份认同研究还认为移居个体
母国文化和东道国文化之间的差异是引起跨文化误解和冲突的根源
所在，因此应该予以控制，而实现控制的办法就是鼓励移民和旅居
者努力向东道国主流社会文化靠拢，成功实现跨文化适应，建立对
东道国的文化认同，从而降低误解和冲突出现的可能性^③。

（三）西方学界现有身份认同研究的局限性

　　愈来愈多的学者对现有西方跨文化研究视野下的社会身份认同
或文化身份认同提出了批判，这些批判主要集中在两点。一是过分
强调二元文化主义（biculturalism）。自 20 世纪 80 年代以来，二
元文化主义这一观念风靡西方学界所主导的跨文化研究领域^④。受这
一观念的影响，研究者采用西方二元对立思辨模式对跨文化交际进
行探索，其结果就是旅居个体的母国文化认同与其东道国文化认同
被视为一场零和游戏^⑤。在这场非此即彼的博弈中，旅居个体被鼓励

① BERRY J W. Acculturation as varieties of adaptation [C] //PADILLA A. Acculturation: Theory, models and some new findings. Boulder, CO: Westview, 1980: 9-25. 其他文献详见：BERRY J W. Acculturation: Living successfully in two cultures[J]. International Journal of Intercultural Relations, 2005, 29: 697-712.
② 安然. 解析跨文化传播学术语"濡化"与"涵化"[J]. 国际新闻界, 2013, 35: 54-60.
③ XU K. Theorizing difference in intercultural communication: A critical dialogic perspective[J]. Communication Monographs, 2013, 80: 379-397.
④ LIU S. Identity, hybridity and cultural home: Chinese migrants and diaspora in multicultural societies [M]. New York, NY: Rowman & Littlefield, 2015.
⑤ 贾士山, 刘杨. 跨文化传播的诠释学视角——以中国语境为例[J]. 西安交通大学学报（社会科学版）, 2018, 38: 123-129. 其他文献详见：克莱默, 刘杨. 全球化语境下的跨文化传播[M]. 北京：清华大学出版社, 2015.

要努力习得东道国文化，建立对东道国的文化认同，融入东道国文化，成为其中的内群体成员，而这种经由上述习得、建立和融入所建立起来的与东道国民众无二的身份认同被视为移民和旅居者跨文化适应的最佳终极目标 ①。然而，全球人口迁徙在过去 20 年的时间里变得日益复杂，迁移个体的跨文化交际同时受到民族、国家和地理空间等多重因素的影响，这种融合了多种因素、交错进行的跨文化互动的现状极大挑战了二元文化主义 ②。在此背景下，众多文化研究学者将注意力转向多元文化主义（multiculturalism），其特点就是多种文化在相遇过程中超越二元独立、在第三空间所出现的杂糅性 ③。换言之，跨文化交际以混杂的形式产生融合的身份认同，这既不同于旅居个体原有的身份认同，也不同于东道国身份认同，而是一种截然不同的全新身份认同 ④。

　　学者提出的另外一点批判着眼于"差异即问题"这个假设。很多从事跨文化研究的学者均认为，旅居个体应该尽量缩小自己母国文化和东道国文化之间在价值观和行为规范等方面的差异，以减少跨文化交际过程中的不确定性，剔除影响跨文化沟通顺利开展的阻碍 ⑤。根据这一假设，逻辑实证主义视角下的社会身份认同研究推崇旅居个体对东道国文化的认同，认为这种认同的建立有助于这些个

① LIU Y, KRAMER E. Conceptualizing the *Other* in intercultural encounters: Review, formulation and typology of the *Other*-identity[J]. Howard Journal of Communications, 2019, 30: 446-463. 其他文献详见：克莱默，刘杨. 全球化语境下的跨文化传播 [M]. 北京：清华大学出版社，2015.

② LIU S. Identity, hybridity and cultural home: Chinese migrants and diaspora in multicultural societies [M]. New York, NY: Rowman & Littlefield, 2015.

③ 克莱默，刘杨. 全球化语境下的跨文化传播 [M]. 北京：清华大学出版社，2015. 其他文献详见：李琳，生安锋. 后殖民主义的文化身份观 [J]. 国外理论动态，2004: 48-51.

④ 贾文山，刘杨. 跨文化传播的诠释学视角 ——以中国语境为例 [J]. 西安交通大学学报（社会科学版），2018, 38: 123-129. 其他文献详见：克莱默，刘杨. 全球化语境下的跨文化传播 [M]. 北京：清华大学出版社，2015.

⑤ GUDYKUNST W B. A model of uncertainty reduction in intercultural encounters[J]. Journal of Language and Social Psychology, 1985, 4: 79-98. 其他文献详见：GUDYKUNST W B. Uncertainty and anxiety [C] //KIM Y Y, GUDYKUNST W B. Theories in intercultural communication. Newbury Park, CA: Sage, 1988: 123-156；GUDYKUNST W B. Anxiety/uncertainty management (AUM) theory: Current status [C] //WISEMAN R L. Intercultural communication competence (International and Intercultural Communication Annual). Thousand Oaks, CA:Sage, 1995：8-58；TING-TOOMEY S. Identity negotiation theory: Crossing cultural boundaries [C] //GUDYKUNST W B. Theorizing about intercultural communication. Thousand Oaks, CA: Sage, 2005: 211-233.

体成功实现跨文化适应，且有益于他们的心理健康[1]。因此，持逻辑实证主义视角的跨文化适应研究提倡旅居个体需要通过有效的跨文化培训，最终减少甚至消除他们原有身份认同与东道国文化认同之间的差异[2]。这种"差异即问题"的观念遭到了批判学派的抨击，后者认为文化不仅仅是一个变量，还作为一个社会建构的产物为传播中所建构出来的意义提供了一个角逐的场域[3]。在批判学派看来，不同文化群体之间的互动基于特定的语境，因此对跨文化交际的研究必须还原到对应的特定语境下才可以进行，而且研究的时候要关注权力结构在不同层级、不同变量的交互作用下如何形塑旅居个体的身份认同。目前专注于研究白人特权（white supremacy）的学者们已经做出了很好的示范。在这些学者看来，白人身份认同象征着在特定话语空间中预先确立起来的特权和权力，因此他们的研究致力于揭开覆盖在这种权力及支配地位之上的神秘面纱[4]。

[1] BERRY J W. Immigration, acculturation and adaptation[J]. Applied Psychology: An International Review, 1997, 46: 5-68. 其他文献详见：BERRY J W, PHINNEY J S, SAM D L, et al. Immigrant youth in cultural transition [M]. Mahwah, NJ: Lawrence Erlbaum Associates, 2006；BERRY J W, SABATIER C. Variations in the assessment of acculturation attitudes: Their relationships with psychological wellbeing[J]. International Journal of Intercultural Relations, 2011, 35: 658-669；BERRY J W, SAM D L. Acculturation and adaptation [C] //BERRY J W, SEGALL M H, KAGITCIBASI C. Handbook of cross-cultural psychology. Boston, MA: Allyn & Bacon, 1997: 291-329；GUDYKUNST W B. A model of uncertainty reduction in intercultural encounters[J]. Journal of Language and Social Psychology, 1985, 4: 79-98；GUDYKUNST W B. Uncertainty and anxiety [C] //KIMY Y, GUDYKUNST W B. Theories in intercultural communication. Newbury Park, CA: Sage, 1988: 123-156；GUDYKUNST W B. Anxiety/uncertainty management (AUM) theory: Current status [C] //WISEMAN R L. Intercultural communication competence (International and Intercultural Communication Annual). Thousand Oaks, CA:Sage, 1995: 8-58；KIM Y Y. Communication and cross-cultural adaptation: An integrative theory [M]. Clevedon, UK: Multilingual Matters, 1988；KIM Y Y. Becoming intercultural: An integrative theory of communication and cross-cultural adaptation [M]. Thousand Oaks, CA: Sage, 2001；TING-TOOMEY S. Identity negotiation theory: Crossing cultural boundaries [C] //GUDYKUNST W B. Theorizing about intercultural communication. Thousand Oaks, CA: Sage, 2005: 211-233.
[2] XU K. Theorizing difference in intercultural communication: A critical dialogic perspective[J]. Communication Monographs, 2013, 80: 379-397. 其他文献详见：贾文山，刘杨. 跨文化传播的诠释学视角 ——以中国语境为例 [J]. 西安交通大学学报（社会科学版），2018, 38: 123–129；克莱默，刘杨. 全球化语境下的跨文化传播 [M]. 北京：清华大学出版社，2015.
[3] MARTIN J N, NAKAYAMA T K. Thinking dialectically about culture and communication[J]. Communication Theory, 1999, 9: 1-25.
[4] MARTIN J N. Understanding whiteness in the United States [C] //SAMOVAR L A, PORTER R E. Intercultural communication. 8th edn. Belmont, CA: Wadsworth, 1997: 54-62. 其他文献详见：NAKAYAMA T K, MARTIN J N. Introduction: Whiteness as the communication of social identity [C] // NAKAYAMA T K, MARTIN J N. Whiteness: The communication of social identity. Thousand（转下页注）

（四）来华留学生身份认同研究

来华留学生的跨国迁徙经历毫无疑问会重塑其身份认同。在二元文化主义影响下的相关研究往往将来华留学生的母国文化与中国文化置于两端，在这两端之间试图探究这些旅居个体如何以及在多大程度上通过长时间的语言学习、文化体验、人际互动以及媒介使用建立对中国文化的认同，并在探究的过程中试图厘清影响认同建立的因素。例如，母国文化与中国文化相似的留学生更不容易感受到身份认同差异，因此可以更好地与中国民众展开交流，更不容易在交流的过程中出现抑郁情绪，也更容易习得中文，认可中国价值观与行为规范，最终实现对中国文化的认同[1]。此外，现有研究还指出，留学生对中国高校管理的满意度与其对中国文化的认同度成正比，基于对中国文化的兴趣和热爱选择来华学习的留学生更容易建立对中国文化的认同，对微信等中国社交媒体的积极使用可以有效推动来华留学生文化认同的建立[2]。上述这些研究在对待来华留学生母国文化认同的问题上，立场有所不同。例如，有研究立足线性两极模型，认为留学生来华时间越长，浸润在中文环境中的程度越深，越适应中国环境，中文文化取代他们母语文化的可能性就越大；但有研究立足二元维度模型，认为来华留学生在建立中国文化认同的同时，也会继续认同并拥抱自己的母国文化[3]。

（接上页注④）Oaks, CA:Sage, 1999: vii-xiv; SHIN C I, JACKSON R L. A review of identity research in communication theory: Reconceptualizing cultural identity[J]. International and Intercultural Communication Annual, 2003, 26: 211-240.

[1]　胡玉婷，洪建中，刁春婷. 跨文化沟通能力对来华留学生抑郁的影响：身份认同差异的中介作用 [J]. 心理科学，2019, 42: 942-948. 其他文献详见：任一弘，施广东. 来华留学生文化认同变化的现状研究 [J]. 智库时代，2017, 14: 245-246；徐雪英，胡温婕. 基于身份管理理论的学生跨文化交际困境研究 [J]. 继续教育研究，2021: 96-102；张世蓉，王美娟. 高校留学生文化身份认同研究 [J]. 海外英语，2018: 175-178+180；周婷. 来华留学生文化认同的研究进展——基于 2004—2018 年 CNKI 的文献分析 [J]. 湖南广播电视大学学报，2020（4）：89-96.

[2]　金恒江，张国良. 微信使用对在华留学生社会融入的影响——基于上海市五所高校的调查研究 [J]. 现代传播—中国传媒大学学报，2017, 39: 145-151. 其他文献详见：韦歆. 以文化认同为导向的留学生管理——以 H 大学为例 [D]. 上海：上海交通大学，2013；吴灿新. 文化认同与和谐社会建设 [J]. 广东省社会主义学院学报，2006: 49-53；姚君喜. 互联网使用对外籍留学生中国文化认同的影响——基于北京、上海、广州高校的实证研究 [J]. 西南民族大学学报（人文社会科学版），2021, 42: 162-170.

[3]　肖耀科，陈路芳. 在中国的东南亚学生的文化适应问题——对广西民族大学东南亚留学生的调查 [J]. 东南亚纵横，2012: 38-42. 其他文献详见：张世蓉，王美娟. 高校留学生文化身份认同研究 [J]. 海外英语，2018: 175-178+180.

随着学界对留学生跨文化经历研究的深入，跨文化性（interc-ulturality）作为一个试图破除西方二元对立思维方式的概念在跨文化研究中逐渐兴起。学界关于跨文化性的讨论历经三个阶段：注重本土文化、兼顾不同文化是第一阶段；两种文化并重是第二阶段；第三阶段不再拘泥于"本""异"文化之分，关注不同文化相遇之后所形成的多样的、复杂的第三类文化[①]。跨文化性是由两种文化相遇导致产生的特殊性，而且这种特殊性因诸如互动双方民族、国籍和语言等众多个体因素的介入而体现为一种流动的、带有多重视角的异态复型体，学界很难总结出固定规律，因而也无法给出一个明确的定义[②]。具体到留学生这个群体，跨文化性可以理解为这些旅居个体在接触另外一种文化的过程中所不断增强的跨文化意识和敏感性，以及他们在多重复杂因素的影响下所收获的多种自我认知[③]。这种自我认知并非在母国文化认同与东道国文化认同之间的选择，而是超越文化中心论之后，在不同文化相遇、碰撞或融合的过程中生成的多重以及多侧面身份认同，这种身份认同既不同于他们原有的母国身份认同，也不同于东道国民众的身份认同，是一种复杂的、多样的以及流动的身份认同[④]。例如，有研究指出，在华学习经历有助于留学生通过切身体验克服对中国社会与文化的偏见，更关注不同文化之间的相似性，形成更具共情能力和灵活性的身份认同；还有研究指出，来华留学生通过微信编织的社交网络与中国学生自在、随意地互动，在互动过程中他们自己的文化边界逐渐变得模糊，他们逐渐融入线上中文社交环境，形成新的身份认同[⑤]。不同于仅着眼

① Dervin F. 教育的跨文化性 [M]. 袁梅，张菀，译. 北京：中央民族大学出版社，2020. 其他文献详见：Dervin F，袁梅，陈宁. 跨文化性视角 [J]. 跨文化研究论丛，2020（2）：119-124+132.

② Dervin F，袁梅，陈宁. 跨文化性视角 [J]. 跨文化研究论丛，2020(2)：119-124+132. 其他文献详见：姚燕. 跨文化性与跨文化态度——德国跨文化交往理论研究管窥 [J]. 国外社会科学，2015（3）：108-116.

③ JIN T. Moving beyond "intercultural competence": Interculturality in the learning of Mandarin in UK universities[J]. Language and Intercultural Communication, 2017, 17: 306-322.

④ LI X. International students in China: Cross-cultural interaction, integration, and identity construction[J]. Journal of Language, Identity & Education, 2015, 14: 237-254. 其他文献详见：克莱默，刘杨. 全球化语境下的跨文化传播 [M]. 北京：清华大学出版社，2015；马佳妮. 留学中国——来华留学生就读经验的质性研究 [M]. 北京：社会科学文献出版社，2020.

⑤ AN R, CHIANG S-Y. International students' culture learning and cultural adaptation in China[J]. Journal of Multilingual and Multicultural Development, 2015, 36: 661-676. 其他文献详见：LI X.（转下页注）

于建立东道国文化认同的研究，不少学者指出，来华留学生他者身份的保持甚至增强也是跨文化性视角下的一种身份认同可能性。例如，由于在日常教学和生活中缺乏与中国同学的跨文化接触，来华留学生在认同中国文化的同时，也不断感知自己的文化他者身份；而有的来华留学生固守原有文化认同，拒绝以开放的心态面对文化差异，也会导致自己文化他者身份的出现[①]。无论主动还是被动，这种由跨文化交际不充分带来的局外人感觉可能都在一定程度上加重了跨国迁移带给旅居个体的迷茫感，令其无法充分建立一种开阔、开放、开明的身份认同；这也可能为其提供了一个契机，令其可以在一个汇聚众多文化的语义空间，重塑一个多种文化汇聚下象征着都市主义的全新文化身份[②]。

三 本章小结

从上述文献回顾可以发现，海内外学术界对留学生群体的关注

（接上页注⑤）International students in China: Cross-cultural interaction, integration, and identity construction[J]. Journal of Language, Identity & Education, 2015, 14: 237-254；TIAN M, LOWE A. Intercultural identity and intercultural experiences of American students in China[J]. Journal of Studies in International Education, 2014, 18: 281-297；TIAN M, LU G. Intercultural learning, adaptation, and personal growth: A longitudinal investigation of international student experiences in China[J]. Frontiers of Education in China, 2018, 13: 56-92；金恒江，张国良. 微信使用对在华留学生社会融入的影响——基于上海市五所高校的调查研究 [J] 现代传播—中国传媒大学学报，2017, 39: 145-151.

① AN R, CHIANG S-Y. International students' culture learning and cultural adaptation in China[J]. Journal of Multilingual and Multicultural Development, 2015, 36: 661-676. 其他文献详见：LI X. International students in China: Cross-cultural interaction, integration, and identity construction[J]. Journal of Language, Identity & Education, 2015, 14: 237-254；TIAN M, LOWE J. Missing dialogue: Intercultural experiences of Pakistani students in their first-year studies at a Chinese university [C] //ATE A W, TRAN L T, LIYANAGE I. Educational reciprocity and adaptivity: International students and stakeholders. London, UK: Routledge, 2018: 142-161.

② HO E L-E. African student migrants in China: Negotiating the global geographies of power through gastronomic practices and culture[J]. Food, Culture & Society , 2018, 21: 9-24. 其他文献详见：LEE K H. Becoming a bona fide cosmopolitan: Unpacking the narratives of Western-situated degree-seeking transnational students in China[J]. Social & Cultural Geography, 2020: 1-19；LEE K H. "I Post, therefore I Become #cosmopolitan": The materiality of online representations of study abroad in China[J]. Population, Space and Place, 2020, 26: e2297；TENG F, BUI G. Thai university students studying in China: Identity, imagined communities, and communities of practice[J]. Applied Linguistics Review, 2020, 11: 341-368.

已经积累了相当丰富的研究成果，分别从心理学、传播学、教育学、社会学和人类学等学科视角进行深入探讨，而且已经形成了诸多理论模型。这些文献无疑为本研究的深入开展提供了一定的借鉴空间。然而，已有研究的不足与局限也显而易见。目前国际上开展的留学生研究主要聚焦美国、英国、澳大利亚和加拿大等传统留学生接收国的高校，研究对象多为从亚洲到西方求学的留学生群体，所用理论也多是在西方文化语境下提出的概念与框架①。与之相比，来华留学生研究起步较晚，无论是研究规模还是研究深度都尚未在全球占据优势。例如，最早关于来华留学生的 SSCI 论文刊发于 2003 年，之后 7 年皆无类似研究见刊；2014 年是来华留学生议题 SSCI 期刊发表的拐点，在这之前相关研究相对滞后，SSCI 论文共计 5 篇，之后虽进入提速阶段，但截止到 2020 年下旬也仅新增 55 篇，而且海外学界给予的关注以及高质量研究在其中所占的比例依然偏低②。国内以中文发表的来华留学生研究具有一定的规模优势，但相关文献多着眼于宏观性的政策建议，对实证研究的关注不够，且以预测为目的的定量研究远多于质性研究，关注话题多为将来华留学生作为一个整体的跨文化适应研究，所用理论多是沃德、贝瑞以及金荣渊三位西方学者提出的理论模型③。由此可以看出，国际学术界对来华留学生这个群体的研究依然不够充分，同时现有研究缺乏中国本土视角对留学生跨文化经历的实证分析（尤其是质性研究）。目前对来华留学生群体进行全景深描式质性实证分析的研究以马佳妮所著的《留学中国——来华留学生就读经验的质性研究》④为代表，但该

① JING X, GHOSH R, SUN Z, et al. Mapping global research related to international students: A scientometric review[J]. Higher Education, 2020, 80: 415-433. 其他文献详见：樊静薇，田美．来华留学生研究综述——基于 WoS 核心合集 SSCI 文献．国际学生教育管理研究，2021(1): 81-95；马佳妮．留学中国——来华留学生就读经验的质性研究 [M]．北京：社会科学文献出版社，2020.
② 樊静薇，田美．来华留学生研究综述——基于 WoS 核心合集 SSCI 文献．国际学生教育管理研究，2021(1): 81-95.
③ CAO C, MENG Q. A systematic review of predictors of international students' cross-cultural adjustment in China: Current knowledge and agenda for future research[J]. Asia Pacific Education Review, 2022, 23: 45-67. 其他文献详见：马佳妮．留学中国——来华留学生就读经验的质性研究 [M]．北京：社会科学文献出版社，2020.
④ 马佳妮．留学中国——来华留学生就读经验的质性研究 [M]．北京：社会科学文献出版社，2020.

研究关注的来华留学生大多数来自亚洲其他国家，绝大多数是公费留学生，而且重点关注的是这些旅居个体在中国求学过程中的就读体验和学习状况。在这个现有研究背景下，欧美来华留学生的跨文化经历与亚洲来华留学生有何不同？西方国家在全球占据的话语权以及对这种话语权的内化如何左右欧美来华留学生的跨文化体验？自费欧美来华留学生的解读与公费留学生有何不同？欧美来华留学生与不同圈层的中国民众的日常交往如何呈现不同特点？这些日常性的跨文化交际对欧美来华留学生的身份认同有何影响？如何可以进一步提升欧美来华留学生在中国高校的归属感，令其自愿充分地承担起公共外交的职责？这些正是本研究着力论述、力图解决的关键问题。我将在接下来的章节中尽可能地呈现西方来华留学生的跨文化经历，从中观和微观两个层面探究适合他们的教学管理与行政管理策略、他们与不同中国民众展开的跨文化交际以及留学中国对其身份认同的重塑。

第三章　研究方法之田野告白

中国谚语有云：冰冻三尺，非一日之寒。做研究也是一样。陈向明教授在回忆自己博士学位论文研究过程的时候提到，做研究绝非一日之功，而是一个循序渐进、充满意外和变化的过程。[①] 对此，我深表赞同。在我从事这个研究的过程中，数据收集一度因为突如其来的新冠疫情而中断，而数据分析又因我个人健康状况欠佳而进展缓慢。正如陈老师在书中所说的那样，整个研究过程既令人惶恐不安又兴奋激动，既充满艰难困苦又结出累累硕果。在本章，我将对这个研究过程做一个详尽的介绍，主要从研究问题的提出、研究方法的选择以及数据的收集与分析三个方面，对我所经历的田野调查进行一个告白。

一　研究问题的提出

我的博士学位论文关注的话题是旅居中国的美国人的在华跨文化经历与身份重塑。我历经两年的数据收集、分析和论文撰写，终于在 2017 年 5 月获得传播学博士学位，之后开始修改相关章节，

① 陈向明. 旅居者和"外国人"——留美中国学生跨文化人际交往研究 [M].
北京：教育科学出版社，2004.

进行期刊发表。在漫长的修改过程中，我对这些来华美国旅居者的故事有了更深层次的认识，开始思考如下问题：旅居者的国籍以及他们的母国文化如何影响他们对跨文化交际的解读？从一开始就在中国留学的旅居者与从未在中国深入学习的旅居者，其跨文化体验是否有所不同？同样来自欧美文化体系，美国旅居者的视角与欧洲旅居者的视角是否有所不同？这些旅居者来华之前的过往、来华之后的际遇以及对未来的规划如何形塑他们的自我认知？带着这些问题，我开启了新一轮的研究计划，将北京作为研究场地，探讨在京留学生这些文化他者的跨文化交际经历，试图从中发现更好开展来华留学生管理工作的办法，帮助他们更好地适应中国，助力民间外交的进一步开展。

　　我在进行文献回顾的过程中，发现现有研究多将来华留学生视为一个整体[①]；其中即便有针对具体国籍所做的个案分析，所研究的群体也多来自亚洲国家、非洲国家或共建"一带一路"国家[②]。相比之下，着眼于西方留学生这个群体的研究相对匮乏[③]。来华西方留学

① DING X. Exploring the experiences of international students in China[J]. Journal of Studies in International Education, 2016, 20: 319-338. 其他文献详见：LI X. International students in China: Cross-cultural interaction, integration, and identity construction[J]. Journal of Language, Identity & Education, 2015, 14: 237-254；WEN W, HU D, HAO J. International students' experiences in China: Does the planned reverse mobility work?[J] International Journal of Educational Development, 2018, 61: 204-212；丁笑炳. 高校来华留学生支持服务满意度调查与思考——基于上海高校的数据 [J]. 高校教育管理，2018, 12: 115-124；宋华盛，刘莉. 外国学生缘何来华留学——基于引力模型的实证研究 [J]. 高等教育研究，2014, 35（11）: 31-38；姚君喜. 互联网使用对外籍留学生中国文化认同的影响——基于北京、上海、广州高校的实证研究 [J]. 西南民族大学学报（人文社会科学版），2021, 42: 162-170.

② HO E L-E. African student migrants in China: Negotiating the global geographies of power through gastronomic practices and culture[J]. Food, Culture & Society, 2018, 21: 9-24. 其他文献详见：TENG F, BUI G. Thai university students studying in China: Identity, imagined communities, and communities of practice[J]. Applied Linguistics Review, 2020, 11: 341-368；陈玉涓. "一带一路"背景下中东欧来华留学生跨文化身份的建构 [J]. 高教学刊，2020: 20-24；崔希涛，何俊芳. 来华非洲留学研究生学术适应问题探究——以坦桑尼亚为例 [J]. 民族教育研究，2021, 32: 158-165；马佳妮. 留学中国——来华留学生就读经验的质性研究 [M]. 北京：社会科学文献出版社，2020；亓华，李秀妍. 在京韩国留学生跨文化适应问题研究 [J]. 青年研究，2009: 84-93+96；肖耀科，陈路芳. 在中国的东南亚留学生的文化适应问题——对广西民族大学东南亚留学生的调查 [J]. 东南亚纵横，2012: 38-42；谢永飞，刘衍军. 亚洲来华留学生在江西高校的社会适应研究 [J]. 西北人口，2009, 30: 61-64.

③ LEE K H. Becoming a bona fide cosmopolitan: Unpacking the narratives of Western-situated degree-seeking transnational students in China[J]. Social & Cultural Geography, 2020: 1-19. 其他文献详见：LEE K H. "I Post, therefore I Become #cosmopolitan": The materiality of online representations of study abroad in China[J]. Population, Space and Place, 2020, 26: e2297；TIAN M, LOWE A. Intercultural identity and intercultural experiences of American students in China[J]. Journal of Studies in International Education, 2014, 18: 281-297.

生作为中国文化体系中的旅居者，其文化他者身份产生的历史根源是中国文化与欧美文化这两大文化体系在哲学层面的根本性差异。中国文化与欧美文化各自经历漫长成熟过程之后才相遇，彼此存在质的区别。因此，来华西方留学生在进入中国文化体系之后，会比来自亚洲其他国家的留学生更容易意识到文化他者身份以及这种身份带来的疏离感、孤独感和无助感。这些旅居个体的在华跨文化体验直接关乎中国大国形象的树立和中国文化国际影响力的提高，但目前学界对跨文化交际过程中出现的文化他者，尤其是中国文化体系下出现的西方文化他者，还未给予足够的关注，因此针对这个文化他者群体的研究亟待开展。他者与自我并非二元对立，而是相互依存、彼此成就。中国学者通过研究来华西方留学生这一义化他者群体，可以了解他者眼中呈现的中国文化，获取不同的视角，以更加全面、更加丰富和更加立体的心态推动两大文化体系之间的义明共建，开展跨文化对话，化解跨文化冲突。基于上述研究初衷，我以在京欧美留学生这个群体为重点研究对象，并以现有来华非西方留学生的研究为理论对话的基石。在此基础上，我希望了解这些留学生如何从自己的视角理解并解读自己在北京的留学经历，如何看待并诠释自己与中国民众之间的跨文化交际，以及他们的跨文化经历如何影响并重塑他们的身份认同。

以上这些问题仅是我基于之前的研究经验在研究初始时的一个初步构想，仅作为研究推进的重要依据，而非一成不变的固定提纲。对于从事质性研究的学者，在研究正式开始之前所提出的问题只是为了给研究设置一个大体的方向。如果研究者在研究过程中发现有些问题并不符合实际情况，可以随时修改自己的研究问题，重新聚焦[1]。例如，当我的研究推进到一半的时候，新冠疫情在全球大规模暴发，严重影响到来华留学生的学习和生活，这是我在研究初期万万没有想到的突发情况。为了可以更好地了解这些受访者的旅居生活，我调整了访谈提纲，在其中加入了他们在跨文化适应过程中

---

[1]　陈向明. 旅居者和"外国人"——留美中国学生跨文化人际交往研究 [M]. 北京：教育科学出版社，2004.

如何应对突发情况、应对挑战的问题。再比如，我在研究开始之前一直以为留学生对于语言伙伴这种自发形成的语言学习小组是持肯定态度的，也会积极参与。但在实际研究的过程中，我却发现并非所有受访者都认可这种语言学习方式，而我自己的预设仅是中国学生学习外语的普遍心态，并不一定可以在留学生群体那里找到共鸣。基于上述种种插曲，我的研究在基本问题上推进，并根据受访者个体情况、采访进行时的宏观背景以及前期采访出现的有趣现象进行动态调整，希望可以尽可能地捕捉并呈现来华欧美留学生群体跨文化经历的复杂性和多样性。这些我将在接下来的部分详细展开。

二　质性研究的选择

（一）何谓质性研究

作为质性研究（qualitative research），本研究力图在研究者与研究对象的互动关系中，通过细致深入的观察、调查与分析，对所研究的话题或现象建立一个比较全面深刻的认识[1]。具体而言，质性研究将研究对象个体视为活动参与者，研究他们的活动或行为在不同语境下如何理解，怎么解释，从而被赋予了何种意义[2]。从事质性研究的学者们经常探讨的问题包括：这里发生了什么？完成了什么？活动参与者如何完成这个活动？这个活动基于不同参与者，基于不同的时间和地点，产生了什么样的变化？活动参与者如何理解并解释自己的行为？因此，质性研究可以界定为"在自然环境下，使用实地体验、开放型访谈、参与型和非参与型观察、文献分析、个案调查等方法对社会现象进行深入细致和长期的研究；其分析方式以归纳法为主，研究者在当时当地收集第一手资料，从当事人的视角理解他们行为的意义和他们对事物的看法，然后在此基础上建

---

[1]　陈向明. 社会科学中的定性研究方法 [J]. 中国社会科学，1996（6）：93-102.

[2]　LINDLOF T R, TAYLOR B C. Qualitative communication research methods [M]. 3rd edn. California, CA: Sage, 2011.

立假设和理论，通过证伪法和相关检验等方法对研究结果进行检验；研究者本人是主要的研究工具，其个人背景及其与被研究者之间的关系对研究过程和结果的影响必须加以考虑；研究过程是研究结果中一个不可或缺的部分，必须详细加以记载和报道"[1]。

为了掌握一个研究方法，我们不能只就方法而谈方法。如果只是就方法而谈方法，那是技能；而从方法背后的哲学领域入手，探究这个方法形成的原委，这样才能对方法有一个清楚的认知，才能明白方法之间的差异，这样才是真正理解方法，后续才可以在实践中逐渐掌握方法的核心，也就是指导方法的"道"。方法繁多，但万变不离其宗，这个宗即道。社会科学的道在于哲学。在哲学领域，对事物和现象的探索要厘清三个概念，即本体论（ontology）、认识论（epistemology）和方法论（methodology）。其中，本体论意在探究现实（reality）的本质，认识论力图探讨如何知晓、了解现实，而方法论则关注知晓、了解现实的系统方法。这三个概念的不同变体结合起来就形成不同范式（paradigm），而这些范式是指导社会科学的道。对范式这个概念进行经典阐述的学者当数科学哲学家托马斯·库恩（Thomas Kuhn）。他在《科学革命的结构》（*The Structure of Scientific Revolutions*）一书中，将范式界定为一个共同体成员所共享的信仰、价值、技术等的集合[2]。就科学研究而言，范式是常规科学所赖以运作的理论基础和实践规范，是影响从事某一科学的研究者群体开展研究的一套抽象的信念体系和世界观。简而言之，范式是研究者开展科学研究的坐标，是影响研究者进行研究的一套抽象的信念和价值体系。20 世纪七八十年代之前，实证主义（positivism）和后实证主义（post-positivism）先后在社会科学领域占据主导地位。实证主义所持的本体论认为现实是唯一客观的，独立于研究者之外而存在。在认识论这个层面，实证主义认为真正的知识源于人们对各种经验或实验现象的观察。

---

[1] 陈向明. 社会科学中的定性研究方法 [J]. 中国社会科学，1996（6）:94.

[2] KUHN T S. The structure of scientific revolutions [M]. 2nd edn .Chicago, IL: University of Chicago Press, 1970.

这些现象构成了现实。受上述观点的影响，社会科学领域的研究者青睐自然科学的概念和方法，将其稍加调整之后用于自己的研究。在方法论上，实证主义推崇从总到分的演绎法思路（deductive），现实的复杂性被层层降解成具体的元素，而这种降解的目的在于发现并阐明这些元素之间的关系，寻找决定人类行为的原因，描述其引起的效果，并对这种原因和效果进行解释和预测。随着学科的进步，实证主义面临越来越多的批判和质疑，在这样的情况下后实证主义进入了研究者的视野。后实证主义与实证主义在本体论维度上保持一致，认为现实独立于人之外。但不同之处在于，后实证主义认为人对现实的了解并不相同，而是存在多样性和片面性。因此，后实证主义所秉持的认识论认为知识生产的最佳途径就是对研究现象的不同模式进行观察，并根据观察结果探索因果解释；同时认为导致某一种现象或某一个模式出现的原因并非一成不变，而是多种多样。在此基础上，后实证主义认为研究者因其主观性，很难在探究绝对真理的过程中保持价值无涉（value free）的姿态，因此要借助科学方法减少研究者主观性所造成的偏见。由此可见，虽然后实证主义承认研究者的主观性，但把它等同于影响客观的偏见，所以对其控制，甚至剔除，从而保证尽可能的客观。正因如此，后实证主义倡导用不同的方法，通过相互比对的方式，提高结果的准确性，尽可能地接近并触及客观真理。不同于实证主义对研究者诠释能力的彻底排斥，后实证主义承认质性研究的价值，认为质性研究可以做出贡献，但质性研究在这里是附属于量化研究的存在，它的作用就是佐证量化研究，增强它的准确性。而且，这里的质性研究趋于描述性，比较基本，并不复杂。

从 20 世纪的七八十年代开始，实证主义和后实证主义因为后现代主义思潮的涌动而备受冲击。那种放之四海而皆准的概念也在全球化崛起的趋势面前变得越来越没有说服力。这让很多学者开始反思实证主义和后实证主义所坚持的现实的客观存在性[①]。在这

[①] 刘杨. 跨文化适应 [J]. 跨文化研究论丛，2020（1）：136-140+148. 其他文献详见：吴肃然，李名荟. 扎根理论的历史与逻辑 [J]. 社会学研究，2020，35：75-98+243.

些学者看来，所谓的现实存在于人们的诠释当中，所以解释主义（interpretivism）得以兴起。首先，解释主义认为现实是一种独特的、多元化的本土现象。人们通过使用符号表达含义，进行解释，从这些行为中产生了现实。在认识论上，有关社会现实的知识产生于研究者和研究对象之间的相互依赖。研究者本身即研究工具，他们关注人类行为和活动，并对这些行为和活动背后的动机、涉及的情感进行深层次理解。立足解释主义的研究旨在阐明人们如何使用文化符号体系，在互动过程中创造一种为大家所共享的意义。既然社会现实并非独立于研究者之外的客观存在，那么研究者对于社会现实的了解就会受限于自己的位置，因此也带有片面性。为了解决这个问题，解释主义提倡研究者尽可能延长自己在研究场域的浸入时间（immersion time），尽可能与其他参与者开展大量的互动。在这样的基础上，研究者才可以就研究现象给出合理的、令人信服的解释。在这里，研究者对研究场域的熟悉是提出成熟解释的必要条件。就具体方法而言，研究者使用有声语言和叙事方式来收集数据，并为自己的结论提供佐证。解释主义认为对人类行为和经验的研究，不能使用自然科学那一套方法。对研究者而言，符号的使用、意义的生成是研究的关注所在。不同于实证主义和后实证主义所秉持的演绎法思路，解释主义采用归纳法思路（inductive）来形成理论。研究者把自己的诠释与从社会互动中获得的知识进行反复比对，从而形成针对某一个现象的理论化解释。这种理论化解释，可以为相似研究的开展提供指导方向，提供比对的对象，但并不能被分解成不同的变量。比如同样是研究集体主义和个人主义，在解释主义看来，研究者先发现一些现象，如大家把内群体成员利益和感情置于自己之上的具体行为，可以用来跟集体主义的一些描述进行比对，如果比对成功，就可以借鉴集体主义的一些概念。但是在定量研究中，集体主义这个概念先被分解成不同的描述，每一条描述在一个特定的区间内打分，受访者要把自己的经验与每一条描述进行比对。所以理论在质性研究中更多地发挥引导和启发的作用，但在实证主义和后实证主义看来，理论高居指导地位。此外，批判主义是另外一种影响质性研究的范式。解释主义关注人们使用的符号在特定语境下的意义生成，而批判主义则把更多的目光放在意义生成所需的宏观背景上，并从权力分配的不平等角度来看处于不同权力地位的人如何使用话语来生成、发展并巩固与自己利益相关的符号意义。在本体论层面，批判主义认为社会现实是在权力分配不平等的话语体系中建构出来的产物；在认识论层面，批判主义坚信研究者对社会现实的理解受制于权力关系，而这些权力关系的建构基于特定的社会和历史语境。话语作为权力关系的承载，塑造着人们各自的立场及世界观。因此，批判主义认为研究并非价值无涉；相反，研究本身即一种话语体系，影响着人们对社会现实的理解。

（二）质性研究的理论传统

范式之下是各种不同的理论。质性研究深受以下三个理论传统的启发。第一个给予质性研究启发的理论传统是现象学（phenomenology）。现象学帮助质性研究解答的问题是理解（understanding）如何从经历（experiences）中产生。现象学是对意识的研究，而经历如果不触及我们的意识就无法产生意义，进而也无法产生理解。对质性研究而言，研究者要做的就是对某些现象进行理解和阐释，而这些理解和阐释的载体就是人们的经历。现象学在20世纪之初由胡塞尔创立，它要求研究者回到事实本身，而非把事实与现实割裂开来，因此现象学的出现给社会科学领域里的实证主义范式带来了极大的冲击和挑战。在现象学的发展过程中，诠释学（hermeneutics）对其帮助很大。作为一门着眼于阐释原理的学科，诠释学认为具体事件或情境在解释的过程中被赋予意义，而解释是一个循环往复的过程，往来于认知体验与该事件或情境之间，因此解释的过程遵循着从具体（即具体事件或情境）到一般（认知体验）然后再到具体的这样一个反复路径[①]。这个从具体到一般再到具体的过程最早被德国

---

① 贾文山，刘杨. 跨文化传播的诠释学视角 ——以中国语境为例[J]. 西安交通大学学报（社会科学版），2018, 38: 123-129. 其他文献详见：克莱默，刘杨. 全球化语境下的跨文化传播[M]. 北京：清华大学出版社，2015；刘杨. 跨文化传播：范式之争与全球一体化的新角度[J]. 中国传媒海外报告，2013, 9.

哲学家汉斯 – 格奥尔格·加达默尔（Hans-Georg Gadamer）描述为"诠释的循环（hermeneutic circle）"①。实证主义范式和后实证主义范式认为，研究者可以通过科学的方法发现预先存在的客观真理，但这个观点遭到了加达默尔的反对，他认为人们给出的解释无法逃脱其自带的预先认同（pre-agreements），因为这种预先认同形成于个体所处的具体语境，不可避免地会影响这些个体对某个事件、体验或文本的解读；同时这些事件、体验和解读也会反过来启发个体去重新认识自己的预先认同。就社会科学研究而言，人类具体的活动和行为可被视为一种特殊的文本，质性研究的目的就是研究者深入描述研究对象的活动及行为，努力从研究对象的视角去解释并呈现这些活动和行为对他们的重要性及意义②。

第二个滋养质性研究的理论传统是社会文化传统③。该传统关注微观上的传播行为和宏观上的社会文化结构这两者之间的关系。比如每个社会成员所承担的角色、这个社会所传承的仪式等，都只有通过具体的社会互动，在小至一个机构大到一个社会这样的架构中才能产生意义。社会文化传统从宏观和微观两个角度主要探讨三个问题：（1）社会如何被概念化为一个不同力量交汇的复杂网络，一系列微观事件如何凸显根植在特定场景中的行为及其意义？（2）社会作为一个架构如何在社会行动中影响诸如个人这样的微观载体？（3）在同一个架构中，不同社会现象之间的关联是什么？诸如符号互动论、社会建构主义等理论都给质性研究带来了很多启示。例如，符号互动论致力于研究传播行为如何塑造个人身份，并使得个体性和社会群体身份认同成为可能。对符号互动论作为一个概念的阐述最早见诸米德的研究。米德在库利"镜中我"这个概念的基础上，

①　GADAMER H-G. Truth and method [M]. WEINSHEIMER J, MARSHALL D G, trans. New York, NY: Crossroad, 1991.
②　GEERTZ C. The interpretation of cultures [M]. New York, NY: Basic Books, 1977. 其他文献详见: LINDLOF T R, TAYLOR B C. Qualitative communication research methods [M]. 3rd edn. California, CA: Sage, 2011; 陈向明. 社会科学中的定性研究方法 [J]. 中国社会科学, 1996（6）: 93-102.
③　LINDLOF T R, TAYLOR B C. Qualitative communication research methods [M]. 3rd edn. California, CA: Sage, 2011.

进一步指出个体自我概念的发展建立在传播之上 [①]。米德认为社会就是不同群体进行协同互动的领域，大家在社会互动过程中借助重要的符号，把各自的意图用有声语言抑或无声语言传递给对方，同时唤起对方的回应。每个人在社会互动中所承担的社会角色就诞生于这个过程之中。参与互动的个体为了很好地践行自己所要承担的社会角色，就需要对这些角色有充分的了解。在整个过程中，个体知道了自己是谁、明确了自己所要承担的职责和扮演的角色，同时知道了别人对自己的期待和态度。米德的学生赫伯特·布鲁默（Herbert Blumer）在米德前期研究的基础上，正式提出符号互动论，并直言意义直接诞生于社会互动 [②]。符号互动论对质性研究的贡献在于三个关键词：符号、情境和社会互动。其中，符号（比如语言、文字、动作、物品甚至场景）是基本的概念。一个事物之所以成为符号是因为人们赋予了它某种意义，而这种意义为大家（相关的人）所公认。情境是指人们在行动之前所面对的情况或场景，包括作为行动主体的人、角色关系、人的行为、时间、地点和具体场合等。实际上，任何具有意义的符号只有在一定的情境之中才能确切地表示出其意义。同样，人们只有将符号视为一个系统，或者在一定背景下去理解符号才能真正领会其中的含义。比如，同一个手势在不同文化语境下的解读有可能完全相反。因此，情境对于个体理解他人的行为并与之展开互动十分重要。至于社会互动，正如上文所述，事物本身不具备预先存在的客观意义，它的意义是在社会互动中仅由个体所赋予的。人在社会互动的过程中，根据自身对事物意义的理解来应对事物；人对事物意义的理解绝非一成不变，而是随着社会互动的过程而不断发生改变，因此事物的意义源于社会互动，并在互动过程中不断形成。社会建构主义理论（social constructionism）与符号互动论相似，也非常强调个体在社会互动的过程中对符号的赋意。在社会建构主义理论看来，知识和现实并非客观存在于人之外，而

① MEAD G H. Mind, self and society [M]. Chicago, IL: University of Chicago Press, 1934.

② BLUMER H. Symbolic interactionism: Perspective and method [M]. Englewood Cliffs, NJ: Prentice Hall, 1969. 其他文献详见：BLUMER H. George Herbert Mead and human conduct [M]. Walnut Creek, CA: AltaMira Press, 2004.

是人们利用自己的知识储备在一个含义模糊、充满互动的世界中所建构出来的，这一建构的目的在于满足人们基于特定语境（比如特定的文化历史背景）生成特定含义的具体需要。这些建构出来的知识在群体互动的过程中不断地被验证，其中被视为准确的、有用的知识会不断循环并得以延续，逐渐被后代视为理所当然的、客观存在的现实。语言作为一个符号体系在整个建构过程中并非价值无涉，而是规定了人们认识世界的方式，限定了他们的思维方向。因此，社会建构主义理论反对实证主义和后实证主义，而质性研究受到社会建构主义理论的启发，致力于回答如下问题：不同群体之间以及每个群体之内如何建构社会现实？本身含义模糊、从前人那里继承而来的行为如何限制了我们看待世界的角度？

　　第三个为质性研究奠定基础的理论传统是批判传统[①]。如上文所述，批判主义反对放之四海而皆准的结论。立足这个范式的理论传统坚持如下观点。（1）理论与实践紧密结合在一起，并不是相互分离的；公正和平等的关系只有在行动中才能实现。（2）反对工具主义导向的论证。在工具主义看来，所有方法都是为了解决纷乱复杂、含混不清、充满矛盾的局面，从而实现高效和统一。这种为了实现一致性而抹杀独特性的工具主义遭到了批判学派的抨击，因为后者认为意义源于差异，但差异经常被霸权以及不平等的权力分配所抹杀。（3）社会机构会生产带有特定倾向性的话语。在这种话语的影响下，属于这些社会机构的成员把制造出来的现实视为真正客观存在的现实。批判传统中后殖民主义理论和文化研究理论均对质性研究有着重要启发。以著名批评理论家爱德华·赛义德（Edward Said）所著的《东方主义》（*Orientalism*）为代表的后殖民主义研究，主要着眼于宗主国和前殖民地之间的关系如何通过话语建构，其主要观点概括如下。（1）凭借西方在全球的霸权地位，西方即进步这样的话语被普遍视为真理。这样一种西方特权至上的视角带有极强的霸权性质，在推崇西方的同时把非西方的文化、民族、国

---

① LINDLOF T R, TAYLOR B C. Qualitative communication research methods [M]. 3rd edn. California, CA: Sage, 2011.

家视为不够发达的、原始的、需要被驯化的存在。（2）因此，后
殖民主义理论反对诸如"中心—边缘""先进—落后"这样的二元
对立结构，倡导杂糅性或混杂性（hybridity）。后殖民主义理论
家霍米·巴巴（Homi K. Bhabha）最早将杂糅性或混杂性这个概
念用于研究殖民者和被殖民者之间的关系。他认为，被殖民者并非
只能被动接受霸权，相反，他们对霸权话语带有差异性的重复模仿
使其不再纯正，最终实现对这种殖民话语的解构；同时，被殖民者
的这种能动性使得他们与殖民者在话语之间产生交织，难以划分界
限[1]。（3）知识话语是一种造成殖民现象并维护这种现象的权力体
系。法国哲学家米歇尔·福柯（Michel Foucault）认为知识的生
产并非中立客观，其是权力的产物。通过技术、方法、描述等方式
生产知识其实就是在建构一种权力，这种权力影响着人们的认知与
理解[2]。对质性研究而言，后殖民主义理论对于身份认同、自我与
他者之间的对话式关系具有极大启发[3]。此外，关注个体能动性以
及语境在意义诠释过程中所起重要作用的文化研究理论也推动了质
性研究的发展。伯明翰学派（Birmingham School）代表人物斯
图亚特·霍尔（Stuart Hall）最突出的贡献之一就是编码与解码
理论的提出。霍尔认为受众对媒介文化产品的解释与他们在社会结
构中的地位和立场相呼应[4]。此后，文化研究理论开始关注电视受
众的主动性，一种新范式的受众研究兴起并迅速扩展开来。具体来
说，霍尔把受众和传者放在平等的地位上，强调特定的历史和文化
语境以及受众的主观能动性在意义诠释过程中所起到的重要作用。

---

① BHABHA H K. Of mimicry and man: The ambivalence of colonial discourse[J]. October, 1984, 28: 125-133. 其他文献详见：BHABHA H K. The location of culture [M]. London: Routledge, 1994.

② FOUCAULT M. The archaeology of knowledge [M]. London: Tavistock, 1972. 其他文献详见：FOUCAULT M. Power/Knowledge: Selected interviews and other writings, 1972-1977 [M]. Brighton: Harvester, 1980.

③ COLLIER M J. Researching cultural identity: Reconciling interpretive and postcolonial perspectives [C] //TANNO D V, GONZáLEZ A B. Communication and identity across cultures (International and Intercultural Communication Annual). Thousand Oaks, CA: Sage, 1998: 122-147. 其他文献详见：SHIN C I, JACKSON R L. A review of identity research in communication theory: Reconceptualizing cultural identity[J]. International and Intercultural Communication Annual, 2003, 26: 211-240.

④ HALL S. Encoding/decoding [C] //HALL S, HOBSON D, LOWE A, et al. Culture, media, language. London: Hutchinson , 1980.

（三）质性研究思路之于本研究的必要性

正如之前章节所述，学界对来华留学生的跨文化经历还没有给予充分关注，遑论研究这些经历对其身份认同的影响。此外，跨文化交际双方出于不同视角，对同一段经历的解读极有可能不同，甚至截然相反。目前西方学界所从事的旅居个体跨文化经历研究多从东道国视角出发，对这些迁徙个体自身视角的尊重及关注严重不足 [1]。因此，一些学者明确提出学术上对旅居个体观点的关注和包容极具重要性，因为我们不仅仅需要向对方展示我们的视角，也需要从他们的视角向外看，对跨文化或跨群组交际进行解读，这样才可以更加准确地定位双方视角的偏差所在，更有针对性地寻找恰当有效的沟通方式，更加准确平顺地开展跨文化互动 [2]。首先，质性研究相比其他研究方法更看重当事人本身的视角，即"主位视角（emic perspective）" [3]。这个视角使得我可以在互动过程中走近研究对象，从他们的角度了解在华跨文化经历之于他们的意义。采取主位视角的研究者在研究开展的过程中需要时刻谨记一个原则，即研究没有标准答案，研究对象的解读也无对错之分；即便研究对象会暴露自己在某些问题上的盲点，甚至于受到一定程度的欺瞒，但从他们的角度看出去、得到的解读，远比实际发生的事实本身更加重要，因为个体的行动准则皆基于自己所认为的突出性和重要性 [4]。换言之，决定我们日常生活中种种行为的是我们所"认为的"事实，而非某种客观存在于我们认知之外的绝对真实。其次，质性研究着重

---

[1] NAKAYAMA T K, MARTIN J N . Critical intercultural communication, overview [C] //KIM Y Y. The international encyclopedia of intercultural communication. New York, NY:Wiley-Blackwell, 2017: 1-13. 其他文献详见：ORBE M P. From the standpoint(s) of traditionally muted groups: Explicating a co-cultural communication theoretical model[J]. Communication Theory, 1998, 8: 1-26.

[2] COLLINS P H. Learning from the outsider within: The sociological significance of black feminist thought[J]. Social Problems, 1986, 33: S14-S32. 其他文献详见：ORBE M P. From the standpoint(s) of traditionally muted groups: Explicating a co-cultural communication theoretical model[J]. Communication Theory, 1998, 8: 1-26；ORBE M P . Co-cultural theory [C] //KIM Y Y. The international encyclopedia of intercultural communication. New York, NY:Wiley-Blackwell, 2017: 1-14.

[3] 陈向明 . 社会科学中的定性研究方法 [J]. 中国社会科学 , 1996（6）：93-102.

[4] BERRY J W, POORTINGA Y H, SEGALL M H, et al. Cross-cultural psychology: Research and applications [M]. New York, NY: Cambridge University Press, 2002.

在微观层面对社会现象进行深入细致的描述和分析，并强调把这些描述和分析放置在具体语境中的重要性[①]。就身份认同而言，语境具有相当重要的意义，因为认同的过程以及附加于该过程的世界观、逻辑和意义都深受文化的影响[②]。因此，质性研究有助于我避免大而化之的分析思路，可以帮助我聚焦具体的语境，在具体的语义场中探究来华留学生身份认同的复杂性、多样性和流动性。最后，质性研究更适合小样本的开拓式研究。目前关于留学生及其跨文化经历的研究主要关注从世界南方向世界北方流动的群体，相比之下，关注反向流动的留学生研究严重不足。在这种情况下，关注留学生（尤其是西方留学生）在华跨文化经历的现有发表成果无论是数量还是质量都不甚理想。在这种研究不足的局面下，更适合使用更具开拓性的质性研究破局。质性研究不同于量化研究，非常强调通过参与者的眼睛归纳地看待世界[③]，而不是以演绎方式验证观察到的先验假设[④]，因此更适合用来探讨复杂的现象和话题，比如充斥着复杂性、多样性和异质性的跨文化交际以及在这个过程中形成的身份认同。

三　质性研究的开展

（一）数据收集

与很多来华旅居者所青睐的上海相比，北京凭借深厚的传统文化底蕴、丰富的历史文化遗迹以及高质量的高等教育资源一直以来

---

① LINDLOF T R, TAYLOR B C. Qualitative communication research methods [M]. 3rd edn. California, CA: Sage, 2011. 其他文献详见：陈向明. 社会科学中的定性研究方法 [J]. 中国社会科学，1996（6）：93-102.

② GEERTZ C. The interpretation of cultures [M]. New York, NY: Basic Books, 1977.

③ BRYMAN A. The debate about quantitative and qualitative research: A question of method or epistemology?[J] The British Journal of Sociology, 1984, 35: 75-92.

④ GUBA E G, LINCOLN Y S. Competing paradigms in qualitative research [C] //DENZIN N K, LINCOLN Y S. The Sage handbook of qualitative research. Thousand Oaks, CA: Sage, 1994: 105-117. 其他文献详见：LINDLOF T R, TAYLOR B C. Qualitative communication research methods [M]. 3rd edn. California, CA: Sage, 2011.

是很多来华留学生的首选之地^①。2008 年奥运会的成功举办更是极大地提升了北京的国际影响力与竞争力，使其成为最能代表中国形象、极富东方文化魅力的中国城市^②。与上海这个主要留学城市相比，北京所代表的中国文化以及日常生活中晕染的京味文化与西方文化差异更大，这种差异也吸引了大批欧美留学生来京深度体验异域文化^③。随着北京文化国际推广进程的加快，在京留学生人数迅速增加，2018 年共计 80786 人，是 2004 年总人数的 2.2 倍^④。考虑到北京在来华留学教育版图上的独特地位，本研究聚焦来京留学生，尤其是来京欧美留学生，将其跨文化经历置于对比更为明显的文化差异框架下进行审视和分析。

本研究使用的抽样方法是滚雪球抽样（snowball sampling）。这个抽样方式适用于研究具有相同特质的群体，尤其是那些平时难以接触到的群体^⑤。考虑到留学时长对留学生跨文化体验有着直接影响，我在招募受访者的时候将来华旅居总时长的分界点设定为六个月，对超过六个月和低于六个月的群体均尽力触及，因为目前跨文化研究普遍认为这个时间节点是旅居者跨文化体验及认知逐渐开始稳定的起点^⑥。滚雪球抽样是一个自然选择的过程，虽然一些指标的分布并不均衡，但这并不会严重影响到本研究作为质性研究的信度和效度。对于质性研究，其目的是深入了解个体对于某个事件或经

① 李春雨. 北京文化的异域审视——针对在京留学生群体的考察 [J]. 北京师范大学学报（社会科学版），2006（6）：122-126. 其他文献详见：吕小蓬. 跨文化视野下的北京文化国际推广——在京留学生的北京文化认同调查 [J]. 中华文化论坛，2015: 11-18+191；文雯，陈丽，白羽，等. 北京地区来华留学生就读经验和满意度国际比较研究 [J]. 北京社会科学，2013: 63-70.
② 李春雨. 北京文化的异域审视——针对在京留学生群体的考察 [J]. 北京师范大学学报（社会科学版），2006（6）：122-126.
③ 吕小蓬. 跨文化视野下的北京文化国际推广——在京留学生的北京文化认同调查 [J]. 中华文化论坛，2015: 11-18+191. 其他文献详见：魏崇新. 来华留学生文化适应性研究——以北京高校留学生为例 [J]. 海外华文教育，2015: 169-179.
④ 教育部. 2018 年来华留学统计 [DB/OL]. 2019-04-12. http://www.moe.gov.cn/jyb_xwfb/gzdt_gzdt/s5987/201904/t20190412_377692.html. 其他文献详见：吕小蓬. 跨文化视野下的北京文化国际推广——在京留学生的北京文化认同调查 [J]. 中华文化论坛，2015: 11-18+191.
⑤ LINDLOF T R, TAYLOR B C. Qualitative communication research methods [M]. 3rd edn. California, CA: Sage, 2011.
⑥ WANG B, CHEN J. Emotions and migration aspirations: Western scholars in China and the navigation of aspirational possibilities[J]. Journal of Ethnic and Migration Studies, 2020.

历的认知与解读，而非测量其中变量的统计学关系，或将其生活经历推广到所有个体①。对质性研究而言，其信度体现在研究者收集数据的时候，会发现逐渐浮现的核心概念的一致性，而效度则体现在相关研究发现可平移至相似或相同的研究语境中，并为其提供解释性的理论依据②。

　　本研究的数据收集方法是质性研究中常见的半结构式深度访谈（the semi-structured in-depth interview）。目前学界把质性访谈的特点和优势归结如下：（1）质性访谈可以更好地帮助研究者通过研究对象的故事、叙述、描述来理解他们的现有及过往经历，以及他们所持有的立场、观点、视角；（2）当研究者无法直接或有效地通过观察收集相关数据的时候，质性访谈就是一个绝佳的数据收集方式；（3）质性访谈在收集数据方面相对更具效率③。深度访谈作为质性访谈的一种形式，可以在访谈过程中邀请研究对象以一种很少在日常生活中出现的方式描述和反思他们的经验，这种描述和反思对探索诸如身份认同之类的复杂话题非常有效④。此外，本研究还采用了半结构化的方式进行深度访谈，这种访谈方式一方面可以确保访谈围绕提前设计好的访谈提纲有计划的展开；另一方面又可以给予受访者更多的自由，使其在个体化经历的基础上可以充分探索不同于其他人的独特感受与想法⑤。具体到本课题，我在半结构式访谈中提到的问题主要包括：受访者来华留学的动机与期望是什么？他们的未来规划是什么？他们在华社交圈的主要构成是哪个群体？他们如何看待自己与中国民众的跨文化交际活动？他们如何看待自己在中国的求学经历？［访谈提纲见附录（二）］

　　我最开始接触的受访者是三个华裔，其中两人来自阿根廷，另外一人来自美国。我与他们的相识纯属巧合。美籍华裔麦克在我所

① 陈向明. 社会科学中的定性研究方法 [J]. 中国社会科学, 1996（6）: 93-102.
② LINDLOF T R, TAYLOR B C. Qualitative communication research methods [M]. 3rd edn.California, CA: Sage, 2011.
③ LINDLOF T R, TAYLOR B C. Qualitative communication research methods [M]. 3rd edn.California, CA: Sage, 2011.
④ 孙晓娥. 深度访谈研究方法的实证论析 [J]. 西安交通大学学报（社会科学版）. 2012, 32: 101-106.
⑤ RUBIN H J, RUBIN I S. Qualitative interviewing: The art of hearing data [M]. California, CA: Sage, 2011.

属院系攻读学士学位，他之前选修过我教授的课程，与我比较熟悉。当麦克得知我在寻找来华西方留学生的时候，主动表示愿意参与访谈，同时还介绍了自己的室友利奥。当时正值 2019 年春季学期的期末，利奥恰好完成了所有期末作业，所以与我很快确定了访谈时间，成了本研究第一个受访者。利奥在采访结束之后，又主动介绍了自己的同乡约翰。一周之后，我完成了对约翰的采访。麦克的住所距离学校比较远，来校并不方便，加之我在期末也是工作繁重，所以我们的采访是在利奥和约翰之后才完成的。我除了从自己曾经教过的学生中寻找符合条件的受访者，还努力拓宽"滚雪球"的源头。比如我草拟了研究招募启事，在其中明确介绍了该研究的研究目的、所需研究对象的特质、我的个人情况及联系方式等信息，然后委托我教过的中国学生帮我打听符合条件的来华留学生。这些中国学生都是外语专业的学生，平日在学习不同语言的时候会与来华留学生结成语言伙伴，所以有更多的机会接触到不同学校的来华留学生。此外，我也把这个研究招募启事发布在微信朋友圈以及我所在的一个留学生微信群里，同时也把相关信息发给在其他高校工作的朋友，委托对方帮我联系合适人选［研究招募信息见附录（一）］。我经过两个学期的努力，截至 2019 年底，已经联系到了 15 位符合研究标准的来华留学生，完成了将近 25 小时的面对面访谈，每位受访者在访谈结束会获得 100 元（人民币）的微薄报酬，这是我对他们参与本研究的感谢。但随后发生的新冠疫情彻底打乱了我的研究节奏。很多留学生因为寒假短期回国而滞留本国，而我也因为过年探亲而滞留西安长达三个多月，直到 2020 年 5 月才重新返回北京。随着疫情的进一步蔓延，留学生的跨国迁徙在全球范围内陷入停滞。我之前联系好的数位受访者纷纷告知自己暂时无力顾及这个研究，选择退出；我只能试图联系新的受访者，当然也因为时间和空间的不一致而无法成行，采访进展屡屡受挫。这种一筹莫展的状态又持续了将近半年，终于在 2020 年 10 月的时候，我因为机缘巧合认识了第 16 位受访者保罗，通过他又联系到更多留学生，终于在 2020 年底的时候完成了剩余 9 个采访。虽然我使用的是滚雪球抽样的方法，但在寻找并筛选受访者的过程中也会动态调整筛选标准，这个调整的依据就是前期访谈中浮现出来的重要主题。例如，我在推进访谈的过程中发现来华留学生的中文流利程度对其跨文化经历有着深远影响，但这个群体的整体中文水平相对一般。虽然在已经接受访谈的受访者里有个别人可以流利地使用中文接受采访，但他们都是华裔，从小从家庭成员那里获得了很好的中文学习环境。因此，我在找寻新的访谈对象的时候刻意地打听对方的中文流利程度。一个非常偶然的机会，我在一个同事的朋友圈里看到"汉语桥"世界大学生中文比赛的选手推介文章，其中一个选手中文非常流利，我就托这个同事联系到这个选手，邀请对方加入我的研究，并获得了对方的同意。这次访谈的丰富程度和深入程度再次印证了我之前的判断。又比如，大部分来华留学生都处于未婚状态，在这种情况下我非常想知道已婚留学生的跨文化经历会有何不同。后来也是一个巧合，我曾经教过的一个学生恰好认识一位在中国组建家庭的波兰留学生，而且这个女生当时还在攻读博士学位。这种已婚且攻读高层次学位的来华留学生数量极其有限，极具研究价值。因此，我诚心相邀，最终收获了一场信息量满满的访谈。以下是参与本研究的受访者的简介，出于对其隐私的保护，所有人名均为化名（见表 3-1），其来华留学经历总结详见附录（三）。

（二）数据分析

本研究的数据分析借鉴了扎根理论（grounded theory）。扎根理论的提出是质性研究发展中的里程碑事件，它为质性研究方法论提供了合理依据。20 世纪 60 年代，学术界出现了实证主义的方法论转型，因此立足实证主义的量化研究在学术界获得了主导地位，从事量化研究的学者支配了研究院系、期刊编辑委员会以及研究基金会。如前文所述，以实证主义为认识论的量化研究认为，研究的目的在于发现外部可知世界的因果解释，并做出预测。秉持这一理念的研究者信奉自然科学的演绎法逻辑、单一方法、客观性及真理，

表 3-1　受访留学生基本信息

采访次序	化名	国籍	年纪	性别	族裔身份	婚姻状况	学位/学习性质	专业	在华时长	接受采访之前是否有其他旅居经历	访谈时间	访谈地点	采访语言（自选）
1	利奥	阿根廷	20岁	男	华裔	未婚	全日制本科生	国际关系	5年	有	2019-05-30	研究人员办公室	中文
2	约翰	阿根廷	21岁	男	华裔	未婚	全日制本科生	国际关系	2年	无	2019-06-06	研究人员办公室	英文为主，中文为辅
3	麦克	美国	22岁	男	华裔	未婚	全日制本科生	翻译	17年	有	2019-06-20 2020-11-11	研究人员办公室	中文
4	卡森	德国	19岁	男	非华裔	未婚	本科交换生	中国研究	15个月	无	2019-10-09	研究人员办公室	英文
5	安迪	意大利	22岁	男	非华裔	未婚	本科自费学习	翻译	4个月	有	2019-10-11	研究人员办公室	英文
6	麦考利	美国	29岁	男	非华裔	未婚	本科交换生	国际关系	6年	有	2019-10-16	研究人员办公室	英文
7	艾米莉	英国	22岁	女	非华裔	未婚	硕士交换生	国际贸易	8个月	有	2019-10-17	研究人员办公室	英文
8	玛丽	澳大利亚	19岁	女	非华裔	未婚	本科交换生	国际贸易	10个月	无	2019-10-18	研究人员办公室	英文
9	苏西	法国	23岁	女	非华裔	未婚	硕士交换生	亚洲研究	1年	无	2019-10-18	研究人员办公室	英文
10	亚历克斯	法国	22岁	男	非华裔	未婚	本科自费学习	翻译	6个月	有	2019-10-23	研究人员办公室	英文
11	凯文	德国	23岁	男	非华裔	未婚	本科交换生	经济学	3个月	有	2019-10-24	研究人员办公室	英文
12	凯特	俄罗斯	21岁	女	非华裔	未婚	本科交换生	语言学	2个月	有	2019-10-30	研究人员办公室	英文
13	雅各布	德国	25岁	男	非华裔	未婚	本科交换生	国际贸易	6个月	有	2019-11-01	研究人员办公室	英文

续表

采访次序	化名	国籍	年纪	性别	族裔身份	婚姻状况	学位/学习性质	专业	在华时长	接受采访之前是否有其他旅居经历	访谈时间	访谈地点	采访语言（自选）
14	沐沐	波兰	29岁	女	非华裔	已婚	全日制博士生	中国语言与文化	4年	有	2019-11-01	研究人员办公室	英文
15	玛格丽娜	英国	26岁	女	非华裔	未婚	本科交换生	国际贸易	2年	无	2019-11-02	研究人员办公室	英文
16	罗罗	哥斯达黎加	28岁	男	非华裔	未婚	全日制硕士生	国际贸易	4.5年	有	2020-10-27	公共咖啡厅	英文
17	小夏	俄罗斯	24岁	男	非华裔	未婚	全日制硕士生	对外汉语	2.5年	有	2020-11-07	腾讯会议	中文
18	弗兰克	法国	21岁	男	非华裔	未婚	全日制本科生	国际贸易	1.5年	有	2020-11-07	腾讯会议	英文
19	杰克	英国	21岁	男	华裔	未婚	全日制本科生	文学	10年	无	2020-11-10	研究人员办公室	英文
20	斯诺	意大利	24岁	女	非华裔	未婚	全日制本科生	摄影	3.5年	有	2020-11-13	腾讯会议	英文
21	萨拉	意大利	24岁	女	非华裔	未婚	本科交换生	亚洲研究	6个月	无	2020-11-14	腾讯会议	英文
22	乔纳森	英国	19岁	男	非华裔	未婚	全日制本科生	摄影	1年	有	2020-11-14	腾讯会议	英文
23	爱丽丝	意大利	21岁	女	非华裔	未婚	硕士交换生	亚洲研究	6个月	无	2020-11-17	腾讯会议	英文
24	卢卡	捷克	24岁	男	非华裔	已婚	全日制硕士生	对外汉语	4年	无	2020-11-26	公共咖啡厅	英文
25	朱迪	美国	23岁	女	非华裔	未婚	本科交换生	亚洲研究	2年	有	2020-12-11	腾讯会议	英文

资料来源：作者基于访谈人的信息整理制作。

致力于把人类经验通过量化的方式分解为不同的变量，然后通过探究不同变量之间的相互影响及因果关系做出预测。在实证主义的影响下，研究者收集事实，但是并不参与对事实的创造，研究者自己的解读被视为影响客观性的偏见。在这样的背景下，社会学质性研究长期以来的传统面临衰落，整个学科朝着量化所规定的方向发展。当时的量化研究者把质性研究视为印象式的、逸闻式的、非系统的和有偏见的存在。就算从事量化研究的学者认可质性研究，也只是把它当作进一步提升量化研究质量的附属品。面对来自量化研究的挑战，巴尼·格拉泽（Barney G. Glaser）和安塞姆·斯特劳斯（Anselm L. Strauss）两位社会学家以扎根理论的提出为回应。当时这两位社会学家正在医院里研究医务人员与即将离世之人之间的互动过程。他们基于这个研究，提出了一套系统的质性分析逻辑和方法，呼吁要从数据中形成理论，强调分析和理论的形成都要牢牢地扎根在研究者系统收集的数据之中，并在 1967 年正式出版《发现扎根理论：质化研究策略》（*The Discovery of Grounded Theory: Strategies for Qualitative Research*）一书，在这本著作中正式将这套质性分析方法命名为扎根理论[①]。扎根理论在漫长的发展过程中演绎出了不同版本，学者对于如何使用扎根理论提出了不同见解。但无论这些版本与见解有何不同，使用扎根理论的研究者均认可以下原则：（1）数据收集与分析同步进行；（2）从数据中而非从预想的逻辑演绎假设中构建分析代码（code）及类属（category）；（3）连续比较分析方法（constant comparative analysis）贯穿数据分析过程的始终；（4）每一个数据收集与分析步骤都可以推动理论的出现与发展；（5）备忘录可以用来完善分析中出现的类属；（6）抽样的目的是理论建构而非人口学意义上的代表性；（7）数据分析并不倚赖文献评述而展开[②]。

　　本研究是在我前期研究的基础上拓展而成的，因此严格意义上

① GLASER B G, STRAUSS A L. The discovery of grounded theory: Strategies for qualitative research [M]. Chicago, IL: Aldine Publishing Company, 1967.

② CHARMAZ K. Constructing grounded theory: A practical guide through qualitative analysis [M]. London, UK: Sage, 2006.

已经不符合扎根理论对质性研究的构想。在这样的情况下，本研究的数据分析只是借鉴了扎根理论提出的连续比较分析法，并辅以备忘录的撰写来推动分析发展。连续比较分析方法是指研究者不断地把新收集到的数据与之前收集到的数据进行对比，即将一组经验数据与一个概念（concept）、一个概念与一个类属等放在一起做比较分析，从而不断地在不同概念之间、概念与类属之间以及不同类属之间建立新的联系方式，最终发现核心概念，从而对数据进行进一步的抽象与概括[①]。格拉泽和斯特劳斯针对如何开展连续比较分析，提出了不同的操作步骤，但这两版思路都依然深受实证主义和后实证主义的影响[②]。我考虑到自然情景下个体身份认同的流动性与复杂性，在做连续比较分析的时候参考了凯瑟琳·卡麦兹（Kathy Charmaz）提出的建构主义扎根理论（constructivist grounded theory）。卡麦兹深受建构主义的影响，强调要在自然的语境中研究人类经验，并探究研究对象如何建构自己眼中的现实[③]。在卡麦兹看来，扎根理论研究要探究的是意义及诠释性理解本身，而非一个脱离研究对象和研究者而客观存在的现实。建构主义扎根理论认为在连续比较分析方法指导下的编码始于初始编码（initial coding），这一步要求研究者对数据中逐渐出现的理论走向尽可能地保持一种开放的心态，允许不同初始编码的出现，不断地将其与庞杂的数据进行比较。我在处理采访数据的时候，在逐字逐句逐行仔细阅读访谈文本的基础上，按受访者叙述的相似点将他们的故事汇聚到以下九个类属下：来华之前的其他跨文化体验、来华留学经历描述、与中国民众的跨文化交际、与非中国人的交际、跨文化交际过程中的能动性、留学所需社会支持、个人身份认同、跨文化性以及未来规划。

① 陈向明. 扎根理论的思路和方法 [J]. 教育研究与实验, 1999（4）: 58-63+73. 其他文献详见: 林小英. 分析归纳法和连续比较法：质性研究的路径探析 [J]. 北京大学教育评论, 2015, 13: 16-39+188.
② GLASER B. The constant comparative method of qualitative analysis[J]. Social Problem, 1965, 12: 436-445. 其他文献详见: GLASER B G, STRAUSS A L. The discovery of grounded theory: Strategies for qualitative research [M]. Chicago, IL: Aldine Publishing Company, 1967; STRAUSS A L, CORBIN J M. Basics of qualitative research: Grounded theory procedures and techniques [M]. 2nd edn. Thousand Oaks, CA: Sage, 1998.
③ CHARMAZ K. Constructing grounded theory: A practical guide through qualitative analysis [M]. London, UK: Sage, 2006.

在随后的聚焦编码（focused coding）环节，研究者需要挑选最有代表性或最频繁出现的初始编码作为分析主线，重新回到访谈文本来判断这些编码是否在所有数据中得到了充分的体现。我在逐渐推进数据分析的过程中发现，这些受访者在旅居过程中时有浮现的那种隔而不融的群组感知是一个贯穿所有访谈的共同类属，因此把它置于更高层面进行概念化处理，并围绕这个概念不断回到访谈文本，重新审视与其相关的内容，在具体语境中建立和发展它与其他类属之间的关系。这个分析过程并非一蹴而就，我将之在逐渐浮现、重新整合的类属的基础上和访谈文本不断地相互对比，不停分析，将庞杂的访谈数据逐渐梳理清晰，容纳到更具概括力的类属中去，并将这些类属结构化，最终生成编码结果（见表3-2），以期回答如下问题：（1）受访者的来华留学生涯如何展开？（2）受访者如何解读自己的在华跨文化交际经历，并在这些经历中感知自己的身份认同？（3）在华跨文化体验对受访者有何影响？在分析推进过程中，我还辅以备忘录的撰写，不停地记录比较分析中出现的新维度、新想法，将这些观点与接下来的数据分析糅合在一起。此外，我还采用了参与人员检验法（member check）以提升研究效度[①]。我在分析过程中会将初步分析结论返还给受访者本人，请他们判断分析与解读是否准确，并在必要的时候安排第二次回访来厘清双方针对某些问题的分歧。现在，让我们走入这些在京西方留学生的内心世界，倾听他们眼中的中国人生。

表3-2　研究最终编码结果呈现

类属	次类属	概念
来华原因	宏观层面拉力	被中国的繁荣与机遇所吸引
		追逐更好的教育资源
	宏观层面推力	母国对少数族裔的排斥
		母国机遇的匮乏

① 陈向明. 旅居者和"外国人"——留美中国学生跨文化人际交往研究 [M]. 北京：教育科学出版社，2004.

续表

类属	次类属	概念
来华原因	微观层面拉力	体验中国文化
		重要他者的影响
		实现个人成长
	微观层面推力	经济因素的考虑
在华跨文化交际描述	以中国同学为主的融入式跨文化交往	/
	以留学生为主的疏离式跨文化交往	同胞优先的社交模式
		主要与其他留学同伴交往的类型
		与同胞及其他留学同伴均有交往的类型
	横跨三个群体的混合式跨文化交往	/
对在华跨文化交际的感知	基于差异而感知到的他者身份	有限中文能力及文化理解带来的局外人感受
		在母国世界与留学国世界的比较中衍生出的差异感知
		与中国同学的不同空间分布带来的疏离感
	他者的能动性	向家庭寻求帮助
		向中国朋友寻求帮助
		向其他留学生寻求帮助
		努力提升中文水平
		利用语言优势弱化身份差异
		积极主动创造跨文化交际的可能性
		对周遭环境施加积极影响
在华跨文化体验带来的影响	流动的身份认同	中国是我的家
		中国是我人生中的重要一站
	跨文化性的出现	对文化差异的包容
		自反性的出现
		对中国的欣赏与感激
		对不同文化体系各自特点的客观认知
		超越地理边界的对文化相似性的理解

资料来源：作者自制。

第四章　推拉理论视野下的
来华动因分析

  我在梳理文献的时候明确指出，东道国的移民政策、经济发展水平、教育质量以及留学生的留学动机都会影响这个群体的跨文化适应。因此，学界有必要对来华留学生的来华动因进行既全面又深入的了解，这样才能更好地理解这些旅居个体的跨文化体验。目前专注于留学生来华学习动机的研究虽然已有发表成果，但数量有限[①]。现有研究多关注吸引留学生来华学习的因素，甚少将他们的留学动因与其跨文化适应程度联系起来[②]。为了弥补这个空白，我将以实证数据为基础，在

---

① MA J. Why and how international students choose mainland China as a higher education study abroad destination[J]. Higher Education, 2017, 74: 563-579.

② MA J. Why and how international students choose mainland China as a higher education study abroad destination[J]. Higher Education, 2017, 74: 563-579. 其他文献详见：WU M-Y, ZHAI J, WALL G, et al. Understanding international students' motivations to pursue higher education in mainland China[J]. Educational Review, 2021, 73: 580-596；YANG P. Compromise and complicity in international student mobility: The ethnographic case of Indian medical students at a Chinese university[J]. Discourse: Studies in the Cultural Politics of Education, 2018, 39: 694-708；马佳妮. 留学中国——来华留学生就读经验的质性研究 [M]. 北京：社会科学文献出版社，2020；宋华盛，刘莉. 外国学生缘何来华留学——基于引力模型的实证研究 [J]. 高等教育研究，2014,35(11): 31-38；唐静. 留学生选择来华学习的行为意向研究——基于计划行为理论的解释框架 [J]. 高教探索，2017: 90-94+116；杨力苈. 约翰为什么来中国学习？——一位美国留学生的叙事研究 [J]. 教育学术月刊，2016(2): 74-81.

与现有文献对话的基础上，呈现不同受访者的来华动因。推拉理论作为阐述移民动机的经典理论之一，在国际学生流动领域被广泛地用以解释留学生的留学动机[①]。其中推力一般具体表现在原居地（或国家）不利于学生发展的种种排斥力，如经济形势不好、政治不稳定、高等教育质量差及高等教育机会缺乏等；而拉力则通常是指东道国吸引学生国际流动的拉动性因素，诸如大学排名及声望、奖学金的资助、纯正的外语学习环境等。推拉理论在长时间的发展过程中也衍生出不同解读。有学者认为，推拉理论的经典诠释过于看重宏观因素，对迁移个体的个人特点有所忽视，因此提出学生留学动机相关研究应该着眼于宏观因素（结构）与微观因素（个体）之间的相互作用[②]。这种兼顾宏观与微观的分析思路为本章的数据分析与写作提供了方向。在接下来的篇幅中，我将从宏观、中观和微观三个层面对影响来华留学生的推拉因素进行一个全景展现，并在此基础上论述这些因素如何影响他们的在京跨文化适应。

一　"中国的蓬勃发展令我向往"

现有研究指出，中国经济的快速发展以及未来发展的乐观前景是吸引留学生来华留学的重要拉力之一[③]。这个观点在本研究中得到

① LU Z, LI W, LI M, et al. Destination China: International students in Chengdu[J]. International Migration, 2019, 57: 354-372. 其他文献详见：安亚伦，段世飞. 推拉理论在学生国际流动研究领域的发展与创新 [J]. 北京师范大学学报（社会科学版），2020: 25-35；马佳妮. 留学中国——来华留学生就读经验的质性研究 [M]. 北京：社会科学文献出版社，2020；魏浩，袁然，赖德胜. 中国吸引留学生来华的影响因素研究——基于中国与全球 172 个国家双边数据的实证分析 [J]. 教育研究，2018, 39: 76-90.

② LU Z, LI W, LI M, et al. Destination China: International students in Chengdu[J]. International Migration, 2019, 57: 354-372. 其他文献详见：WEN W, HU D. The emergence of a regional education hub: Rationales of international students' choice of China as the study destination[J]. Journal of Studies in International Education, 2019, 23: 303-325；马佳妮. 留学中国——来华留学生就读经验的质性研究 [M]. 北京：社会科学文献出版社，2020.

③ AHMAD A B, SHAH M. International students' choice to study in China: An exploratory study[J]. Tertiary Education and Management, 2018, 24: 325-337. 其他文献详见：DING X. Exploring the experiences of international students in China[J]. Journal of Studies in International Education, 2016, 20: 319-338；MA J. Why and how international students choose mainland China as a higher education （转下页注）

印证。约翰出生在阿根廷的首都布宜诺斯艾利斯，是第二代华人移民，接受采访的时候正在北京一所著名高校攻读国际关系专业，刚刚结束大一的学习。当被问及为何选择在中国学习时，约翰不假思索地回复道："众所周知，中国在国际社会中享有很高的地位。"俄罗斯姑娘凯特在北京的一所高校做交换生，她直言很多生活在西方国家的人，尤其是俄罗斯人，都认为中国将引领全球经济发展，因此她决定选择中文作为自己的本科专业。与凯特类似，意大利姑娘萨拉学习中文的初衷也与中国的全球影响力紧密相关，她认为中国的经济实力非常强大，感觉所有的事情都围绕着中国展开。有感于中国在全球日益增长的影响力，来自法国尼斯的留学生弗兰克把自己的学习兴趣从日本转移到了中国：

> 我一开始对中文并不是很感兴趣。我一开始对日语及日本文化很感兴趣。但后来我意识到中国变得越来越重要了，而且重要性已经超过了日本。讲中文的人远多于讲日语的人。我觉得巴黎机场的变化可以很好地解释这一点。巴黎机场以前没什么中文标识，但从 2012 年开始，中文标识越来越多，给来法国的游客指引方向。另外，世界上很多地方都有中国城，即便在我的家乡尼斯这个并不怎么大的城市里都有中国城，中国移民远多于其他国家过来的移民。而且中国现在还有诸如华为、阿里巴巴、腾讯和小米这样的大公司。你可以看到中国发展得非常迅速。（弗兰克，E1）[①]

正如弗兰克所述，中国得益于经济的快速发展和全球影响力的

（接上页注③）)study abroad destination[J]. Higher Education, 2017, 74: 563-579；马佳妮 . 留学中国——来华留学生就读经验的质性研究 [M]. 北京：社会科学文献出版社，2020；王祖亮 . 来华留学生教育发展变化、动因分析及未来展望——基于 2004-2011 年统计数据的实证分析 [J]. 大学（学术版），2013: 47-54+46；文雯，刘金青，胡蝶，等 . 来华留学生跨文化适应及其影响因素的实证研究 [J]. 复旦教育论坛，2014: 50-57.

① 本研究使用中文和英文完成所有采访，具体语言的选择取决于受访者。为了方便读者的阅读，章节中展示出来的采访内容均为中文或根据英文访谈翻译出来的中文内容（英文原文叙述在每章的最后统一呈现）。

提升，逐渐成为留学生眼中的"应许之地"，充满了各种各样让他们可以成就自我、实现抱负的机会。为了抓住中国蓬勃发展带来的时代机遇，这些旅居个体纷纷展开职业规划，并以留学中国为积累职业发展所需资本的最佳途径。约翰作为生长在阿根廷的第二代华人移民，从小就目睹了很多华裔受到歧视。不同于那些逆来顺受、觉得无计可施的华裔，约翰坚定地认为阿根廷有很多亟待解决的问题，因此他选择国际关系专业，希望利用自己的专业知识以及自己的华裔身份可以推动中国和阿根廷之间的双边交流，进而借助中国的国际地位改善阿根廷华裔的生存环境：

> 有很多（在阿根廷的）华裔，他们中的很多人，从很小的时候就受到了歧视，所以他们在心里还是有那样的想法，比如这件事（反抗或改变歧视）是不可能做到的。另一个原因是阿根廷的人们已经失去了希望。但我从很小的时候开始就知道如何为自己辩护。我不觉得改变现状有什么难。所以我想为阿根廷做一些事情，比如在不久的将来可以从事与中国—阿根廷双边文化交流相关的工作。众所周知，中国在国际关系中享有很高的地位。我看到了这些可能性，我觉得如果我学习国际关系、外交或政治学就可以做到这一点。然后我们就可以发展得好一些，比如用十年的时间就可以发展得不错。（约翰，E2）

斯诺和乔纳森与很多受访者不同，他们带着一个电影梦来到中国。意大利姑娘斯诺在采访中提到，她的国家给年轻人提供的工作机会非常有限，所以她把目光投向了国外。由于从小痴迷中国功夫，斯诺选择到中国留学，希望在学习的过程中可以逐渐获得一些进入中国影视圈的机会。英国小伙子乔纳森小时候有机会去中国香港探亲，在那里接触到功夫电影，非常着迷。这个早年的兴趣后来变成了乔纳森来华学习的强大推动力之一，他希望通过留学中国可以进入中国电影行业，专攻武侠电影：

　　意大利是一个适合老年人的地方，这意味着没有未来，也没有年轻人的工作。所以当我在中国的时候，我觉得我有更多的机会去做我想做的以及我喜欢做的事情。而且中国的人很多，我可以认识不同的人，做新的尝试，或许可以获得一个更好的工作。我想去香港，尝试在那里的电影行业工作。（斯诺，E3）

　　我14岁的时候开始对中国非常感兴趣。我一直在看亚洲电影。我曾经看了很多香港电影，我真的很喜欢那些武侠片。我看到中国电影业仍然相对较新，正在成长，是一个正在成长的行业。我想做一些与电影相关的事情。所以我就来中国留学。我不想去美国，因为那里的电影业已经非常成熟以及庞大了，很难进入。所以我想着，如果我可以去中国学习，那我会有一个更好的机会进入中国的电影业，所以这就是我的出发点。另外，西方更喜欢那种大型武打片，但我觉得中国的武侠电影更有品位，所以我打算在北京参与武侠电影的制作。（乔纳森，E4）

　　东道国的宏观环境作用在旅居个体身上，就会逐渐转化为他们留学的内在驱动力。中国的蓬勃发展不仅极大地提升了中文的全球传播力，更是赋予了它一层新内涵，即获得众多工作机会的入场券。这种以寻求工作机会为导向的外语学习动机在本研究中体现得淋漓尽致。正如前文所述，凯特和弗兰克对中文的兴趣源于中国全球影响力的提升。约翰对此也表示同意，他说周围留学生同学都觉得中文有利于自己未来的职业发展，非常有用，所以选择学习这个语言。来自德国的交换生凯文主修经济学，他希望通过在华学习结交中国朋友，为自己将来的职业发展打下人脉基础。英国留学生艾米莉觉得在本科阶段的中文学习并不系统，因此在硕士研究生阶段争取到了来北京高校交换的机会，希望借此机会提高自己的中文能力。当谈及学习中文的初衷时，艾米莉直言最大的原因就是看重中国庞大的潜在市场，希望中文可以成为自己将来在国际贸易领域谋求更好发展机会的筹码。与艾米莉相似，来自澳大利亚的姑娘玛丽也是国际贸易专业，她选择中文也是为了自己以后可以在繁荣的中国经济版图上寻找到属于自己的职业机会：

> 我的专业是国际贸易，所以我想把外语融合进来。我当时的选择是西班牙语和中文。我觉得后者对我而言更有意思，因为很多人都会说西班牙语，而且如果你去了拉丁美洲，你就会发现那里的发展没有那么快。但中文不一样，中文是中国的语言，那是中国！中国的经济非常繁荣，市场潜力很大。我觉得学习中文对我的未来以及职业发展都有好处。（艾米莉，E5）
>
> 澳大利亚与中国的商业联系非常紧密，而且在澳大利亚，尤其是我的家乡布里斯班，中国人数量非常多。我自己是国际贸易专业，所以我觉得学习中文对我以后的职业发展有好处。（玛丽，E6）

俄罗斯小伙子小夏在北京一所高校攻读对外汉语硕士学位。他与中文的结缘带有很多偶然性。小夏报考的俄罗斯高校把国际关系专业分为两个方向：一个是欧洲研究，另一个是亚洲研究。但高考的意外失利使得小夏无缘欧洲研究方向，只能选择亚洲研究。不同于其他受访者有感于中国全球影响力提升而做出的语言学习选择，小夏选择中文完全是基于父母和系里老师的建议：

> 那时候是2014年，那会儿新闻上天天都说中俄两个国家关系挺好，中国的发展会特别好。然后那时候我父母就想，既然你没考入欧洲研究，那就去学中文吧。我们系那会儿，就是系主任会跟我们说，千万别学日语，就说日本这个国家没那么开放，不怎么跟俄罗斯合作，所以去学中文吧。然后我就想，那行，还是学中文。（小夏）①

---

① 如果受访者文本没有标注E，则表示他们直接用中文接受了采访。

二 "中国文化令我着迷"

除了追赶中国高速发展的步伐，留学生来华学习的另外一个显著动机就是深入体验中国文化[①]。当被问及为何对中国文化产生浓厚的兴趣时，本研究的受访者给出了不同的答案。一些留学生先对亚洲文化整体产生兴趣，然后在深入探索的过程中被中国文化所吸引。乔纳森少年时期经常去拜访在香港工作的姨妈，他认为这是他对亚洲文化产生兴趣的起点。在香港的时候，乔纳森开始接触亚洲电影，并在这个过程中观看了很多香港电影，被电影中的中国功夫深深吸引。正如前文所述，乔纳森对中国功夫的兴趣直接促成了他的来华留学。同样地，凯文少年时期曾经跟随父母在印度尼西亚生活三年。在旅居雅加达的日子里，凯文爱上了亚洲美食，并在探索美食的过程中接触到了当地的华裔，继而对中国文化产生浓厚的兴趣。在谈及自己的来华原因时，凯文坦言是为了体验一种完全不同于西方的文化：

> 我大学有一年是用来交换留学的。我很快就决定要去中国。我去过很多国家，但从来没有去过中国。我想去一个一切都跟德国不一样的国家。我觉得从文化这个角度来看，中国距离我们西方文化最远，最不一样。所以我就来了。（凯文，E7）

凯文对中国文化的向往还源于他在来华之前与中国客户的跨文化接触。凯文在高中毕业之后凭借自己旅居海外的经验以及流利的英语，顺利进入德国特有的双元制职业教育体系，开始在一家本土公司上班，从事针对东欧市场和亚洲市场的国际销售业务。凯文在工作的过程中接触到了一些中国客户，这种跨文化经历不仅再次点

① LU Z, LI W, LI M, et al. Destination China: International students in Chengdu[J]. International Migration, 2019, 57: 354-372. 其他文献详见：MA J. Why and how international students choose mainland China as a higher education study abroad destination[J]. Higher Education, 2017, 74: 563-579；WEN W, HU D. The emergence of a regional education hub: Rationales of international students' choice of China as the study destination[J]. Journal of Studies in International Education, 2019, 23: 303-325；马佳妮. 留学中国——来华留学生就读经验的质性研究 [M]. 北京：社会科学文献出版社，2020；杨力苈. 约翰为什么来中国学习？——一位美国留学生的叙事研究 [J]. 教育学术月刊，2016（2）：74-81.

燃了他对中国文化的兴趣，还间接促成了他的工作变动——他跳槽到了一家位于德国的中国公司。之后，凯文进入大学，选择经济学作为自己的本科专业，并借助学校的交换项目来到中国学习。与此类似，乔纳森对中国文化的兴趣也部分源于他之前与海外华人的接触。乔纳森虽然出生于伦敦（父亲来自英国，母亲来自塞尔维亚），但他的孩童时代是跟随外祖父在奥地利首都维也纳度过的。乔纳森在维也纳生活的区域刚好与一个华人社区重合，因此他与那里的个别华人相熟。后来当乔纳森深受香港电影影响，决定要学习中文的时候，他结识了一些生活在维也纳的华人，并断断续续地跟随人家学习中文。来自意大利的安迪也提到了与乔纳森相似的经历。安迪幼年生活的地方有很多中餐厅，所以他对中国文化非常热爱，还经常跟餐厅老板打听关于中国的方方面面。当安迪回忆起儿时这段经历的时候，直言自己一下子就迷上了中国文化：

> 我对中国的热情应该就是从我 11 岁或 12 岁的时候开始的。意大利有很多中餐厅，我很快就对中国文化产生了兴趣。我经常跟餐厅老板问这问那，比如中国什么样子，中国的生活方式是什么，中国哲学还有中国古代文明。我一下子就很喜欢这种文化，喜欢它的一切，哲学和历史什么的。意大利和中国是世界的两个重要组成部分，因为它们都有悠久的历史，非常悠久。（安迪，E8）

博大精深的中国文化也深深吸引了萨拉。与安迪不同的地方是，萨拉接触中国文化的方式略显偶然。她虽然一直喜欢亚洲文化，尤其是日本动漫，但又觉得这个爱好不足以支撑她去学习一种全新的语言。后来萨拉基于未来职业发展的需要选择学习中文，但她在学习的最初阶段对这种语言并无太多期待，甚至于都不知道自己会不会喜欢上这种语言。但经过数月的学习之后，萨拉深深爱上了中国文化，直言选择学习中文是她做过的最正确的决定。这种起于偶然、终于热爱的经历也在苏西的故事中有所体现。苏西来自法国，是亚洲研究专业的硕士研究生，按照法国那边学校的学位要求，必须辅修一门亚洲语言，因此她一开始接触中国文化也纯属偶然，但后来的学习让她决定到中国留学：

> 我想，学习中文也许会带来更多的工作机会，所以我开始学中文了。最开始的时候，我没有任何期待，我不知道这种语言是什么样子，我也不知道自己是不是会喜欢它。但几个月之后，我完全爱上了这种语言还有它背后的文化以及一切。我们必须学中国历史、艺术、文学、古代汉语等内容。我完全被征服了，中国文化太酷了！比如艺术和文学，我觉得我离那些内容很近。我也不知道为什么。我学的越多，比如我们分析的绘画和诗歌越多，我就越能体会人与自然的那种关系。那些内容太迷人了。我也非常热爱中国哲学。我们意大利人一直很喜欢哲学。但我在上大学之前从来没有接触过中国哲学。所以我在大学里学了很多。我觉得学习这些非常重要，这些是人们的日常生活及文化的重要组成部分，所以我从来没有后悔过这个决定（学习中文）。这是我这辈子做的最明智的选择，我非常开心。（萨拉，E9）

> 我在本科的时候偶然上过中国文学、中国历史这些课。我上完就爱上了中国，我觉得中国有真正强大的文化，有古老的历史和文学，所以就觉得中国文化特别深奥。另外古代中国的思维方式也非常有趣，跟西方非常不同。我觉得如果做一个中西比较的话，会非常有意思。我觉得既然我学了这些，那我就要来中国，这样才能更好地理解我之前学到的那些东西。（苏西，E10）

除了哲学、艺术和文学，武术在众多中国文化要素中俨然是一个极具代表性的符号。参与本研究的一些留学生直言他们在来中国之前就已经对武术产生了浓厚兴趣，而且开始了相关的练习。斯诺大约在 12 岁的时候开始跟随一个中国拳师学习少林拳。她将自己与这个师傅的相遇归结于自己的幸运。弗兰克与斯诺的经历非常相似。他在上高中之前就已经学习了五年的迷踪拳。这些习武经历在斯诺和弗兰克心中种下了中国文化的种子，最终使得他们决定远赴中国，深入体验中国文化：

> 功夫和成龙是我学中文的第一动力（大笑）。我当时跟我妈妈说，"妈妈，我长大了要去中国，我要去跟成龙拍电影"。后来我就开始学武术（大笑），就在意大利。我们有一个老师，他是中国人。他最开始在少林寺学习，后来跟朋友先去了欧洲其他国家。然后他们中的一个人最后去了波兰，另外两个人来了意大利。我很幸运，因为这两个师傅中的一个就住在我所在的城市，所以就是那种很幸运的感觉。我跟着这个师傅学习少林拳，他的意大利语讲得非常好，所以我就没跟他练习中文，哈哈。（斯诺，E11）

> 我对中国文化的浓厚兴趣跟我学习武术有关。我在上高中之前学了五年的迷踪拳。在我的城市，有一个中国武术老师会打迷踪拳，我就跟着他学。我就是从那会儿开始对中国文化产生浓厚兴趣的。（弗兰克，E12）

三　"中国的教育资源很好"

如果说中国全球影响力的提升以及对中国文化的向往是很多外籍人士来华工作和生活的核心动力，那么中国教育质量的稳步提升以及配套机制则是吸引留学生来华学习的关键拉力[①]。利奥是出生在

---

① AHMAD A B, SHAH M. International students' choice to study in China: An exploratory study[J]. Tertiary Education and Management, 2018, 24: 325-337. 其他文献详见：LU Z, LI W, LI M, et al. Destination China: International students in Chengdu[J]. International Migration, 2019, 57: 354-372; MA J. Why and how international students choose mainland China as a higher education study abroad destination[J]. Higher Education, 2017, 74: 563-579; WEN W, HU D. The emergence of a regional education hub: Rationales of international students' choice of China as the study destination[J]. Journal of Studies in International Education, 2019, 23: 303-325; 宋华盛，刘莉. 外国学生缘何来华留学——基于引力模型的实证研究 [J]. 高等教育研究，2014，35（11）：31-38；唐静. 留学生选择来华学习的行为意向研究——基于计划行为理论的解释框架 [J]. 高教探索，2017：90-94+116；王祖亮. 来华留学生教育发展变化、动因分析及未来展望——基于 2004-2011 年统计数据的实证分析 [J]. 人学（转下页注）

阿根廷的第二代华人移民，祖籍福州。他父母年轻的时候各自跟着家人去阿根廷淘金，在那里相识、结婚并定居。根据利奥的描述，阿根廷的教育机会比较有限，再加之亲戚的鼓励，他父母就决定送他回中国接受教育：

> 当时我表姐她不是在中国读书嘛，然后回到阿根廷玩，跟我爸妈进行了一些关于我学习的交流，她觉得对我来说以后来中国可能更好一点。因为在阿根廷，教育不是那么好。怎么说呢，就是文化水平比较低，教给学生的东西很简单。我表姐觉得中国整体的教育比较完善和全面，可以教给我更多的知识，然后就跟我父母讲，觉得我回来读书比较好。而且阿根廷那里可以选择的大学也比较有限，最好的就是布宜诺斯艾利斯大学。我表弟现在念高中，还在阿根廷。我也更想让他回中国读书，因为我在这边学习了一段时间之后，觉得跟阿根廷对比，这里一个是环境比较好，另外老师教的知识，就是教育水平比较高（利奥）。

为了将中国进一步打造成为区域性教育中心，中国政府推行了一系列的举措，如增加中国政府奖学金数量并增设专项奖学金、出台教育合作政策和双边学历学位互认政策[①]。这些政策在具体实施的过程中收效很好，吸引了大批留学生来华留学。当谈及为什么来北京留学时，有一些留学生直言是因为自己所在学校与北京高校是交换留学项目的合作伙伴。来自波兰的沐沐在北京攻读博士学位，来华之前在雅盖隆大学（Jagiellonian University）读书。沐沐说自

（接上页注①）（学术版），2013: 47-54+46；魏浩，袁然，赖德胜. 中国吸引留学生来华的影响因素研究——基于中国与全球 172 个国家双边数据的实证分析 [J]. 教育研究，2018, 39: 76-90；文雯，陈丽，白羽，等. 北京地区来华留学生就读经验和满意度国际比较研究 [J]. 北京社会科学，2013: 63-70.

① 樊静薇，田美. 来华留学生研究综述——基于 WoS 核心合集 SSCI 文献. 国际学生教育管理研究，2021（1）: 81-95. 其他文献详见：马佳妮. 留学中国——来华留学生就读经验的质性研究 [M]. 北京：社会科学文献出版社，2020；宋华盛，刘莉. 外国学生缘何来华留学——基于引力模型的实证研究 [J]. 高等教育研究，2014, 35（11）: 31-38；魏浩，袁然，赖德胜. 中国吸引留学生来华的影响因素研究——基于中国与全球 172 个国家双边数据的实证分析 [J]. 教育研究，2018, 39: 76-90；杨林，杨希. 来华留学研究生学业满意度及其影响因素研究——基于上海市研究型大学 A 校的实证调查 [J]. 长春教育学院学报，2018, 34: 26-29.

己选择来北京念书的关键原因之一就是她的母校与北京的一所大学有着悠久的合作历史。萨拉与沐沐的经历相似，她在意大利的母校与北京的一所学校有长期合作关系，两所学校基于双方签订的学历学位互认协议，相互派遣留学生，这些留学生利用本科最后一年去对方学校交换学习，之后就可以获得对方学校出具的学位证书。等这些学生返回自己学校之后，他们可以继续获得母校颁发的学位证书。得益于双方的学历学位互认协议，萨拉及其同学都觉得花一个本科时间获得两所学校的学位非常划算，而且还可以利用留学中国的时间深入体验中国文化、提高自己的中文水平。这个项目的高性价比使得相关申请竞争异常激烈。萨拉为了获得这个机会，在整个本科阶段都刻苦学习：

> 当我知道学校有这个交换项目的时候，我所有的努力都是为了获得这个机会。我整个本科阶段都学得非常刻苦，我当时是年级第一名，我当时努力的目标只有一个：获得奖学金，去中国留学。（萨拉，E13）

此外，孔子学院的海外影响力以及相关奖学金的提供也是吸引留学生来华的一个重要拉力①。本研究接触到的一些留学生最早是通过海外孔子学院获得来华参加夏令营的机会的。这种融合了"游"和"学"的为期数周的文化探索之旅不仅有助于留学生以较低时间成本获得第一手、亲历的中国经验，更是便于他们在这些经验的基础上做出长期留学中国的计划。留学生保罗来自哥斯达黎加，他所在的学校恰好有一所孔子学院。一个偶然的机会，保罗看到孔子学院张贴的中国夏令营项目招募通知。他出于好奇就提交了申请，并很意外地获得了来中国参加夏令营的机会。这次体验使得保罗有机会近距离接触中国文化，体验中国文化。所以回国之后，他申请了

---

① 林航，谢志忠，郑瑞云. 孔子学院是否促进了海外学生来华留学——基于40个国家2004~2014年面板数据的实证检验 [J]. 国际商务（对外经济贸易大学学报），2016：52-65. 其他文献详见：王朝晖，张春胜."一带一路"倡议下中国企业"走出去"人才本土化研究——以来华留学生为例 [J]. 上海对外经贸大学学报，2018，25：63-73.

孔子学院的奖学金，希望利用这个机会来中国学习，提高中文水平，为自己未来从事国际贸易增加筹码：

> 大概是 2015 年还是 2016 年，我有点记不清了，当时我在孔子学院刚好看到他们有一个通知，意思是说鼓励学生申请在中国开展的夏令营项目。我提交了申请，很意外地通过考核，然后去了人民大学参加夏令营，那个夏令营项目非常有名。我们当时也上中文课程，但不算难，挺放松的。我们上书法课，那个老师好像在中国很有名气，因为他那年好像在做一个电视节目。他当时把我们带到杭州，那是我第一次在中国旅行。那个老师负担了我们所有人的费用。后来我又申请了北京大学的夏令营，再后来我申请了孔子学院的奖学金去哈尔滨学习。我自己的专业是国际贸易，我觉得多学一门语言会对我的未来发展有好处。孔子学院有奖学金，我抓住那个机会就来了北京。（保罗，E14）

弗兰克的来华路径与保罗很相似。他的家乡尼斯有一所孔子学院，他最初就是借助孔子学院组织的夏令营项目到中国的。第一次的中国之行给弗兰克留下了很深的印象，进一步坚定了他对中国未来蓬勃发展的信心，最终推动他选择来华留学：

> 在我的家乡尼斯有一所孔子学院。我当时在那里学了一年中文，然后听说天津有个夏令营。我就申请了，然后去参加那个夏令营了。那是我第一次来中国，是 2018 年，在天津待了两周。一开始我觉得会比较无聊，那个时候我还是更喜欢日本，因为我去过，玩得很开心。但后来我发现中国跟日本非常不一样，中国人比日本人更热情，更愿意跟别人交往。这让我非常喜欢，我很享受自己在中国的那段时间，我觉得非常有意思。而且我们中间有三天是在北京度过的，而且碰巧去我现在的学校里转了转。我很喜欢这里的建筑。一年之后，我就来这个学校留学了。

（弗兰克，E15）

四　"我选择去中国留学是受他人影响"

留学生做出留学的决定很多时候是一个理性的选择，这个选择会参考重要指标，比如目的国的经济发展水平、整体繁荣程度、教育资源是否充足及是否容易获取、自己对目的国文化是否仰慕等。但除了这些指标，留学生有时也会基于自己的个人需求对自己的人生进行规划。美国华裔麦克的父母在他出生之后不久就分手了，还在襁褓中的他被父亲带回中国，交给外婆抚养。因此麦克的孩童时期是在中国跟着外婆度过的。外婆对他而言就是所有安全感和幸福感的来源。因此，麦克高中毕业之后毅然决然地选择了回中国念大学，而且只考虑北京的大学，因为他的外婆生活在北京：

> 我回来念书主要是因为我姥姥在中国，其实我是姥姥带大的，她现在 80 多岁了。我只有姥姥，她想让我回来。如果我不回来的话，就太不合适了。而且中国对我而言是更像家的一个地方。（麦克）

与家人团聚也是英国华裔杰克回国念书的关键原因。杰克的父母是第一代赴英技术移民，父亲在大学教书，母亲在当地医院做研究员。杰克和姐姐都出生在英国，全家居住在苏格兰东部港口城市邓迪（Dundee）。随着 2008 年全球金融危机的爆发，杰克父母的很多朋友以及同事都已经失业或面临失业的风险。权衡利弊之后，杰克父母决定看看国内的工作机会。后来杰克的父亲带着年长一些的女儿先回到杭州工作，三年之后杰克的母亲带着他彻底搬回来，一直居住至今。杰克后来报考大学的时候，直言自己已经习惯了在中国生活，而且他不想离开家人去其他国家念书，所以选择了在中国念本科：

　　我们搬回来的主要原因是 2008 年的金融危机。当时我们生活的地方经济非常糟糕。我父母有几次说，周围很多朋友和同事都失去了工作。他们觉得自己也不是必不可少的核心员工，所以开始担心，就想着在中国看看机会。我爸爸先带着我姐姐回来，四处考察，后来得到了浙江一所大学的工作机会。三年之后我妈妈带着我彻底回来，然后我们全家一直住在杭州，直到现在。其实那会儿我父母并没有失去工作，但他们已经到了一个点，就是看到很多朋友经济状况不好，他们觉得是时候搬回去了。我在中国生活了十年，已经习惯了中国文化。如果去其他国家念书，我会想家的。我不想离家人太远。（杰克，E16）

　　社会心理学家米德在论述身份的时候提出了"泛化他者"这个概念，同时把对个体产生重要影响的社会群体划定为"重要他者（significant Others）"，父母、老师、偶像、同辈群体等均可划入这个范畴①。除了至亲家人，与恋人和好友团聚也是留学生来华的重要动力之一。沐沐还在波兰念书的时候，为了更好地学习中文，就借助网络结交中国朋友。其中一位来自中国的语言伙伴给沐沐留下了深刻的印象，两人逐渐建立了感情。远在中国的恋人是沐沐选择来北京留学的重要原因。与沐沐有些类似，来自德国的雅各布对中文的兴趣以及留学目的地的选择都深受中国朋友的影响：

　　我其实考虑过去浙江留学。我之前来过中国，我很喜欢杭州那些地方。但那个时候我跟我当时的男朋友、后来的先生已经建立了很深的感情。他一开始是我的语言伙伴之一。我们的关系变得非常亲密之后，我就没跟其他语言伙伴聊过，就跟他一个人聊。他在北京，他跟我说来北京留学。所以在某种程度上他影响了我，让我做出了来北京留学的决定。（沐沐，E17）

① MEAD G H. Mind, self and society [M]. Chicago, IL: University of Chicago Press, 1934.

　　我们有一次来中国交流，我在北京有一个中国朋友，她带我参观了北京的所有地方，她总是教我一些中文表达。我觉得挺有趣。后来我的朋友开始在英国学习，我去拜访她，在她那里待了一周。她和她的室友当时开始教我中文音调。说实话，中文对很多西方人来说听起来非常单一。但那次的相处让我意识到中文不是一种单调的语言。我觉得很有意思。后来我又路过伦敦，去探望她，她又开始教我。那会儿是 12 月还是 1 月，她就教我新年快乐之类的表达。我就是这么开始学中文的。我的这个朋友就经常说让我去中国。后来我参加了语言课程，在那里认识的很多中国朋友也说让我去中国，而且去北京，这样我们就可以再次见面了。后来我们学校有去北京的交换项目，我就来了。（雅各布，E18）

　　即便并非为了相聚，重要他者的意见和判断也可以影响留学生的来华计划。正如上文所述，利奥来中国念书就是听从了表姐的建议。与之相似，约翰和卡森来华留学皆是听从了父母的建议，而小夏则是在老师的鼓励下迈出了来华留学的第一步：

　　我在阿根廷念完高中之后，一直不知道该干什么，然后我就想，去读中文呗，然后我跟我妈妈说我想读中文，然后她说为什么不去中国读，这样会更好，然后我就觉得她说得有道理，就来了。（约翰）

　　我高中毕业的时候，17 岁，我父母觉得我年纪太小，不足以直接开始在大学学习。然后他们就在商量我可以做什么。他们其中一个人以前学过中文，所以我们就决定学中文，而且认为这对当时的我而言是一个很好的选择。我觉得中文很有意思。我父母这么决定并不是为了让我以后有一个工作，他们只是希望我实现个人成长。这就是为什么他们想让我出国待一年，做点其他事情。最后商量的结论就是我去中国留学一年。（卡森，E19）

　　大一的时候我遇到一个老师，她讲课的方式比较好，很严厉，比较凶，但我知道她只是要求我们好好学习。她跟我们说，好好学习，毕业之后考一个 HSK（六级）就会很棒，就可以去中国找工作。我学得比较认真，大二的时候这个老师就跟我说，一般我们不会派大二的学生出国，但看我学得很努力，她就希望我去中国留学，然后就派我去了大连外国语大学，我在那里学习了一个学期。（小夏）

除了日常生活中可以接触到的重要他者，媒体全球化也扩大了留学生的交际范围，让他们跨越地域的阻隔，有可能接触到对他们产生重要影响的他者。沐沐九年之前开始系统学习中文，在那之前她一直想学日语。但由于时间冲突，她只能转向上课时间更为合适的中文课。因时间冲突而做出的随机性选择后来很快吸引了沐沐的兴趣。她那段时间恰好在看一部中文电视剧，非常喜欢戏里的女主角，还去听了她演唱的歌曲。出于对中文的兴趣，沐沐通过社交媒体认识了很多中国人，这些中国朋友会给她提供中文学习素材，鼓励她学下去。在这个过程中，沐沐结识了自己后来的丈夫，最后决定来中国留学：

　　我当时在芬兰交换学习，那里所有的课程都免费，所以我想再选择一门语言。我刚开始想学日语，因为那时候我对日本文化很感兴趣。但日语课的上课时间对我来说并不合适。所以我选了中文课。那时我还在看中文电视剧，比如《恶魔在身边》，哈哈。我喜欢杨丞琳还有她的歌，我当时想既然在学中文，就试试不看字幕听懂歌曲，所以我就开始系统学习了。我在社交媒体上发了帖子，说我想学中文，然后逐渐认识了一些中国人。他们会帮助我找一些很不错的学习素材，他们给了我很大的动力。我回到波兰后，没有机会系统地学习中文，最多是上一些中国学生随机教中文的散课，所以大部分时间我自学，我有很多语言伙伴，其中一个后来成了我老公。受他的影响，我选择了来北京留学。（沐沐，E20）

五 "来华留学是我基于个人情况的自主选择"

　　留学动机的构成复杂。除却上述宏观、中观及微观层面的动机，留学生的个人情况也是促成他们留学中国的重要拉（推）力。杰克不愿意与家人分隔太远，担心思乡情切的他选择了留在中国上大学。但除此之外，杰克也坦言家里的经济状况也是他选择留学中国的重要衡量因素：

　　　　我当时选择学校主要出于两个顾虑。第一个是经济上的顾虑，第二个是害怕离家太远会想家。经济上的顾虑是非常直接的原因。去欧洲或美国上学，对我家来说实在太贵了，我们负担不起。而且我很有可能无法持续获得奖学金资助。所以我们决定申请中国的大学，最终选择了在北京的大学。（杰克，E21）

　　此外，留学也被一些留学生视为迎接挑战、实现自我成长的一个重要组成部分[①]。正如卡森描述的那样，他父母建议他留学一年以及学习中文并非希望他可以借此为以后的职业发展铺平道路，而是觉得这样的安排有利于他的个人成长。正是从这种非工具性动机出发，卡森在留学的过程中非常注重探索自己的真正兴趣。高中毕业之后，卡森先去了台湾师范大学，在那里学习一个学期之后，就对中文以及中国文化产生了浓厚的兴趣。最后，卡森放弃了自己最初想报考的专业，转向了中国研究。进入大学之后，卡森再次选择留学中国：

[①] KHEIR Z. Cultural bridges and reimagined geographies: International students navigating and engaging the complex cultures present in the academic world of Taiwan[J]. Research in Comparative and International Education, 2021, 16: 209-227. 其他文献详见：MA J. Why and how international students choose mainland China as a higher education study abroad destination[J]. Higher Education, 2017, 74: 563-579; WATERS J, BROOKS R, PIMLOTT-WILSON H. Youthful escapes? British students, overseas education and the pursuit of happiness[J]. Social & Cultural Geography, 2011, 12: 455-469.

　　我上大学之前想学的专业是物理、数学或信息学这些。但在台北学了半年之后，我决定选择中文作为我的专业，我想学中国研究这个专业，我觉得这个领域太有意思了。而且我学中文比我学物理学得好很多。我回到德国之后在海德堡大学学习。一年之后有一个到北京的交换项目。我就来了。（卡森，E22）

　　当卡森在采访中被问到为什么觉得中国研究很有意思时，他回答说是因为很多资料即便存在，也因为语言隔阂而很少为西方公众所知。在他看来，中国研究与美国研究或欧洲研究很不一样，后两个领域里的很多资料都是用英语或欧洲其他语言书写而成的，西方读者比较容易读懂。相比之下，用英语或欧洲其他语言编写的中国研究资料有限。因此，卡森选择学习中文、学习中国研究专业以及选择到中国留学均带有明显的自我挑战成分。他希望通过留学可以近距离理解中国及中国文化，提高中文水平，以便于自己日后的深入学习。这种建立在自我挑战之上的留学动机在其他受访者的故事中也有体现。亚历克斯认为学习中文对他而言是一种挑战。他喜欢接受挑战，所以就决定来中国，因为只有在中国才能把中文学好。凯特与亚历克斯很像，在明知道中文很难的情况下还是要选择学习中文，就是想挑战自我。而这种自我挑战被凯文形容为"走出自己的舒适圈"：

　　如果你不懂中文，你不可能仅看汉字就猜到这句话的意思，这是不可能的。另外口语部分也很难，因为不同的汉字可以有相同的音调。你必须把中文放到上下文中去理解，我刚开始觉得太难了。所以我想去中国，因为我只有在中国才能学好中文。我刚到中国的时候，发现自己和其他留学生一样，没办法跟中国人交流，就挺难的。但过了一段时间之后，我就有点习惯了。我觉得我应该继续学习中文，因为真的很有趣，我很愿意接受这个挑战。（亚历克斯，E23）

我在大学的时候，必修语言是英语，这对我们来说也是外语。然后我们必须选择第二种语言来学习。我当时想，"好吧，既然我要花四年时间学习，那我想挑战自己"。中文真的很有挑战性，它与英语和俄语完全不同，所以我决定去学中文，而且我要去中国留学。（凯特，E24）

轮到我可以出国交换的时候，我很快就决定要去中国，对，挑战自己。我已经去过世界上的一些地方了。但中国是我从来都没有去过的地方，我认为它是一个最有挑战性的地方。我在这里可以走出自己的舒适圈，这是一种很棒的经历。（凯文，E25）

六　本章小结

通过以上的分析，我们不难看出，各种复杂的推力和拉力交织在一起，共同塑造了受访者的来华留学动机。宏观层面，中国经济的快速发展和未来发展的乐观前景是吸引受访留学生来华的主要拉力。这种宏观拉力在个体微观层面被内化为留学生希望牢牢把握的未来发展机遇。他们期待"亲自到场"，即亲历中国，然后在这种具身经验中拓展或发现机遇。因此，学习中文及中国文化对一些留学生而言不仅仅是个人兴趣，更是他们实现留学中国的手段。换言之，他们先折服于中国的快速发展以及全球影响力的提高，然后萌生出要学习中文的想法，在此基础上进一步获得留学中国的机会，最终在留学的过程中逐渐积累自己未来发展所需的文化资本和社会资本。正如马佳妮观察到的那样，留学生将"接受跨国高等教育作为一种促进个人发展的长线教育投资，以提高其在劳动力市场上的竞争力"[1]。除了宏观层面的拉力，一些留学生在母国所遭遇的不公作为推力会进一步强化他们的留学意愿[2]。阿根廷社会对华裔一直存

---

[1] 马佳妮. 留学中国——来华留学生就读经验的质性研究 [M]. 北京：社会科学文献出版社，2020.

[2] WEN W, HU D. The emergence of a regional education hub: Rationales of international students' choice of China as the study destination[J]. Journal of Studies in International Education, 2019, 23: 303-325.

在一定程度的排斥。正如约翰所述，他从小就见到也经历过针对华裔的歧视。利奥更是在采访中提到，在阿根廷扎根生活的人普遍觉得当地人对华人并不友好，而且有一些人对华人抱有敌视态度，甚至有意攻击华人。以他家为例，利奥的堂叔就在一场抢劫中意外身亡。利奥的爷爷很早就带领子女移民阿根廷，在当地做生意。华人的勤奋引起了当地人的嫉恨，所以针对华人店铺的抢劫时有发生。2015年，利奥堂叔的店铺惨遭持枪抢劫，其因此很快去世。家族成员的不幸离世给利奥及其家人留下了难以磨灭的伤痛。后来他家很多亲戚回国发展。而他也选择回中国念书。当被问及在中国读书的感受时，利奥直言觉得自己获得了很好的接纳，这与小时候在阿根廷学校被孤立的经历形成了鲜明对比。在移出国的排斥和移入国的接纳相互作用的过程中，约翰和利奥纷纷选择来中国念书。此外，留学生在母国承受的就业压力和生活压力也是促使他们出国留学的推力。意大利年轻人就业难促使斯诺出国留学，向外寻找机会。小夏在老师的影响下一直觉得只有出国才算有出息，俄罗斯的发展机会实在不好，也非常有限。由此可见，留学生作为跨国迁移人口之一，一直置身于多重社会结构叠加的系统中，不同的推力和拉力共同作用，最后令其做出留学中国的决定，并付诸实践。

　　上述分析还揭示了一个有趣现象，即受访留学生来华主要是为了体验不同于他们母国文化的异域文化。在他们的叙述中，中国是完全不同于西方的一个国度，而这种截然不同所带来的神秘感、距离感以及陌生感激发了他们的留学动力。来自法国的亚历克斯认为中国视角与欧洲视角截然不同，汉字的拼写以及发音都与印欧语系大不相同。这种文化距离所带来的神秘感也是意大利姑娘爱丽丝最初选择学习中文和中国文化的原因。在她看来，日后如果想学德语或法语，在意大利本土都比较容易实现；但如果要学中文这种完全不同的语言，她必须充分利用在学校念书的机会，全方位地系统学习。萨拉更是指出，她希望自己好好利用在中国学习的机会，与当地的老师和同学好好交往，了解他们看待事情的角度，从而丰富自己对中国的认知。来自德国的雅各布甚至在采访中打趣道，中国文化太迷人了，变化也很多，但其中有很多内容他不懂，就是因为他不懂，所以他才想来中国学习，他想通过在中国的生活从内向外地、更多地了解中国文化。因此，留学生来华学习更像是一场文化之旅，他们抵达一个神秘、古老、迥然不同的国家，期待在这里深入体验他们之前就已经从其他渠道获知的文化符号、生活方式、民间习俗和风土人情并收获新的认知[①]。这一点在一些留学生的描述中得到了充分体现。安迪来华之前的专业是翻译，专攻中意翻译。他在本科阶段学了很多与中国相关的课程，对中国有着极大的兴趣和自己的理解。因此，安迪来中国留学就是想进一步增加自己对中国的了解，希望通过与中国人交朋友来了解不同的视角。乔纳森热爱美食，希望在北京留学期间可以有机会品尝到来自中国乃至世界各地的食物，因为在他看来北京作为首都汇聚了来自中国各地的文化，同时北京作为一个国际化城市也见证了世界各地文化在这里的融合。德国留学生卡森在学习中文的过程中对中国文化，尤其是传统民俗文化产生了浓厚的兴趣。在他的讲述中，他对绍兴莲花落、闽南布袋戏、香道、茶道和花道非常感兴趣，除了学习普通话，他还自学了闽南话。在学习之余，卡森还热衷于去秀水街等在他看来极具特色的地方，品尝面茶、豆汁和炸肉，而且还做了不少中式服装，以用于日常穿着。与卡森相似，凯特非常希望在北京留学的过程中可以结识寄宿家庭，因为她很欣赏中国文化对家庭的看重，同时也期待通过与中国家庭的日常互动来亲身体验中国的传统习俗（比如如何过春节）。为此，凯特积极主动地走出舒适圈，努力结交当地朋友，希望自己可以充分利用为期一年的在华学习时间积攒真正深入的文化体验。留学生带着留学之前就业已成型的期待、憧憬和设想进入中国，无疑是将中国置于一个令人向往的他者的位置上。这个作为他者出现的中国，

---

① KHEIR Z. Cultural bridges and reimagined geographies: International students navigating and engaging the complex cultures present in the academic world of Taiwan[J]. Research in Comparative and International Education, 2021, 16: 209-227. 其他文献详见：MA J. Why and how international students choose mainland China as a higher education study abroad destination[J]. Higher Education, 2017, 74: 563-579；WATERS J, BROOKS R, PIMLOTT-WILSON H. Youthful escapes? British students, overseas education and the pursuit of happiness[J]. Social & Cultural Geography, 2011, 12: 455-460；马佳妮. 留学中国——来华留学生就读经验的质性研究 [M]. 北京：社会科学文献出版社，2020.

正如马佳妮描述的那样，是一个跨国行动者构建出来的虚拟主观世界。[①] 换言之，这些留学生心向往之、前来体验的是经过他们的想象加工过滤之后营造出来的中国，并非全部真实的中国。因此，当他们的想象与现实发生分歧的时候，他们容易感到失落，进而产生误读甚至偏见。这个部分我将在后边的章节中进行探讨。

　　受访留学生对"提升中文水平"、"感知中国文化"以及"获得不一样的文化体验"三个来华留学动机的青睐侧面证明了现有研究普遍认可的结论，即这些动机多见于来自发达国家的来华留学生身上，尤其是西方国家留学生[②]。在参与本研究的 25 名留学生中，18 名分别来自美国、英国、法国、德国、意大利和澳大利亚。这些西方发达国家国内教育资源的丰富和东方主义视角下西方对中国的想象夹杂在一起，使得这些国家来华留学生的留学动机在文化层面更多地与上述三个类别紧密相连。这一趋势使得中国高校中文及中国文化教研资源丰富的院系往往承担了主要的留学生接收工作。相比之下，来自阿根廷的利奥在做出留学决定的时候会首要考虑中国的优质教育资源。这一倾向在来华发展中国家留学生群体中非常普遍[③]。中国经济发展的乐观前景作为另一个重要的来华留学拉力也使得与国际贸易、经济或金融专业相关的院系成了很多来华留学生的首选。虽然现有研究指出奖学金是激励留学生来华的重要因素之一，但这一观点在本研究中并没有得到明确的体现，因此有待今后对来华留学奖学金获得者专门做一个更具针对性的研究，以丰富现有文献。在微观层面，不同的重要他者以及留学生本人的个人情况都对其留学

---

① 马佳妮. 留学中国——来华留学生就读经验的质性研究 [M]. 北京：社会科学文献出版社，2020.

② MA J. Why and how international students choose mainland China as a higher education study abroad destination[J]. Higher Education, 2017, 74: 563-579. 其他文献详见：WATERS J, BROOKS R, PIMLOTT-WILSON H. Youthful escapes? British students, overseas education and the pursuit of happiness[J]. Social & Cultural Geography, 2011, 12: 455-469；WEI H. An empirical study on the determinants of international student mobility: A global perspective[J]. Higher Education, 2013, 66: 105-122；马佳妮. 留学中国——来华留学生就读经验的质性研究 [M]. 北京：社会科学文献出版社，2020.

③ WEI H. An empirical study on the determinants of international student mobility: A global perspective[J]. Higher Education, 2013, 66: 105-122. 其他文献详见：马佳妮. 留学中国——来华留学生就读经验的质性研究 [M]. 北京：社会科学文献出版社，2020；宋草盛，刘莉. 外国学生缘何来华留学——基于引力模型的实证研究 [J]. 高等教育研究，2014, 35（11）：31-38.

选择起到了很大的影响。这种对微观层面留学拉力的研究是传统推拉模型所忽视的领域，需要在今后的研究中被进一步深化。最后还需要指出一点，留学动机的形成并不完全是理性因素使然，其中也包含很多偶然性因素。例如，沐沐一开始想学日语，但时间不合适，在这种情况下她中文学习的开启纯属意外和偶然之举。再比如，小夏高考失利，与自己最初想报考的欧洲研究失之交臂，无奈之下转入亚洲研究，接触中文。卡森高中毕业之后只是想通过留学收获成长，因此在家长建议下选择了学习中文，他真正爱上中文、决定改修中国研究是在台北居住和学习半年之后。由此可见，个人层面的很多偶发事件会在一个比较大的时间跨度中影响留学生的留学走向。未来对微观层面的偶发事件也可给予更多关注。

附：本章受访者叙事的英文原文

E1: I wasn't very interested in Chinese at first. I was like, first, interested in the Japanese language and culture. But then I realized that China is getting more and more important and had surpassed Japan. More people speak Chinese than Japanese. I could see the difference in Paris airport. Before, it wasn't written in Chinese. It came like in 2012, the first Chinese word, like to go to the exit or on the entrance, you know, all this stuff to indicate the direction of tourists. Now everywhere in the world give me Chinese. There is Chinatown everywhere, even in Paris, even in my city, Nice, not that big city, (in which) there are many Chinese compared to any other countries. And, there are many big companies like Huawei, Alibaba, Tencent, and Xiaomi. So, you can see that China is developing very fast.

E2: There are many like 华裔[1], like me in Argentina and a lot of them were discriminated against from a very young age. So they kind of still have that thing in their hearts, like and the thing (fighting against or changing the discrimination) is impossible to do something. Another reason is that people like in Argentina, they lost hope already, right? But since very young, I knew how to kind of defend myself. I don't feel there's gonna be a problem at all. I want to do something for my country in the near future, like something that has to do with bilateral relations in culture between China and

---

① 个别受访者在访谈中会混用中英文，为保证受访文本的完整性及真实性，作者保留了这种中英文混用的语句以呈现受访者表述的原貌。

Argentina. Well, everyone knows that China is having a very high position in international relations. I saw many possibilities to do that if I study international relations, diplomacy, and politics. And then we can go well for, let's say, ten years.

E3: Italy is a place for old people which means that there's no future and there's no work for young people. So when I'm in China I feel like I have much more chances to do what I want and what I like to do. And also there're always like people everywhere. So you can really get to know people and get to do new things and maybe have a better job and stuff. I wanna go to Hong Kong and try to work in the industry, like the film industry.

E4: When I was 14, I became very interested in China. And I'd always been watching Asian movies. I used to watch a lot of Hong Kong cinema and loved those movies. And I saw that the Chinese film industry was still relatively new, growing, a growing industry. I wanted to do something corresponding to film. So I want to go to China to study abroad. I didn't want to go to America since the American film industry was already very big, and it was hard to get into. So I thought maybe if I could, like, go to China and learn the ropes there. Then I would have a better opportunity of getting into the film industry. So that's what I started. And the West like, you know, big blockbuster action movies more. I feel like China has a bit more of a taste for martial arts movies. So I was actually intending on doing martial arts movies in Beijing.

E5: My major is International Business and I wanted to mix it with different languages. I had two options, Spanish or Chinese. And I thought Chinese was more interesting because a lot of people speak Spanish. And if you've got Latin America, you will see it is not growing and developing that fast. But Chinese is different. It is China's language. Because it is China! The Chinese economy is developing very fast with a vast potential market. I think learning Chinese is good for my future and career development.

E6: I chose Chinese because Australia has such strong business ties with China and we also have quite a large Chinese population in Australia, especially in my city, Brisbane. China has a really large population. My major is international business. So I thought it would be beneficial for me to go to the business if I can speak Chinese.

E7: I had one year in college to study abroad. It was pretty quick that I want to go to China. I've been already to some places in the world, but have never been to China. I wanted to go to a country where like it's really, um, yeah, everything is different. I consider China to be a country, from a cultural aspect, the one that's the most far away from our Western culture. So here I am.

E8: My passion for China started like, when I was 12, maybe, 11. In Italy, we have a lot of Chinese restaurants. I was immediately so passionate about Chinese culture, and I ask them, the 老板 of the restaurants, how was this and that. I have a lot of questions about China, Chinese lifestyle, Chinese philosophy, and Chinese ancient culture. So I was immediately, really keen on Chinese culture, everything, like philosophy and history. I think Italy and China are two parts of the universe because they both have a so long, long-time history, really, really long-time.

E9: I thought, let me try Chinese because I know that it's so important, globally and maybe there are gonna be like, more jobs opportunity, and whatever. So I started Chinese. And I had zero expectations. I had no idea what was gonna be like and I didn't know if I was gonna like it or not. But then like, after a couple of months in, I loved it so much. I fell in love completely, with the language, with the culture, everything, because obviously, we have to study, you know, history and art and literature and everything. And I was so in love, blown away, by how cool it was. For example, art and literature. I feel so close to them. I don't know why. The more I learned about it, like the more we analyzed paintings and poems, the more I can understand the relationship between man and nature. It was so beautiful and blew me away. And also I really love philosophy a lot. We always do that here, you know. As Greeks and Europeans like, we never really touched Chinese philosophy before going to university. I learned a lot in college. I love learning about it. I think it's such an important part of, you know, people's life and culture. So I never went back on that decision. That was the best decision that I've ever made. And I was really happy.

E10: I took lessons in Chinese literature and history in my undergraduate years. I fell in love with China immediately afterwards. I think there is a really strong culture in China. And history and literature. So there is profound culture. And the thinking of old China is also very interesting and very different from the Occidental. Yes. I found it interesting to do a comparison. I felt that since I had learned these, I needed to come to China so that I could better understand those things I had learned before.

E11: Gongfu and Jackie Chan was my first reason to learn Chinese. I was like "mom, when I grow up, I wanna go to China and I wanna shoot movies with Jackie Chan." Then I also started to learn Kung Fu. We have a teacher. He is Chinese. And he started in the 少林 temple and then he came to Italy. He came to Europe first with other 师傅, and then one went to Poland and two came to Italy. And I was lucky because one of them was in my city. So it was like, yeah, I was lucky. I was not speaking to him in Chinese because he was speaking really good Italian. So I did not practice speaking Chinese with him.

E12: My keen interest in Chinese culture is related to my practice of martial arts. Before high school, I studied Mizongquan for five years. In my city, there is a Chinese Wushu Laoshi. I studied with him. It was then that I became interested in Chinese culture.

E13: When I knew that my university had this program so that I could go to, actually go to China. And I worked through my whole bachelor's degree was just basically working through managing to get it, you know, to get that scholarship to go to China. So I was number one in ranking because I worked my ass off just to be able to get it. I just, my whole bachelor was just trying to get to, to go to China basically.

E14: I think it was 2015 or 2016. I'm not pretty sure. I was in the Confucius Institute and they had a kind of announcement. It was like you can apply for a summer camp. They just put that information. So I send my document to apply but I didn't have any hope that I would get it. Then they approved that and went to the summer camp at Renmin University, which is very famous. We also received Chinese classes, but it was kind of relaxing for foreigners. I took a Chinese calligraphy class and that professor is pretty famous in China because I remember he had a TV show program in China that year. He took us to Hangzhou. It was the first time I travelled in China. He paid for our trip. A few months later, I applied for the summer camp at Peking University and then applied for the Confucius scholarship to study in Harbin. My major is international business. And I thought that learning one more language would be good for my future. The Confucius Institute had scholarships, so I grabbed that opportunity to come to Beijing.

E15: There is one Confucius Institute in my city, in Nice. And I took a class with them for a year, and then there was like a summer camp in Tianjin. I applied for it. It was my first time coming to China, in 2018. I stayed in Tianjin for two weeks. I thought it was gonna be boring at first because at that time I still preferred Japan. I went there before and had fun there. But actually, I found China was really different from Japan. Chinese people are more social than Japanese and warmer. I liked it very much. I enjoyed my time in China. And I found it very interesting. I also stayed three days in Beijing. And randomly during our stay in Beijing, we came to the university where I am studying. I like the buildings there. One year later, I came to this university to study.

E16: The reason for our moving back was mostly because of the 2008 economic crash, which meant that the economy where we were living was really bad. I'm still not that aware of what exactly was happening because my parents don't really want to talk about it. But the few times, they've told me that a lot of their friends and a lot of their co-workers were losing their jobs. And they felt like they weren't essential staff to the point. Well, they just didn't feel job secure, that much job security. So at some point, they started looking around in China to find a sort of backup plan if, if they did lose their jobs. So initially, my dad went back with my sister to look around. Eventually, he got a job offer from the university in Zhejiang. Three years later, my mom and I came back and now we are living in Hangzhou. I think they didn't exactly lose their jobs, but they had already reached a point where they just didn't like staying in the UK because a lot of their friends were in bad financial situations and they were homesick. And I guess they just felt it was time to move. I have been living in China for ten years and am used to Chinese culture. I will be homesick if I go to other countries for college. I don't want to be too far from my family.

E17: I was actually considering many places like Zhejiang because before I came to China once and I really like Hangzhou and those places. But since I was already chatting with my future husband. He was one of my language partners at first. But when we already had a quite close relationship, I got rid of other language partners by then. He was in Beijing and told me to study in Beijing. So he kind of was my reason to come to Beijing.

E18: We came to China once for an exchange and I had a Chinese friend in Beijing. She showed me all the places in Beijing and always taught me some Chinese expressions. I found it quite interesting. Then my friend started studying in the UK and I went to visit her and stayed with her for a week. She and her roommates started teaching me Chinese tones at that time. To be honest, Chinese sounds very mono-tone to lots of Western people. So I got the feeling of it is not a mono-tone language by spending time with my friend and her flatmates. I found it very interesting. Then I passed through London again to visit her, and she started teaching me again. It was December or January. She taught me expressions like Happy New Year. That's how I started learning Chinese. And this friend of mine used to say that I should go to China. Then I joined a language course and many Chinese friends I met there also said that I should go to China and to Beijing so that we could meet again. Then our school had an exchange program to Beijing, and I came.

E19: I was seventeen, and I finished high school. And my parents thought I was too young for me to start studying at university directly. So basically, we came up with some things that I could do. One of them was learning Chinese. And then we actually came to the conclusion that learning Chinese was a very good option. It's very interesting. I feel that is a very interesting language. My parents didn't want me to prepare for a possible job. They wanted me to grow personally. This is why they wanted me to go outside of the country for a year to do something else. So in the end they came to the conclusion that I came to China for one year of study abroad.

E20: I went to Finland for exchange study for one year. Since in Finland all the courses are free, I wanted to choose one more language. At first, I wanted to study Japanese, because that time I was interested in Japanese culture and everything. But this course I thought the time was not good for me. So there's a Chinese course, and I was watching a big Chinese TV drama, mostly the Taiwanese one, like 恶魔在身边. I like 杨丞琳 and her songs. I was thinking that I was studying Chinese, then why not try understanding the songs without subtitles? So I started to learn systematically like this. I posted on my social media account, saying I wanted to learn Chinese. Then I had some Chinese acquaintances. They helped me by giving me some good materials and gave me motivation. But when I came back to Poland, we didn't really have a nice Chinese course available, more like I thought it was some Chinese students randomly giving classes. So I join them. Mostly I studied by myself. I had many language partners online and one of them became my husband. I came to Beijing to study because of him.

E21: I came to Beijing mostly out of two concerns. The first one was financial concerns and the second one was like, the fear of homesickness. Financial concerns are pretty straightforward. We just couldn't afford for me to go to Europe or the US, it is just too expensive. And it was unlikely for me to consistently receive a scholarship. So we decided for me to apply to several universities in China and eventually landed in the one in Beijing.

E22: Originally, I wanted to study physics or math or informatics or something. After living in Taipei for half a year, I decided to study Chinese as my major. I wanted to do Chinese Studies. It's so much more interesting. And I am so much better at Chinese than physics. I went back to Germany and started my studies at Heidelberg University. I did two semesters and then on an exchange program for a year in Beijing. That's how I came here.

E23: If you read the text in Chinese and are not familiar with the characters, you cannot have guessed the meaning of it. It's just impossible. And the speaking part is really difficult because there are a lot of same tones and sounds. It's like a lot of different things. So you have to put this one in context. At first, I found it too difficult. So I wanted to come to China because I can only learn Chinese in China. When I first came to China, I found myself like all other international students and impossible to speak with people. It was pretty tough, really tough. But after a while, I kind of get used to it. I think I should continue learning Chinese because it's really interesting and I would like to take on this challenge.

E24: In my university, we have the required language which is English. It's also a foreign language for us. Then we have to choose a second language. I was like "okay, I'm gonna spend four years on my studies and I want to challenge myself", and Chinese is really challenging, so I decided. It's completely different from English and Russian, and I decided to go to China.

E25: For my exchange year where to go, it was pretty quick that I want to go to China as well to, um, challenge myself, because I've been already to some places in the world. China is a place I've never been to and I thought that this will be the most challenging for me. I can get off my comfort zone and this would be the best experience for me.

第五章 留学生在华社会网络 再生产及跨文化适应

　　在上一章的分析中，我们可以清楚地看到留学生在各种拉力与推力的复杂交互作用下生成来华留学动机，并在此过程中对在华跨文化经历投射了种种想象。在这些动机以及对应的想象中，来中国与中国人近距离地交往互动、了解中国人的观点、结交中国朋友、深入体验中国文化、进一步提升中文水平是受访留学生普遍的渴望。个体对迁移流动的种种想象"受到特定社会文化结构的影响并形塑其对自身、他者与地方的感知"，这些想象"不仅是其做出特定流动规划的基础，而且影响其流动实践、体验与轨迹"[①]。正是带着上述的流动想象，受访留学生在中国通过人际交往重新建立社会网络并对其进行再生产，而这种重构并再生产出来的社会网络又反过来影响这些旅居个体的跨文化适应。为了清晰地呈现这种互动关系，本章将就如下问题进行深入探讨：构成这些留学生在华社会网络的主要群体是哪些？形成这些网络的关键条件是什么？这些旅居个体凭借自己的社会网络如何展开跨文化交际？这些跨

---

① 王炳钰，陈敬复，吴思莹. 流动想象与学术移民：中国回流学者工作与生活研究 [J]. 广东社会科学，2020: 199–211.

文化交际对他们的跨文化适应有什么影响？我希望通过深入探讨，可以对受访留学生的在华跨文化经历进行一次高质量的深描。这些平均年龄为 23 岁的年轻人怀揣不同的愿景与想象来华实现留学梦。作为留学生，他们的日常生活主要围绕校园展开，因此发生在学校这个场景中的跨文化人际互动成了本研究深入探究这些旅居个体在华跨文化经历的一个重要切入点。我在进行半结构式访谈的过程中，对每一个受访者都提出同一个问题，即他们留学过程中社交圈的主要构成群体是哪些。分析发现，这些受访者的社会网络主要包含三个群体，呈现三种交往模式，即以中国同学为主的融入式跨文化交际、以留学生为主的疏离式跨文化交际以及横跨三个群体的混合式跨文化交际。接下来，我将就三种不同交际网络及其背后的成因进行深入分析。

一　以中国同学为主的融入式跨文化交际

　　与其他受访者相比，利奥和麦克这两位华裔各自的朋友圈都以中国学生为主。利奥作为第二代华人移民，从小就体会过当地弥漫的排外情绪。据他回忆，小时候在布宜诺斯艾利斯上学时，整个班就他一个华人，大部分阿根廷学生都不带他一起玩，这令他感到非常孤独。鉴于当地排外情绪带给孩子的不良影响，利奥的父母决定把他送回福建老家的爷爷身边，在那里上学。但当时的利奥中文不好，也不知道怎么跟其他中国同学沟通。他的父母出于对他的担心，又把他接回来，让他在阿根廷上学。再后来在利奥表姐的建议下，利奥的父母为儿子的未来着想，决定让利奥再度回到福建老家，在那里完成高中学业，并从那里直接报考中国的大学：

　　　　当时我在那边（布宜诺斯艾利斯）上小学的时候，整个班就我一个华人。然后就特别孤单，他们都在一起玩，就我一个坐在那边，只有少数几个男生会找我说话。后来我初中就在这边（福建老家）读书，跟我爷爷住在一起。可我那个时候母语还是西班牙语，从小其实家里很少讲中文，我小时候在阿根廷主要讲西班牙语，我那个时候中文不好。但回来念书不能讲西班牙语，如果要讲话就必须用中文，刚开始的时候我不知道怎么去跟中国的学生和老师交流。当时我上的公立学校，很多时候听不懂，只能回家问爷爷。我爷爷的文化水平比较高，他会讲西班牙语，我不知道怎么用中文表达的时候就用西班牙语跟他讲。我那个时候比较害羞内向，不敢跟人交流，就很害怕，有时候打电话跟我爸妈讲。他们就感觉我可能会害怕在中国读书，担心我在这边不习惯，就把我叫回去了。所以我初一和初二在中国念，初三回去。我表姐当时在中国读书，回阿根廷玩，然后跟我爸妈进行了一些关于我学习方面的交流。我表姐讲，可能对我来说以后来中国读书会更好一点。然后我家就定下来，我整个高中回中国读。（利奥）

高中三年的留学经历对利奥而言意义重大。他从初中那个害羞、内向、胆怯的孩子已经成长为一个成熟、自信、快乐的学生。利奥直言自己在高中的时候改变挺大。随着对中国的了解不断加深，利奥从最初的抗拒回国念书逐渐变得喜欢在这里念书，从最初的形单影只逐渐变得更加融入：

可能在上高中的几年，我对中国的认识进步了很多，知道了很多事情，就感觉更能融入中国大家庭里面。一些朋友跟我讲了，老师跟我讲了，就更多认识到这些，然后更加融入中国。因为我刚开始不是特别想回中国，感觉没有那种家的感觉，就很陌生的一个环境。刚开始我在中国没有朋友，就是自己玩，然后慢慢在初中认识一些人，沟通啊，讲话啊。但是后来又走，又去阿根廷，然后又回来上高中。高中的时候改变挺大的，就在高中，让我觉得中国其实更好，对我来说。（利奥）

当被问及为什么在高中阶段觉得中国更好时，利奥直言觉得中国的环境对他更为友好，更为接纳。这种友好和接纳与他在阿根廷的经历形成了强烈反差：

> 我在阿根廷跟同学沟通的时候，我愿意跟他们沟通，但是他们就是不愿意理我，只是听我讲，然后就走了。但在中国就是我们同学之间会越讲越热闹，越讲越好，然后一起出去。这种和同学之间的沟通，我觉得两边区别很大。我就感觉中国环境更好，因为这边的老师和同学都觉得我是中国人，没有说用外国人的身份对待我，不会排斥我。我跟同学就聊得很开心，很高兴，这个给我感觉就很好。慢慢地我变化挺大的，我从一开始不敢沟通，不敢讲话，到后来慢慢地去讲，不再害羞害怕。我高中的时候改变挺大的，这种改变给我感觉挺好的。我觉得中国更有家的感觉，就是别人对我的那种态度让我这么觉得。（利奥）

除了被接纳的感觉以及对中国的了解增多，中文水平的提高也是利奥在中国收获强烈归属感的关键所在：

> 我觉得中文好是一个特别重要的因素。我念高中的时候，中文水平有很大的提升。之前我在阿根廷有读那边的中文学校，会学习中文，尤其是拼音什么的，那个时候就有提高。回来之后慢慢讲话、沟通、学习，就进步很大。因为我本身是华裔嘛，本来就是中国人，不是外国人，中文学习就还挺快的，家里亲戚朋友会讲，练习的机会更多。（利奥）

阿根廷社会对华人移民的排斥以及中国社交环境给予的包容与接纳直接影响了利奥的身份认同。虽然在阿根廷出生、长大，但所谓的阿根廷国籍对利奥及其父母而言只是一个身份而已。他在父母眼中一直都是一个中国孩子，外国人这个标签与他从无关联。这种潜移默化的影响在利奥的自我表述中可见一斑，比如他觉得自己是华裔，"本来就是中国人不是外国人"，讲述阿根廷的时候有时的动词选择是"去（阿根廷）"而不是"回（阿根廷）"。利奥高中阶段对中国认同感的增强以及融入感的加深更是进一步强化了他的中国人身份，因此他觉得自己与中国籍同学的交往既不存在文化距离，也不存在心理距离。除了获得良好的高等教育资源，利奥还希望通过在中国念大学多结交朋友。这种内在的中国身份认同有时候也会在不经意间影响利奥对其他留学生的认知：

> 之后来这边（所在的大学）看到外国人会直接说他们是外国人。我知道我自己也是外国人，但习惯性地会说他们是外国人，外国人真的怎样怎样。就这样子习惯性讲外国人。我的一个华裔同学有一次跟我讲"你不也是外国人嘛"。然后我才意识到"哦，我们其实是自己人，因为我也是外国人"。所以从国籍来说，我是外国人。但我们讲外国人的时候，不仅仅是国籍的问题，还会有一个文化的问题。文化上说，我还是中国人。（利奥）

身份具有流动性和情境性。正如利奥上方所述，他既是外国人，也是中国人，这个身份界定完全取决于划定群组的坐标系是国籍还是文化。虽然利奥很清楚按国籍划分的话，他与其他留学生才互为内群体成员；但很明显，他在情感上更遵从自己的文化属性，更认可自己是中国学生这个群体的一分子，同时也下意识地把其他留学生视为自己的外群体成员，称之为"外国人"。据利奥的描述，他与其他留学生的交往相对疏离一些，而这种疏离主要归因于彼此语言、生活方式以及学习节奏的不同：

> 我跟系里的其他留学生玩得一般，就是一般说话聊天，玩得不是特别好，因为语言是一个问题。我们班有的不会英语，有的不会中文，很难用第三种语言去交流，所以说见面就点个头、打个招呼之类的，就是没有怎么去交流，而且也没有强烈的欲望去跟他们做朋友，不会特别想去跟他们沟通，就这样子。

但是我会跟说英语的国际同学或者中文比较好的留学生交流。
但整体来说，我不喜欢很多留学生的生活方式，他们太吵了。
我跟麦克可以一起玩，但他的课程表跟我的有时间冲突，比如
我有课他没课，或者他有课我没课，所以我们只能周末在一起玩。
（利奥）

基于海外旅居经历和在华留学体验而形成的"中国人"身份促
成了利奥在大学期间与中国同学的亲密互动，而相同的兴趣爱好则
为这种互动的实现提供了时间保障。在利奥看来，与中国同学的互
动让他感到舒心，因此他更愿意花时间融入其中。这种舒心感和融
入感对利奥未来的人生规划产生了直接的影响：

> 我现在的话就是跟中国学生应该玩得比较好，因为我加了
> 篮球队，然后就交流很多，我们就认识了。福建那边有我很多
> 高中同学，我们一直保持联系，保持得挺好。我现在整体来说
> 更喜欢跟中国人去交流，去玩，然后慢慢地习惯融入这个环境
> 氛围里面，所以感觉到在中国更舒服。如果我现在回到阿根廷
> 的话，就是朋友也变少了，交流也变少了，因为和朋友就没有
> 怎么联系了，跟在那边的同学都没什么联系，到那边可能更陌
> 生。虽然说会跟他们沟通，但我还是比较愿意待在家里不出门。
> 就感觉在中国的话就是哪里都可以走走，因为我感觉自己更愿
> 意在中国生活，跟中国人在一起我觉得更舒服一点。（利奥）

麦克的经历在某种程度上是利奥上述经历的加强版。麦克还在
襁褓之中的时候被父亲送回中国，交给外婆和小姨抚养，直至他初
中毕业。在这些日子里，麦克的生活与其他中国孩子并无太大差别，
他能说一口流利的北京话，一直在北京的公立学校念书。因此，麦
克与中国同学的交流不存在任何障碍，对中国社会和文化也有更为
深刻具体的认识。麦克与其他中国孩子最大的不同就是国籍。他虽
然在中国长大，但一直都是以留学生的身份在北京念书，后来在母

亲的强烈干预下选择保留美国国籍，并返回美国完成高中学业。但
母亲后来冒进的投资计划使得全家经济状况一度急转直下。无奈之
下，麦克孤身一人寄居在继父哥哥的家里，并靠暑假打黑工来维持
自己的生计。在异国他乡寄人篱下的艰难，加之对国内亲人的思念，
使得四年的赴美岁月成了麦克脑海中最灰暗的回忆。高中毕业的麦
克并没有立刻报考大学，而是在一家国际幼儿园做了一年的英语外
教。这一年的工作经历让麦克明白了学历的重要性：

> 我高中毕业回来暂时没有上学。我找了一份外教的工作，
> 在北京的一家国际幼儿园。我的底薪开的是一个月五千，但同
> 级别一个巴基斯坦人拿一万。而且俄罗斯人、乌克兰人工资都
> 比我高，因为很多家长不懂，他们自己不会说英文，但就觉得
> 教外语的必须是外国人。我在那个工作之前面试了很多地方，
> 试讲之后他们都说挺不错，但就是不用我，因为我的长相不是
> 外国人，就有人跟我说家长不吃这一套。后来我辞职了，我来
> 上大学就是因为觉得我不能这么过一辈子。这么下去我吃亏。
> 我要上学，我要改变。（麦克）

带着改变命运的决心，麦克开始了自己的大学生活。在中美两
种文化中生活的经历让他看待事情可以兼具两种不同的视角，而且
自小在中国长大又让他发自内心地拥抱自己中国人的身份。麦克直
言自己与其他中国人没有什么区别，所谓的美国国籍不过是父母强
行赋予他的一个身份而已。基于相似性，麦克平时多与中国学生交
往。同时，在价值观上的分歧也令麦克无法忍受身边的一些留学生，
因而把他们视为自己的外群体：

> 我对中国太熟了，而且我从小就说北京话，我从小就觉得
> 自己跟其他中国人没有区别。所以我在中国这边平时主要就是
> 跟中国学生玩。留学生那边就跟利奥熟。平时不太跟其他留学
> 生一起玩，我感觉我跟他们不是一个画风的，格格不入。他们

总是抱怨留学遇到的各种事情，这也不好，那也不好，我特别受不了，觉得他们特没文化。比如学校的安全检查，我觉得很有必要。管理人员不是为了进来看你的隐私，人家只是为了看屋里有没有什么安全隐患。但有人就抱怨，觉得自己的隐私没有得到尊重。我觉得他们太把自己当回事儿了。我跟他们交流的时候，有时候觉得他们觉得自己高人一等。而且他们有的人学习根本不够努力，挺混的。我跟他们不是一类人。（麦克）

二　以留学生为主的疏离式跨文化交际

　　研究中浮现出来的第二种跨文化交际网络主要集中在留学生之间。出于种种原因，不少受访留学生在中国念书期间的社交圈主要局限在留学生这个圈层。这个圈层因何形成？形成的过程是什么？影响这个形成过程的主要因素是什么？形成过程与留学生的留学动机是什么关系？这些问题将在随后展开的叙述中找到答案。留学生在目前的相关文献中多被概括为一个高度同质化的群体，其中国籍、民族、性别以及社会阶层等诸多因素带来的影响往往消失于无形①。在实际的留学生活中，留学生这个群体也可根据国籍、文化体系、语言以及兴趣爱好划分为不同的群体，形成不同的圈层。根据受访留学生的讲述，他们在留学的过程中粗略地把留学生群体按国籍分为两类：国籍相同的同胞群体以及国籍不同的其他留学同伴群体。在内因和外因的共同作用下，这些受访者的在华人际交往呈现为以留学生为主的疏离式跨文化交际，并在此基础上划分出三种不同类

---

① JING X, GHOSH R, SUN Z, et al. Mapping global research related to international students: A scientometric review[J]. Higher Education, 2020, 80: 415-433. 其他文献详见：WEI H. An empirical study on the determinants of international student mobility: A global perspective[J]. Higher Education, 2013, 66: 105-122；YU B, DOWNING K. Determinants of international students' adaptation: Examining effects of integrative motivation, instrumental motivation and second language proficiency[J]. Educational Studies, 2012, 38: 457-471；李春雨. 北京文化的异域审视——针对在京留学生群体的考察. 北京师范大学学报（社会科学版），2006(6): 122-126；张世蓉，王美娟. 高校留学生文化身份认同研究[J]. 海外英语，2018: 175-178+180.

型：同胞优先的社交模式、主要与其他留学同伴交往的类型以及与同胞及其他留学同伴均有交往的类型。这三种交往类型的形成均与留学生的来华留学动机密切相关。

首先，同胞优先的社交模式。值得一提的是，这个交往模式是我基于个别受访者的日常观察所提炼出来的一个类别，但所有受访者的跨文化交际均未呈现这个模式。这或许是因为符合该社交模式的留学生对跨文化交往并无兴趣，所以在滚雪球招募受访者的过程中即便看到招募启事，也不太可能与我联系。但考虑到以同胞为核心的社交模式在受访者讲述中有所浮现，而且符合相关情况的潜在受访者暂时缺失，我还是决定把这个社交模式呈现出来，略加讨论，希望为以后的研究提供有价值的研究方向。来自澳大利亚的玛丽在接受采访的时候提到，留学生这个群体内部也会分为很多小团体，有些小团体在留学期间就倾向于与自己的同胞待在一起：

> 我觉得中国学生非常好客，他们没有很多小团体。但在留学生这个群体中其实存在很多小团体。他们倾向于跟国籍相同的人一起玩，很少愿意走出去跟不同的人交流。我所在的小团体的成员都努力尝试与中国人交朋友。但我知道有些留学生群体根本不想彼此分开，他们只想跟自己的同胞玩。（玛丽，E1）

当被问及为何如此的时候，玛丽说初来乍到的陌生感以及中文能力的欠缺让这些留学生有很强的不适感。基于语言的相似性以及重叠的生活空间，留学生彼此之间很容易建立起熟悉感，这种熟悉感可以帮他们抵御跨文化迁徙带来的不适：

> 我们留学生彼此讲英文，大家交流起来比较容易，而且处境相似，彼此很容易理解对方。我们就经常待在一起，尤其是上课的时候。而且我们都住在同一个宿舍楼里，每天都会见面。住在一起，上同一门课，去的地方基本也一样。如果你每天都见到同一个人，你对那个人就会很熟悉，相处起来就会很舒适。

（玛丽，E2）

这种"抱团取暖"在安迪第一次来中国留学的时候表现得最为明显，但他自己并不喜欢：

> 我上个学期在这边参加交换项目，三个月。我在罗马的学校和中国的这所学校有合作。然后我在这边认识了一个留学生，他把我介绍到现在这个院系。之前交换的三个月，我跟一大群意大利学生一起来的，所以我们经常一起玩。但我一点都不喜欢那个样子，因为我想与来自世界不同地方的人交朋友，认识不同地方的文化。（安迪，E3）

与安迪相似，来自俄罗斯的凯特也不喜欢自己同胞那种抱团的交往方式，她把这种仅限同胞的交际模式归因于俄罗斯文化的特点：

> 我周围的俄罗斯学生对中国学生以及来自其他国家的学生没有抱着那种开放的心态。我觉得这可能是我们文化的原因。俄罗斯人更愿意跟本国人亲近。这一点上我有时候觉得自己不像俄罗斯人。我觉得我比其他俄罗斯人心态要包容开阔。我们其实有一个留学生的小组，大概15个人，我是里头唯一一个俄罗斯学生。其他俄罗斯学生不太愿意与来自不同文化背景的人交往，态度也不太乐观。我不想听到他们的抱怨。（凯特，E4）

如上所述，凯特与其他俄罗斯学生相比，对不同文化抱有更为强烈的兴趣，还曾经凭借出色的英语能力去美国怀俄明州交换学习了一年。到中国之后，凯特非常渴望深入体验中国文化，努力走出舒适圈。但是相对逊色的中文能力、在校外的居住空间以及孔子学院奖学金项目对应的课程设置都使得她与中国同学的交往面临诸多阻碍。在这样的情况下，凯特的朋友圈主要局限在留学生这个群体，尤其是与自己国籍不同的留学生：

  我是俄罗斯人，但我花了很多时间与其他国家的留学生相处。我大部分时间都是讲英语，我在中国说英语的时间比说中文或俄语的时间都多。我的英语更好一些，比中文要好。而且我住在校外，那个小区住的都是留学生，所以我的社交圈大多是留学生。就算上课，我是拿孔子学院奖学金来的，我们课上都是留学生，来自不同国家。我在这里认识了很多国际朋友。有时我们会一起出去，比如一起吃个饭。我们也会一起去参加一些旅行。比如一周以前，我们去长城露营。那里真的很不错。一共有10个国际学生参加,他们真的很可爱。大家一起露营过夜。再之前，还有一个在咖啡厅举办的语言活动。大家被分成不同的组，每个组都包括不同的语言，大家在一起用英语、中文还有其他语言交流，很愉快。我觉得学校为留学生组织的这些活动很好。（凯特，E5）

  安迪与凯特相似，对不同文化抱有浓厚的兴趣，因此他第一次来华交换的时候非常不喜欢意大利学生小团体内的抱团行为。在他第二次来北京做交换生的时候，安迪有了更多的机会与时间去结交从不同国家来华留学的国际朋友：

  我周围的国际朋友来自很多不同的国家。我们晚上经常聚在学校的一个池塘旁边，喝啤酒，聊天。但不会玩到很晚，因为我们第二天都要上课，哈哈哈。周末的时候我们一起从学校出发出去玩。但我很少会跟其他欧洲留学生一起出去玩，因为欧洲这些国家之间存在很多竞争，而且还有偏见。比如我们意大利人对德国人就有很多偏见，他们对我们也是。（安迪，E6）

  对不同文化的好奇与渴望也是萨拉经常与其他留学生一起活动的重要原因。萨拉是通过自己学校的交换项目来华留学的，与她同来的还有31名意大利同学。萨拉作为班长，平时主要负责协调同班

同学与中方项目负责老师之间的日常沟通。在萨拉看来，班上很多
意大利同学太喜欢抱怨，完全不懂得站在老师的角度看待问题。而
她之前在意大利的时候，就经常负责学生和老师之间的沟通，因此
她觉得那些抱怨的同学太拘泥于自己的感受，不懂得体谅中方老师
的辛苦。这种成长经验带来的差异使得萨拉在学习和工作之余不太
愿意花更多的时间与这些意大利同学相处。相比之下，她更喜欢与
来自不同国家的留学生交朋友：

> 我们刚来的时候，很多同学不习惯，就各种抱怨，可能是
> 因为我们意大利人比较懒，而且我们喜欢抱怨，哈哈哈。我是
> 班长，我负责收集同学的意见反馈给中国这边的老师。但我觉
> 得可以等等看，所以我劝大家先适应一个月，之后一定会习惯
> 这边的生活。但没人听我的。我平时基本不太跟意大利同学一
> 起玩，因为我想认识不同的朋友。我跟（中国）学校里的留学
> 生关系挺好的，我交了很多朋友。留学生圈子很小，因为毕竟
> 人数不多。跟他们交朋友挺酷的，我可以同时了解来自世界各
> 地的不同文化，特别有趣。（萨拉，E7）

留学生这种主要与其他留学同伴交往的类型在现有文献中并未
得到充分的关注，究其原因主要在于相关研究深受二元文化主义的影
响，很难跳出"留学生同胞群体"和"东道国学生群体"这个二元对立、
非此即彼的思维模式去全面探究留学生的跨文化人际交往 ①。虽然来
自同一个国家的留学生互为内群体成员，存在天然的交往优势，但
国籍的相同并不能完全抵消个人差异带来的交往不顺畅。如上所述，
安迪、凯特和萨拉相比自己的同胞，对不同文化抱有更大的热情、
更浓厚的兴趣，因此非常希望可以利用来华留学的机会好好体验一

---

① LIU Y, DONG Y. Shared experiences and resilience of cultural heritage: Chinese students' social
interaction with non-host-nationals in the United States[J]. Journal of International Students, 2019, 9:
112-129. 其他文献详见：贾文山，刘杨. 跨文化传播的诠释学视角 ——以中国语境为例 [J]. 西安交通大
学学报（社会科学版），2018, 38: 123-129；克莱默，刘杨. 全球化语境下的跨文化传播 [M]. 北京：
清华大学出版社，2015.

下不同的文化。同时，他们与自己本国同学在一些观念上的不合也进一步促使他们迈出舒适圈，与来自不同国家的留学生展开跨文化互动。当留学生与自己的同胞之间并不存在太多分歧的时候，他们的交往则呈现出第三种模式，即同时包含本国学生以及其他国家留学生在内的社会互动。参与本研究的大多数留学生均表示，他们与其他留学生的日常交往是自己在华生活的重要组成部分。这种以留学生为主的在华社会网络的形成既是这些旅居个体的主动选择，也是他们囿于客观环境的无奈之为。来华留学生这个共同的身份是连接这些旅居个体并促使其彼此开展亲密互动的关键所在 ①。正是基于共同的身份，这些留学生更容易理解彼此的经历和处境，找到共同的话题，获取彼此的信任，寻求到更有针对性的帮助与支持，并在此基础上逐渐凝聚成牢靠稳固的"留学生群体亚文化圈" ②。这种相似或相同的经历被艾米莉和玛丽形容为 on the same boat：

> 我平时的社交圈主要是留学生，尤其是西方国家的留学生，因为我们有很多相似点，这些相似点把我们联系在一起，我们的处境都是一样的（We are all on the same boat）。（艾米莉，E8）
>
> 留学生这个群体呢，如果说到大家在中国学习的经历，那么我们的处境都是一样的（We are on the same boat）。所以我们平时联系得更多，交往得更多。（玛丽，E9）

当被问及是何种相似或相同经历的时候，受访留学生给出四个维度，即文化背景、交流语言、生活方式以及兴趣爱好。斯诺认为留学生之间的幽默感和价值观更为相似，而且大家使用同一种语言，更容易深入交流，相处起来也更为轻松。玛丽将这种语言相通带来的沟通形容为"smooth（顺畅沟通之意）"。这里需要指出的是，受访留学生所强调的语言相通多指英语语言能力。虽然约翰作为阿

---

① LEE K H. "I Post, therefore I Become #cosmopolitan": The materiality of online representations of study abroad in China[J]. Population, Space and Place, 2020, 26: e2297. 其他文献详见：马佳妮. 留学中国——来华留学生就读经验的质性研究 [M]. 北京：社会科学文献出版社，2020.

② 马佳妮. 留学中国——来华留学生就读经验的质性研究 [M]. 北京：社会科学文献出版社，2020.

根廷华裔会说西班牙语和中文，但他也承认自己流利的英语是他与
来自其他国家的留学生交朋友的重要载体。由于参与本研究的受访
者大多来自欧美国家，英语在留学生群体亚文化圈中所起到的沟通
桥梁作用更是显著。除了文化背景和交流语言两个维度上的相似或
相同之处，留学生相近的兴趣爱好以及生活方式也是他们更容易彼
此倚赖的重要原因之一。卡森带着对中国文化的浓厚兴趣来北京留
学，因此他在课余时间喜欢与其他留学生一起打卡北京的大街小巷。
与卡森类似，凯特也经常加入学校为留学生举办的短途旅行活动，
与其他留学生一起领略北京的名胜古迹。此外，热衷聚会、喜欢聊天、
爱好啤酒等西方年轻人所青睐的生活方式也将这些受访留学生凝聚
在一起。正如玛丽所说，留学生之间常见的社交方式就是小酌几杯，
大家一般在户外找一个地方或去酒吧，通过喝酒谈天的方式加深对
彼此的了解，这种社交方式在西方年轻人中间非常流行。最后，同
在异乡为异客的感受也是这些本来不相识的年轻人迅速、牢固地连
接在一起的关键所在 ①。正如卡森所说，留学生身上有很多相同点，
大家都是在一个全新的文化环境中重新开始，努力从每天的挑战中
坚持下来，所以不需要说太多，就可以迅速明白彼此的处境、面临
的困难以及文化差异带来的冲击。在这样的情况下，来华留学生成
了一个承载信任感、归属感和认同感的群体标签。正如约翰所说，
他与自己的三位好友同为留学生，经历相似，爱好相似，大家彼此
信任，关系非常牢靠。斯诺则把自己所在的留学生群体形容为家人
一般的存在。最终，留学生这个共同身份使得这些旅居个体更容易
成为彼此的情绪安全阀和智囊团 ②。根据受访留学生的描述，当他们
需要情感支持、学习资讯、在华生活须知及其他具体建议的时候，
他们通常向其他留学生（尤其是留学时间更久的那些同伴）寻求帮助，

---

① LIU Y, DONG Y. Shared experiences and resilience of cultural heritage: Chinese students' social interaction with non-host-nationals in the United States[J]. Journal of International Students, 2019, 9: 112-129.

② LIU Y, DONG Y. Shared experiences and resilience of cultural heritage: Chinese students' social interaction with non-host-nationals in the United States[J]. Journal of International Students, 2019, 9: 112-129. 其他文献详见：马佳妮. 留学中国——来华留学生就读经验的质性研究 [M]. 北京：社会科学文献出版社，2020.

因为后者基于相同的经历以及更丰富的在华生活经验，通常可以为前者提供他们急需的、精准有效的帮助和指导。

这里值得注意的一点是，在留学生强调基于共同身份而形成亚文化圈的同时，他们也面临这个圈层与中国学生所在圈层由缺乏共同的价值观、语言、兴趣和经历造成的隔阂。虽然卡森对中国文化极感兴趣，但中国文化体系中对面子的独特理解令其一直感到困扰。在这种情况下，卡森与中国老师及同学交往的时候总是倍加小心，生怕令对方没有面子。这种小心翼翼与卡森和其他留学生的轻松交往形成对比，久而久之，他更愿意花更多时间与其他留学生相处。此外，中外对语言伙伴这种学习形式的不同理解也是造成受访者与中国学生跨文化沟通不畅的一个原因。对于很多中国学生而言，寻找留学生作为语言伙伴定期练习是一种常见的外语学习方法。但这种以语言技能提升为目的的相处模式却没有得到一些留学生的认同，究其原因是后者更看重自然展开的人际交往，希望从中可以建立友谊，而非仅仅停留在语言练习这个层面。安迪直言他不喜欢语言伙伴这种形式，因为这种交往模式令他觉得个体在互动过程中没有得到足够的重视。安迪希望对方把他当成一个有趣的、值得交往的个体，然后就像中国同学之间交朋友那样自然相处。但语言伙伴这种形式得到了凯特的青睐。她迫切地想通过与中国同学结伴练习来提高自己的中文水平，可她中文能力的薄弱使得她与中国语言伙伴的交谈无法顺利开展。在这种情况下，凯特与这个中国同学之间的互动总以俄语进行。虽然凯特非常喜欢这个语言伙伴，但她也直言自己没有太多的机会锻炼中文，最终这个交往不了了之。此外，中外学生截然不同的社交模式和个人爱好也使得这两个群体很难建立长久的互动。例如，玛丽指出留学生所喜欢的小酌文化在中国同学那里并不常见，而且大家喜欢的课外活动也不尽相同。这就使得她与中国同学很难找到共同的机会建立深入的联系。除此之外，玛丽还强调，中国同学很难了解留学生在中国念书是一种什么样的经历，因此对她们所面临的种种情况也很难想象。这种共同经历的缺乏使得中国同学很难承担起留学生情绪安全阀和智囊团的角色，最终也降低了两个群体之间深入展开跨文化交际的可能性。

　　除了上述的主观因素，群组互动融合所需的客观环境的缺失也进一步阻碍了一些受访留学生与中国民众的互动，从而加固了留学生群体亚文化圈的外围边界，使得这些旅居个体无法踏出这个圈子。根据一些受访留学生的自述，他们并非不愿意与中国学生展开跨文化互动，而是他们从教学安排到住宿环境都缺乏与中国学生在物理空间上的交集。正如在第二章中提到的那样，目前很多中国高校的来华留学生教育管理还在沿用以前"分而治之"的管理办法，其结果是留学生在课堂教学、课程设置和学生管理制度等多个方面都与中国学生隔而不融[1]。这种差异化管理将留学生与中国学生分置在两个几乎没有交集的物理空间，不利于他们之间开展深层次的跨文化交流。以凯特为例，她非常渴望深入中国社会，结交中国朋友。但凯特在入学的时候被告知校内留学生宿舍已经住满了，她只能住到校外的一个留学生小区。在那个小区里，凯特基本没有机会遇到中国同学。此外，凯特依靠孔子学院奖学金来华留学，因此必须遵守奖学金相关的要求，在中文学院学习。但中文学院作为一个主要接收留学生的院系，无法给凯特提供充足的机会，以令她可以与中国学生产生交集。凯特试图通过去其他学院修课来创造与中国学生同班上课的机会，但这些课程需要她另外缴纳学费，因为她的奖学金只能用于免除她在中文学院学习的费用。迫于经济压力，凯特放弃了自费去外系修课，同时也放弃了通过修课认识中国同学的机会。这些留学生的课程及住宿都是与其他留学生一起的、统一安排的。正如玛丽在上文所说，留学生上课的时候在一起，下课回宿舍也在一起，每天都会见面。这种日常生活中物理空间的重叠使得留学生之间很容易产生熟悉感与信任感。但留学生与中国学生物理空间重叠的缺失进一步限制了一些受访留学生与中国民众的交往，使得他们无法突破留学生这个亚文化圈，与周围的中国同学建立深

---

[1] 丁笑炳. 高校来华留学生支持服务满意度调查与思考——基于上海高校的数据 [J]. 高校教育管理，2018，12: 115-124. 其他文献详见：马彬彬，李祖超. 高校来华留学生"趋同管理"培养模式探析 [J]. 黑龙江高教研究，2021，39: 62-65；叶荔辉. 隐性教育中的群际融合路径研究——基于545名来华留学生的质性访谈和实证研究 [J]. 思想教育研究，2020: 14-19.

厚的友谊。

三　横跨三个群体的混合式跨文化交际

国内有不少学者提出来华留学生的管理、服务与教育教学可与本国学生趋于一致，这种趋同化管理模式在实践中已被证明有助于来华留学生的跨文化适应①。具体而言，趋同化管理是指"外国留学生的教育管理采取与本国学生相似或相近的标准和机制来统一规范并进行教育培养，目的是让留学生在校园内外享受与本国学生同等的'国民待遇'，最终达到培养模式与管理方式的趋同"②。在众多实现趋同化管理的方式中，打造中外学生同吃、同住、同学习的沉浸式跨文化交流环境是促进文化融合、实现有效跨文化互动、增进跨文化对话的有效举措③。这种从机制层面为中外学生创造交流空间的做法为这些年轻人建立跨文化友谊奠定了物质基础。来自哥斯达黎加的保罗在北京一所学校攻读商科硕士学位，他平时有不少课程需要与中国同学混班上课，因此有机会与中国同学建立日常联系：

> 我跟中国同学在一起上课。我们花很多时间在一起。有时候会一起吃饭或一起在图书馆学习。这样特别好。因为我可以更多地了解中国文化，而且可以就一些想法跟他们交流，因为大家在一起学习嘛。我最好的朋友就是一个中国学生。有一年我俩选的课都一样，而且小组讨论总分在一组，就这样成了朋友。她教了我很多，中国的一些事情，中国的文化，她人非常好。

---

① WEN W, HU D, HAO J. International students' experiences in China: Does the planned reverse mobility work? [J]International Journal of Educational Development, 2018, 61: 204-212. 其他文献详见：刘鑫鑫，钱婷. 从文化冲突到文化融合：高校国际学生趋同化管理的策略研究 [J]. 北京教育（高教），2020: 43-45；马彬彬，李祖超. 高校来华留学生"趋同管理"培养模式探析 [J]. 黑龙江高教研究，2021, 39: 62-65；张静. 来华留学生趋同化管理的现实意义与推进策略 [J]. 中国高等教育，2020: 55-56；张静. 高校国际学生管理趋同化的思考与建议 [J]. 高等工程教育研究，2021: 122-127.

② 马彬彬，李祖超. 高校来华留学生"趋同管理"培养模式探析 [J]. 黑龙江高教研究，2021, 39: 62-65.

③ 刘鑫鑫，钱婷. 从文化冲突到文化融合：高校国际学生趋同化管理的策略研究 [J]. 北京教育（高教），2020: 43-45.

我们小组要一起学习的时候，大家就相互陪伴。这种陪伴挺好的。
（保罗，E10）

从保罗的叙述中我们不难看出，正是与中国同学同班学习的机会使得他可以在日常学习的过程中逐渐与这些同学相熟，并在一起写作业、完成课程考核的过程中加深彼此的认识，交换观点，自然而然地建立起友谊。这种跨越社会群组边界进行的互动合作已被证明可以极大地促进跨文化对话，降低群体之间的偏见，促进不同群体的融合①。与保罗类似，来自意大利的斯诺也是借助制度层面的趋同化管理模式结识了自己的中国好友的。斯诺来北京留学之前，曾经去西北一所高校交换半年，在那里学习中文。对方学校不仅给每一位来交换的留学生都联系了一位中国语言伙伴，还组织了留学生与中国学生一起参加的才艺比赛。斯诺借助这两个机会，结识了自己的中国好友，并与其中一位一直保持联系。后来在北京留学的时候，斯诺得到了"汉语桥"奖学金的资助，因此可以申请加入中国学生的项目，接受全中文的教学。虽然独自在全中文的环境中学习令斯诺感到有点孤独，但她还是非常开心可以有这个沉浸式的机会深入学习中文，接触中国同学，最终收获了另外一段跨文化友谊：

　　我第一次来中国是 2015 年，我去了陕西一个学校待了半年。我们刚到学校的第一天，那个学校就帮每个留学生联系了一个中国同学，让我们可以结伴四处游览。我的语言伙伴是个中国女生，她特别好，我们就成了朋友。你要知道，第一天到了那里就可以认识当地的同学，特别好，就觉得，"哇，我们是朋友啊！"当时学校还组织了一个才艺比赛，中国学生和留学生

---

① GAERTNER S L, DOVIDIO J F, RUST M C, et al. Reducing intergroup bias: Elements of intergroup cooperation[J]. Journal of Personality and Social Psychology, 1999, 76: 388-402. 其他文献详见：GAERTNER S L, MANN J A, DOVIDIO J F, et al. How does cooperation reduce intergroup bias? [J] Journal of Personality and Social Psychology, 1990, 59: 692-704；刘鑫鑫，钱婷. 从文化冲突到文化融合：高校国际学生趋同化管理的策略研究 [J]. 北京教育（高教），2020: 43-45；张静. 来华留学生趋同化管理的现实意义与推进策略 [J]. 中国高等教育，2020: 55-56；张静. 高校国际学生管理趋同化的思考与建议 [J]. 高等工程教育研究，2021: 122-127.

都可以报名参加。虽然那个时候我的中文不好，但同一个活动可以把大家聚在一起，所以我通过那个比赛就认识了很多中国同学。其中一个中国同学是学意大利语的，我们成了很好的朋友，现在也是，经常联系，我们在一起讲意大利语、中文和英语。我现在读书的这个项目是中国学生的项目，我是唯一一个留学生，因为我有"汉语桥"奖学金的资助，所以我可以申请去中国学生的项目。虽然有点孤独，但我想来中国念书，我想跟中国同学一起上课，这是我的一个梦想，所以我觉得值得。我在这里认识了另外一个中国好朋友，她是一个眼界开阔、思想开明的女生，我们经常在一起聊天。（斯诺，E11）

除了学校层面践行的趋同化管理模式，留学生也会通过学生会这种组织形式为自己创造接触中国民众的机会。雅各布所在的院系有留学生自发组织的学生会。在这里工作的留学生致力于为来华留学生提供深度了解中国社会、参与跨文化交流的机会，因此设立了一个寄宿家庭项目。希望与中国家庭建立联系、定期互动的留学生可以通过学生会与符合条件的中国家庭取得联系，双方可以本着自愿协商的原则定期见面聚会。雅各布在北京进行短期交流的时候，就通过学生会认识了自己的寄宿家庭，并与他们保持着良好的关系：

这里的学生会会提供寄宿家庭的联系方式，帮助留学生开展跨文化交际。我就申请了一个寄宿家庭，我很喜欢他们，他们也很喜欢我。我们彼此都很清楚双方很想开展跨文化交流。我跟他们说英文，尤其是跟孩子。孩子们很喜欢我，他们也想跟着我学习英文。我就带着他们各种玩，在玩的过程中练习英文。孩子的妈妈也很认可我的这种做法。我跟这家人相处得非常愉快，我们一起去公园，一起去参观宝马店，一起包饺子和讨论各种话题。（雅各布，E12）

在校园之外，共同的工作场所也为留学生与中国民众开展跨文化交际提供了便利条件。沐沐在念博士之前曾经在一个公司工作了三年。那个公司既有中国员工，也有沐沐这样的外国员工。员工从空间来说不分彼此，共用同一个办公室。共同的物理空间以及工作目标极大促进了中外员工之间的跨文化沟通。沐沐与一个中国同事相处融洽，成了好朋友：

> 我最亲近的中国朋友就是我的同事。我们在办公室一起工作了三年，成了很好的朋友。平时我们相互推荐好看的电影、好看的衣服。我如果对什么事情感到很生气，或者如果我跟我老公吵架了，我就会跟她抱怨，跟她说。（沐沐，E13）

除了共同工作，亲密关系的建立也是促成深度跨文化交往的重要原因之一。小夏对中国音乐，尤其是中国民谣的喜爱主要源于曾经的一段跨国恋情。小夏在大学二年级和三年级的时候先后两次去大连一所高校学习中文，每次都是作为交换生学习一个学期。在第二次远赴大连学习的过程中，小夏喜欢上一个中国姑娘。这个中国姑娘很喜欢民谣，喜欢赵雷，所以小夏爱屋及乌，跟着她开始听中国民谣，并从那个时候开始唱中国民谣。这个爱好一直延续至今，并为他之后的一段跨文化友谊埋下了伏笔。保罗在与中国女友交往的过程中亲身体会到中国人"讷于言而敏于行"的特点，而沐沐则是在与中国丈夫的相处中加深了对中国传统文化的理解，并希望在日常生活中可以很好地保留这些传统：

> 我女朋友从来没有说过"我爱你"，她从来没有说过那种话，但她会做一些事情来让你感受到这一点。但作为外国人，我们总是说，"我想你，我爱你"。比如我给我妈妈打电话，我就会这么表达，当然我妈妈也会为我做很多事情。但中国人这方面的语言表达很少，从来不说，看起来很冷淡，但他们会做，他们会用行动来表达。（保罗，E14）
>
> 我非常喜欢风俗传统。我喜欢波兰的，也喜欢中国的。现

在每次中秋节，我就确保我们家一定要吃月饼。我老公以及很多中国朋友都觉得没有这个必要，只是个形式。但我就会说我们必须吃月饼，因为是中秋节，你不可能不吃这个。我觉得这些风俗传统非常好。其实过节不是为了吃。如果不庆祝的话，时间长了大家就逐渐淡忘这些节日的意义了。而且过春节的时候我会跟我老公回他的老家，我觉得这是一件很有意义的事情，因为我们回去的话，他的家人会非常高兴。（沐沐，E15）

如果说学校、学生会、工作环境和亲密关系提供了跨文化互动所需的制度性保障，那么留学生自己想办法结识中国民众则是个体作为行动主体积极努力拓展跨文化交际圈的最佳体现。通过梳理受访留学生的故事，我发现个体上述行动能力的充分体现需要两个关键要素的配合。一个是存在连接留学生与中国民众的行动主体。除了依靠学生会寻找寄宿家庭，雅各布还积极地通过中国老师获得接触中国同学的机会：

当时教我们的一个老师说"我有这么多德国学生，同时我还要教另外一个班的中国学生怎么说德语"。我们听到了就说，"那就介绍我们认识吧"。我当时就建了一个微信群，跟老师说可以把中国同学介绍到这个群里，然后我们一起做事情。后来我们就在那个群里自己联系语言伙伴。如果有好玩的活动想邀请中外同学一起参与，我们也会在里头告诉大家。（雅各布，E16）

乔纳森的故事与雅各布略有不同，连接他与中国朋友的行动主体不是中国老师，而是拥有一半中国血统的留学生。乔纳森的多元文化背景（父亲来自英国，母亲来自塞尔维亚）使之成为一个承载国际化具象的个体。这种国际化具象又进一步拉近了乔纳森与其他拥有相似国际化经历的留学生之间的距离。据乔纳森的描述，平日与他交往密切的都是留学生，而且都是拥有国际化经历或多元文化背景的留学生，其中大多拥有一位来自中国的父亲或母亲。这样的交往不仅使乔纳森可以在语言相同、沟通顺畅、兴趣相似的前提下了解中国人的视角，同时也可以在这些双语留学生的帮助下提升自己的中文水平。此外，他还通过这些中外文化之间的"中间人"，突破分班上课带来的不便，与中国学生建立联系、发展友谊：

> 我虽然没有跟中国学生一起上课，但我仍然可以通过其他方式与他们建立联系。我的好朋友来自不同地方，或者在不同地方生活过，但他们的爸爸或妈妈是中国人，他们可以说流利的英文。他们有的参加国际项目，有的跟中国学生一起上课，参加中国项目。因为他们有一半中国血统，本来就对中国文化、中国的思维方式有很多了解。同时他们又有国际化教育的背景，也会理解西方的思维方式。这种组合非常有趣，我可以与这些同时具备两种视角的人开展真正的对话。而且他们有时会教我中文。比如外出吃饭时，他们就会纠正我的中文，教我怎么跟餐厅工作人员以及其他人交流。我通过其中一个朋友认识了其他几个中国学生。我经常跟着这个朋友去找其他几个中国学生玩，大家一起打麻将，慢慢地就跟这几个中国学生熟悉了，然后就成了很好的朋友。尤其在一起打麻将的时候，我真的觉得自己就是中国团体的一员。（乔纳森，E17）

与中国民众拥有相同或相似的兴趣是留学生发挥主观能动性、实现跨文化互动的另一个关键要素。在人际交往的过程中，"他人表现出与自己的相似性特征或者相似的态度，对个体来说是一种社会性支持，这种支持产生出相当高的强化力量，从而引发彼此间的吸引力"[①]。这种因为相似而产生的人际吸引力在跨文化沟通的语境中依然适用。个别受访留学生强调，自己与中国民众建立互动、发展友谊的关键一步就是兴趣相投，只有这样，双方才能基于相似或相同的兴趣深入频繁互动，创造跨文化交际所需的重叠物理空间，

---

① 周晓虹. 现代社会心理学：多维视野中的社会行为研究 [M]. 上海：上海人民出版社，1997.

并在这个空间中逐渐了解对方，成为朋友。约翰身为阿根廷华裔，平时喜欢跳探戈，他就是在学校舞蹈俱乐部结识中国同学并与之成了朋友的。此外，约翰还喜欢健身，因此在健身房结识不少中国同学。爱丽丝会演奏大提琴，她在新生宣讲会上得知学校有一个乐团，就找老师要了联系方式，加入乐团。在日常排练中，一个英文流利的小提琴手经常帮爱丽丝做翻译，以便她可以顺利参与排练。在这种以共同兴趣爱好为前提的频繁相处中，爱丽丝与这名中国女生结下了深厚的友谊。乔纳森带着电影梦来到中国求学，他主动告知中国同学自己可以帮忙做拍摄模特。随着越来越多的中国同学知道他，乔纳森从拍摄过程中既收获了表演的乐趣，也结识了不少中国同学，突破了分班上课造成的物理隔阂。杰克念书期间突遇新冠疫情的暴发，与他交好的留学生绝大部分滞留本国，无法回到学校。共同经历疫情成了连接杰克与同班中国同学的一个关键事件节点。在这样的情况下，杰克主动召集同班的中国同学一起组织活动，丰富课余生活，并因此误打误撞与之建立了密切的沟通与联系。在所有受访者当中，来自俄罗斯的小夏所描述的跨文化友谊令人印象深刻。小夏喜欢音乐，这个爱好不仅让他有机会结交中国同学，提升中文水平，而且还让他与一个中国朋友结下了深厚的友谊：

> 我第一次来中国是去大连，在那里学习中文。那一次对我的改变非常大。因为我那时候接触了中国同学，他们喜欢玩吉他，玩民谣，然后我本身也喜欢弹琴，但是我不会用中文唱歌，我特别害怕。其实我很感激中文，因为中国和中文让我变得更好。我现在可以表演，我可以在舞台上说话，就是发言什么的，但是之前我真的不敢。然后他们（大连玩音乐的中国同学）就给我一把琴，说，"来，你唱歌"。然后我说，"我不会"。他们就说，"无所谓，你就唱"。然后我那时候开始接触那些中国歌曲，我觉得对我的中文水平的提高特别有帮助。第二次去大连的时候，我喜欢上了民谣，喜欢赵雷。中国同学在综合楼开了一个吉他店，然后每个星期五都聚在一块唱歌。从那时

候开始，我就开始了吉他手的生涯。从那时候起我就开始唱歌，然后我觉得我的中文也变得更标准一些。后来我来北京参加一个中文比赛，就去了赵雷经常表演的酒吧，就跟老板认识了。我那会儿中文不怎么样，唱得也一般。我当时跟这个老板说我明年要来北京读研，还不知道是哪个学校，不知道什么专业，但是我这个目标一定要实现。然后他就特别诚恳地说，"明年你来，你要是真的能来北京，如果你唱得好，然后琴学好一点，我让你唱歌"。所以那一年我拼命学习中文，然后来北京，老板就让我唱歌，然后我就认识了很多中国朋友。这个老板就像我哥哥一样，很照顾我。我室友经常在宿舍胡闹，我有时候不想回去睡，就在这个哥哥店里借宿。我当时不想花父母的钱，就特别省，他还主动提出借钱给我，而且他还邀请我去他老家玩。我们关系非常好。（小夏）

虽然上述这些受访者在不同程度上走入中国社会，进行跨文化互动，但他们特有的留学生身份依然是他们与来自不同国家的留学生或旅居者维持亲密互动的原因所在。正如开展疏离式跨文化交际的受访者描述的那样，相同或相似的文化背景、经历、兴趣以及语言是旅居个体之间产生共情的基础，而这些旅居者在这个基础上更能充分理解跨文化旅居经历给他们带来的影响并有针对性地提供工具性支持和情感支持[1]。相比之下，这些受访者周围的中国家庭成员、亲友和同事则因为缺乏旅居经历，而无法为这些旅居个体提供他们所需的社会支持。以沐沐为例，她来自波兰，与一个中国人相爱并结婚，婚后在北京定居。与其他受访留学生相比，沐沐是唯一一个同时拥有留学生、配偶及母亲三重身份的受访者。这种因跨文化迁徙而产生的多重身份给沐沐带了重重挑战。为了解决这些问题，沐沐经常向一个独特的群体求助，即嫁

[1] LIU Y, DONG Y. Shared experiences and resilience of cultural heritage: Chinese students' social interaction with non-host-nationals in the United States[J]. Journal of International Students, 2019, 9: 112-129.

到中国的"波兰太太"：

> 我在中国有一个很重要的社交团体，就是所谓的"波兰太太"。我们都是波兰女生，嫁了中国老公。我们有一个微信群。加入微信群之后我们彼此就认识了，也会见面。其中一些人是我的好朋友，我们非常亲密，所以时不时就会见一见。这种聚会非常有趣，因为我们有很多共同的话题、共同的经历，大家就会交换信息和想法。比如我们的孩子都面临国籍啊户口啊这些问题，相关信息找起来非常麻烦，所以我就会去咨询这些朋友，她们已经处理过这些问题，很有经验，我就去问她们从哪里获取相关信息，怎么办我女儿的国籍和户口。她们会告诉我怎么办理可以更快。有时候我觉得不知道怎么办的事儿，问了她们之后才明白，哦，原来应该这么办。如果只靠我自己，我如果不知道这些信息，那我就办不了这些事儿。（沐沐，E18）

除此以外，留学生也会习惯性地把其他旅居者而非在东道国结交的好友作为倾诉负面情绪的对象，因为他们担心自己的抱怨会伤害到中国好友的感情[1]。例如，保罗直言自己的抱怨可能会引起中国朋友的误解，令其伤心。出于对中国朋友的尊重以及对他们情感的保护，保罗选择找其他留学生抱怨：

> 留学的时候总会遇到一些事儿让人觉得很烦。我遇到这些事儿，觉得解决不了的时候就会抱怨，但我只会跟其他留学生说，因为大家的处境都一样，都不是中国人，都在自己国家之外的一个国家学习，所以他们会很了解我的感受。所以我在抱怨的时候有什么就说什么，但我不能跟我的中国朋友说这些。他们不太能理解留学生的经历，而且我不希望他们误解我，误以为我不喜

---

[1] LIU Y, DONG Y. Shared experiences and resilience of cultural heritage: Chinese students' social interaction with non-host-nationals in the United States[J]. Journal of International Students, 2019, 9: 112-129.

欢他们的国家。所以我去跟其他留学生说。（保罗，E19）

正是为了减少分歧，小夏会避免跟自己的中国女友就一些话题展开太多的讨论：

> 前几天，我对象跟我分享的一首中国的诗是关于战争的。她跟我说，"你看这诗人写得多好！"但我就是没有感觉，看不进去。而且我对所有跟战争有关的东西都不喜欢，所以我就说，"这是关于战争的，我不喜欢"。然后她说，"你不懂"。我心想，好吧，她说我不懂，那我就不懂，因为那是我女朋友，我要哄她，不能得罪她，对吧。我就说，"行，我不懂，我不懂"。哈哈。（小夏）

小夏与自己的女友感情很好，这个中国女生非常支持他继续念书，而且在小夏远离中国的时候承载了他对中国以及对中国文化的种种思念。这种情感支持是小夏无法从家人以及其他留学生朋友那里获取的：

> 我对象是个中国女孩，她挺支持我的决定。她就说，"你工作的时间还有很长，你不如就在 30 岁之前好好读书，对吧？反正我也没有催你什么。你就好好读博士"。疫情刚开始的时候我俩一起回俄罗斯，那会儿她在这边的孔院当志愿者。现在她回中国了，她在中国等我回去。那会儿，就我俩在俄罗斯的时候，我俩租了个房子，她在家的时候我感觉挺好，就有在中国的感觉。（小夏）

除了中国女友，小夏所在院系的中国老师也给他提供了很多实际帮助。小夏在北京的韩国室友整日玩耍，作息极其不规律，严重影响他和另外一个留学生的日常生活和学习。多次沟通无效之后，小夏向系里一个曾在韩国留学的中国老师求助，在她的帮助下对韩国室友的行为进行约束。此外，突发的疫情使得小夏滞留俄罗斯，暂时无法回到中国。这个情况一度影响小夏的奖学金的发放，进而影响他的生活质量。万般无奈之下，小夏向系里一个身居管理层的老师求助，并在那个老师的帮助下，解决了奖学金的问题：

> 阿静老师人特别好，像姐姐那样。她在韩国留学，会说韩语。我当时的两个韩国室友真的不行，你说他们从酒吧回来，就乖乖得小声点不行吗？总是很吵，也不好好学习。我沟通了好几次，用中文说，用英语说，还用手比画给他们看，但是没用。我就找到阿静老师，我把我想沟通的内容用中文写下来，然后请她翻译成韩文，我还告诉她不需要改变我用中文表达时的语气，就直接翻译。之后我拿着翻译好的内容给我两个韩国室友看，他们差不多明白了，虽然很不高兴，但收敛了一些。另外我很感谢王老师。他是很有权威的一个人，对留学生很好。当时我滞留俄罗斯，不能回来，我那个奖学金的发放就出了问题。我当时不想用父母的钱，就跟王老师说如果奖学金不发，我的生活就会有困难，因为我当时要线上上课，基本上完课就下午四五点了，几乎不可能在下课之后做兼职赚钱。王老师特别好，他了解情况之后，就帮我们这几个留学生把问题解决了，我们上学期的奖学金都发下来了。我特别感激他的帮忙。（小夏）

与小夏类似，弗兰克也从中国朋友那里获得了很多实质性的帮助。他到北京之后发现之前申请的单人宿舍出了点问题。考虑到自己对隐私的看重，弗兰克决定自己在校外租房，这样子可以保证自己拥有一个完全属于自己的卫生间。但有限的中文水平以及对北京租房市场的不了解使得弗兰克寸步难行。所幸他在北京有一个朋友，他在这个朋友的帮助下顺利安顿下来：

> 我在北京有一个好朋友，她之前访问过我所在的城市。我来北京之前就告诉她了。她帮我找房子，跟房东沟通，帮

我安顿下来。她还托一个朋友在机场接我，直接把我送到学校。我来了之后，也是她陪着我去银行开户。有她帮忙我真的太走运了。如果没有她帮忙，我那时候的日子肯定糟透了。（弗兰克，E20）

由此可见，留学生的在华生活同时横跨不同群体。去哪里寻求社会支持以及寻求何种社会支持并非单单取决于国籍，而是取决于留学生所面对的问题、具体需求内容，以及与之对应、可以提供帮助的群体是哪些。当留学生情绪沮丧，需要倾诉的时候，他们出于避免误会的考虑，往往选择其他留学生而非中国朋友作为情绪安全阀。当他们遇到的问题是由移居中国引起的，他们也倾向于从其他旅居者那里快速获取富有针对性的信息和建议。需要指出的是，受访留学生在与中国民众交往时的顾虑并不会阻碍他们从后者那里获取必要的社会支持。当他们面对的问题关系到自己如何进入并维持自己在中国圈层的生活时，他们就会转而向周围的中国亲友寻求帮助。作为兼具多重身份的旅居者，这些留学生同时身处多个社会网络，这些网络是基于个体的相似或相近性而形成的，而非僵硬地以国籍为唯一划分标准。因此，留学生在华形成的社会网络边界并不是僵化不变的，而是根据这些个体的实际需要具有极强的流动性。

四　本章小结

旅居个体在跨国迁徙的过程中不可避免地会重塑其社会网络，或对其进行再生产。根据受访者的描述，他们在留学中国的过程中所形成的社会网络主要涵盖三个群体（中国民众、自己的同胞群体以及国籍不同的其他旅居个体），并根据不同的情况呈现出融入式、疏离式和混合式三种跨文化交际模式。根据现有的跨文化研究，主要与中国民众互动的融入式跨文化交际往往被视为旅居个体成功实现跨文化适应的一个重要标志①。如上所述，利奥和麦克这两位华裔留学生各自的朋友圈都以中国学生为主。他们与其他留学生相比之所以可以实现融入式跨文化交际，主要是因为具有娴熟使用中文的能力以及长期在中国成长的经历。我在采访开始之前会询问受访者更倾向于使用哪种语言接受访谈。利奥和麦克都毫不犹豫地选择了中文。他们的语言倾向性与另外两个华裔形成了鲜明对比。约翰在访谈刚开始的时候还使用中文，但遇到复杂的内容就自动切换为英文。杰克从采访一开始就使用英文，因为对他而言英文可以更精准地展现他的真实性格，如果用中文，这种自我展示会严重受制于有限的中文能力。在人际交往的过程中，语言既可以作为顺畅沟通所需的载体把不同个体连接在一起，也可以把无法参与其中的个体排除在交流互动之外，因此留学生是否可以熟练使用东道国语言就成了他们是否可以很好地融入当地民众所处圈层的关键所在②。对来华留学生而言，只有娴熟掌握中文才能与中国同龄人打成一片、顺利交往，进而成功实现跨文化适应③。除了中文能力，利奥

① BERRY J W. Acculturation as varieties of adaptation [C] //PADILLA A. Acculturation: Theory, models and some new findings. Boulder, CO: Westview, 1980: 9-25. 其他文献详见：BERRY J W. Conceptual approaches to acculturation [C] //CHUN K M, ORGANISTA P B, MARÍN G. Acculturation: Advances in theory, measurement and applied research. Washington, D.C.: American Psychological Association, 2003: 17-37；BERRY J W. Acculturation: Living successfully in two cultures[J]. International Journal of Intercultural Relations, 2005, 29: 697-712；GUDYKUNST W B, KIM Y Y. Communicating with strangers: An approach to intercultural communication [M]. New York, NY: McGraw Hill, 2003；KIM Y Y. Communication and cross-cultural adaptation: An integrative theory [M]. Clevedon, UK: Multilingual Matters, 1988；WARD C, KENNEDY A. The measurement of sociocultural adaptation[J]. International Journal of Intercultural Relations, 1999, 23: 659-677；WARD C, RANA-DEUBA A. Home and host culture influences on sojourner adjustment[J]. International Journal of Intercultural Relations, 2000, 24: 291-306.
② BAI L, WANG Y X. In-class and out-of-class interactions between international students and their host university teachers[J]. Research in Comparative and International Education, 2021.
③ DIAO W. Between the standard and non-standard: Accent and identity among transnational Mandarin speakers studying abroad in China[J]. System, 2017, 71: 87-101. 其他文献详见：HE Y, QIN X. Students' perceptions of an internship experience in China: A pilot study[J]. Foreign Language Annals, 2017, 50: 57-70；NGUYEN T T T. Language and intercultural peer interactions: Vietnamese students in Taiwan's bilingual academic settings[J]. International Journal of Intercultural Relations, 2021, 84: 86-94；YU B, DOWNING K. Determinants of international students' adaptation: Examining effects of integrative motivation, instrumental motivation and second language proficiency[J]. Educational Studies, 2012, 38: 457-471；李晓艳，周二华，姚姝慧. 在华留学生文化智力对其跨文化适应的影响研究[J]. 管理学报，2012, 9: 1779-1785；谢永飞，刘衍军. 亚洲来华留学生在江西高校的社会适应研究[J]. 西北人口，2009, 30: 61-64.

和麦克特殊的成长经历也使得他们有更多的机会、更长的时间深入了解中国文化，与中国同学建立深厚的友谊。利奥从初中开始就断断续续在国内念书，高中三年更是完全在中国就读。麦克从小生活在北京，对中国社会和中国文化特别熟悉。这种青少年时期的长期沉浸式文化体验对利奥和麦克影响深远，他们并没有把中国视为异国他乡，而是把中国当成自己的家，建立了极其深厚的文化认同。这种认同又因为中国亲友这些重要他者（比如利奥的爷爷和麦克的外婆）以及留学生母国对移民的排斥而进一步增强。因此，利奥和麦克虽然从生源地来说属于留学生这个群体类别，但他们内心一直认为自己是中国人，自己的根在中国，中国是自己的家，而且将来也要留在中国发展。这种基于长期在华生活而积累起来的对中国文化和社会的熟悉及认同赋予了利奥和麦克一种天然的优势，使他们可以自由出入中国学生所熟悉的语义场，从而使双方从交往一开始就具备极为深厚的共同点。

　　传统跨文化研究对跨文化适应的评判多从旅居个体的行为表现入手，很少探究行为背后的动机以及行为与动机之间的偏差甚至错位。虽然参与本研究的其他留学生的社会网络并未呈现出以中国民众为主的融入式跨文化交际模式，但这并不能说明他们没有意愿开展跨文化互动，实现跨文化适应。相反，所有社会网络呈现疏离式跨文化交际模式的留学生都表达了强烈的跨文化交流意愿，只是这种强烈的愿望受制于现实条件，这使他们无法成功进入中国民众所在的圈层，开展跨文化交际。一方面，这些留学生都是以交换生的身份来华学习的，他们在中国参与的课程都是专门针对交换生这个群体单独开设的，即与他们同班上课的只有交换生或其他留学生。与此同时，交换项目一般都指定具体的院系，来华交换的学生只能在指定的中方院系修课。在这样的情况下，这些受访者基本无法通过修课这个方式与中国同学建立自然而然的联系。即便他们下课之后想去认识中国同学，还需要突破另外一层制度性壁垒，即中外学生"分而治之"的管理制度。目前中国很多高校依然沿用早年中外学生分开住宿的管理制度，但这种"分而治之"的管理办法进一步压缩了留学生与中国学生之间的共享社交空间，从而降低了两个群体开展跨文化交际的可能性①。相比之下，一起上课、同楼住宿的留学生成了更容易接触到的社交对象。正如卡森形容的那样，他在日常生活中更容易接触到其他留学生，如果想结识中国同学的话，就需要花费更多的时间和精力。另一方面，这些交换留学生的中文水平以及在华生活时间普遍有限。正如上文所说，语言作为一种象征性资本是区分不同群组的重要依据。因此有限的中文水平使得这些受访者无法流畅和充分地表达自己的想法，也无法在日常跨文化人际沟通的过程中扮演更为主动的角色，最终无法利用在华留学的短暂时间结识中国同学，发展跨文化友谊②。有限的中文表达能力令凯特无比懊恼，虽然她非常迫切地想结识中国同学，但是不够流利的中文使得她很难与偶然结识的中国同学找到共同话题，发展跨文化友谊。同时，日常教学以及生活中所处的留学生圈子也进一步限制了凯特在中国的社交圈。不过，旅居者永远是具有主观能动性的个体。凯特在接受访谈的时候表示，她已经通过朋友介绍，联系到一个中国寄宿家庭，双方暂未见面，她非常期待通过这种方式深入了解并体验中国文化。

与前两种类型的受访者不同，社交网络呈现混合式跨文化交际模式的留学生同时横跨中国民众、本国同胞以及其他旅居个体三个圈层。这些留学生绝大多数是在中国大学攻读学士、硕士或博士学位的全日制学生。与交换生相比，这些全日制留学生有更多的机会与中国同学同班上课。这种趋同化教学管理模式可以为中外学生创

---

① 丁笑炯. 高校来华留学生支持服务满意度调查与思考——基于上海高校的数据 [J]. 高校教育管理，2018, 12: 115-124. 其他文献详见: 马彬彬，李祖超. 高校来华留学生"趋同管理"培养模式探析 [J]. 黑龙江高教研究，2021, 39: 62-65; 叶荔辉. 隐性教育中的群际融合路径研究——基于545名来华留学生的质性访谈和实证研究 [J]. 思想教育研究，2020: 14-19.

② CORDER S P. Strategies of communication [C] //FAERCH C, KASPER G. Strategies in inter-language communication. London, UK: Longman, 1983: 15-19. 其他文献详见: LIU Y. Communication with non-host-nationals in migration: The case of sojourning students from the United States and China [C] //CROUCHER S M, CAETANO J R, CAMPBELL E A. The Routledge companion to migration, communication and politics. Oxon, UK: Routledge, 2019: 351-364; PELTOKORPI V, CLAUSEN L. Linguistic and cultural barriers to intercultural communication in foreign subsidiaries[J]. Asian Business & Management, 2011, 10: 509-528; SUAREZ D. TESOL teacher candidates experience cultural otherness[J]. TESOL Journal, 2002, 11: 19-25.

造一个共享的社交空间，在这个空间里他们可以自由交流，相互学习，自然而然地通过做小组作业等多种形式深化对彼此的了解，发展跨文化友谊①。在受访者眼中，这种基于共同课程、共同目标而建立起来的人际关系要比语言伙伴这种人际关系更显自然，功利性更弱，因而彼此可以作为两个平等的个体进行更为自然以及自如的交流，并在交流的过程中发现真正的共同点，继而发展出跨文化友谊。如果受访者可以娴熟使用中文，那么他们与中国民众的交流就更为顺畅。即便有的受访者中文能力有限，但中国学生娴熟的英文能力依然可以使跨文化交流顺利进行。正如现有研究指出的那样，在非英语国家旅居的留学生如果想要与当地同伴开展社交、加深彼此了解，就必须至少掌握以下两种语言中的任意一种：东道国语言或英文②。在开展混合式社交的受访者中，安迪、雅各布和爱丽丝虽然是以交换生的身份来华留学的，但他们各自都发挥了主观能动性，突破了中外学生"分而治之"的管理模式带来的不便，进入了中国民众的圈层。安迪以前就结交了中国好友，雅各布利用学生会提供的机会结识中国寄宿家庭，并通过中国老师认识了德语系的中国同学，而爱丽丝则是主动参加学校乐团，以共同兴趣为出发点认识了志趣相投的中国同学。由此可见，留学生虽然面临一些制度上的交友困境，但只要发挥主动性，也是可以寻找到机会进入中国民众的圈层的。这里还需提到的一点就是亲密关系对于留学生跨文化适应的影响。作为更为重要的一类重要他者，亲密关系中的伴侣为留学生提供的情感支持更有利于他们对中国文化建立认同感，也令其更有动力适应在中国的生活，融入中国人的圈层。但目前研究中建立亲密关系的受访者人数非常有限，相关研究亟待在日后尽快开展。

---

① YADAV D K. Student engagement at higher education institutions: A study of international student engagement and motivational challenges at Chinese universities[J]. International Journal of Educational Reform, 2021, 30: 237-254.

② NGUYEN T T T. Language and intercultural peer interactions: Vietnamese students in Taiwan's bilingual academic settings[J]. International Journal of Intercultural Relations, 2021, 84: 86-94. 其他文献详见：SODERLUNDH H. Language choice and linguistic variation in classes nominally taught in English [C] // HABERLAND H, LøNSMANN D, PREISLER B. Language alternation, language choice and language encounter in international tertiary education. UK: Springer, 2013: 85-102.

虽然进行混合式社交的留学生与中国民众关系密切，在不同程度上实现了跨文化适应，但这并不意味着他们在与中国民众交流的时候毫无顾虑。如上所述，留学生的社交网络并非由边界清晰、互不干扰的群组组成的，他们会根据自己的实际需求并在考虑对方感受的基础上有选择性地开展跨文化互动。另外，留学生之间也并非一个高度同质化的群体，不可因其共同的身份就对他们的跨文化体验一概而论。如安迪所说，国际关系会影响留学生之间的交往，因此他与其他欧洲留学生的交往并不频繁。凯特和萨拉曾经有过跨文化体验，因此对不同文化更为包容，也更愿意与来自不同文化背景的个体交往，愿意深入体验中国文化。这种先前的经历带来的跨文化交往意愿差异造成了凯特和萨拉与自己同胞群体之间的隔阂。正是由于留学生这些个体差异的存在，对他们社会网络的探讨不能简单地以国籍为评判标准，而是要着眼于这些社会网络形成的关键因素，即个体之间的相似性或相同之处。基于相似或相同的经历，这些留学生会在不同的圈层之间来回跳转，最终形成流动的、不停变化的身份认同，这一点将在下一章中着重探讨。

附：本章受访者叙事的英文原文

E1: I feel like the local Chinese students are very welcoming, and they don't have many groups. While in the international community, there are quite a few groups. They tend to stick to the same nationalities and very rarely spread out for that. But within my group, we do try to make friends with the Chinese. But I know that some international communities definitely do not want to spread out at all. They want to stay within their nationality.

E2: We (international students) do speak English with each other. So it's a little bit easier. We are on the same boat and can understand each other better. We do spend quite a lot of time together, especially during classes. And we tend to see each other every day because we stay in the same dormitory building. We go to the same classes. We stay around the same area. I guess if you are seeing that person every day, you will know that person quite very well for that time. And it is definitely comfortable when you spend time with that person.

E3: Last semester I was here on an exchange program for three months. My university in Roma has a partnership with this one (the Chinese university where he was studying). Then I met an international student here, who introduced me to the current department. Last semester I was here with a big group of Italian people. We usually hang out together. But I don't like the situation at all because I like meeting people from all around the world and getting to know different cultures.

E4: The thing is that uh, Russian students here actually are not really open to hanging out with international or Chinese people. Maybe it's because of our culture. Russian people want to be close to each other. Sometimes I don't even feel Russian in this regard. I think I'm more open than other Russians. For example, we have a group of like international friends. There are like fifteen of us, and I am the only Russian there. Other Russian students are less willing to interact with people from different cultures and are not really optimistic. And I don't want to hear them complain.

E5: I am Russian, but I spent a lot of time with international people and speak English most of the time. I speak English more here than Chinese or Russian. My English is better than my Chinese. And I live off campus and there are a lot of international friends living there. So most of my social circle is international students. Even in class, I came here on a Confucius scholarship, and our class was full of international students from different countries. I've made a lot of international friends here. Sometimes we go out together, like just to have dinner. We will go on some trips together. For example, a week ago we went to the Great Wall camping which was really nice. There were like ten international students and they are really cute. We spent the night together. And before that, there was a language activity in the coffee shop. The organizer gathered people and divided them into groups. And they tried to have different languages in groups. And in groups, we were talking in Chinese, English, or some other languages. We just spent a really good time together. And um, yeah, I thought the university did a good job in engaging international students on campus.

E6: My friends here are from a lot of countries. We are always at the pond. We're always there drinking some beers at night. During the week we just stay there for talking and chatting but do not go to bed late because of lessons. But during the weekend, we start from there. But actually, I don't hang out a lot with Europeans because, in Europe, there are kinds of competition and prejudice between countries. For example, we Italians have a lot of prejudices about Germans. And they have a lot of prejudices against us.

E7: When we first arrived, many students were uncomfortable and complained about various things. Maybe it is because we Italian people are lazy and we love to complain. I was the 班长. So I had to take all the complaints back to the teacher. But I thought we could wait and see. I was like "give it a month and then you're gonna get used to it; it's gonna be fine". But everyone didn't listen to me. I didn't really hang out a lot with Italians because I wanted to make different kinds of friends. I was really close with the international students and had a lot of friends there. The university is so big and we're just a small percentage. So we pretty much everyone there. Um, it was really cool. Because at the same time, it was so fun to learn about new cultures.

E8:　My social circle is mainly international students, especially those from Western countries because we have a lot of similarities that bond us together. We're all on the same boat.

E9:　For the international community, we are on the same boat when it comes to what we experience most of the time in China. So we relate to each other more and interact more.

E10:　We have classes together. So we spend a lot of time together, Chinese and foreigners. It is pretty nice because I can understand more about Chinese culture and chat with them about some ideas since we study together. My best friend is Chinese. For an entire year, we almost had the same classes and stayed in the same group. That's how we became friends. She tried to teach me a lot of things about China and its culture. She is pretty nice. When we have to study sometimes, there is accompany here. It is really nice.

E11:　I first came to China in 2015 and studied at a university in Shaanxi for six months. I remember the first time I got to the school, every foreign person had a Chinese student to do some kind of tour of the place. On the very first day, I got there, I met a Chinese girl and after that, we stayed friends. The first time you get there, you get the first person you meet and you feel like "Oh my god! We can be friends." And we had a competition, like a talent competition organized by the school. Everyone could join. This competition did have Chinese people and international people getting together and I met a lot of Chinese people there, even if my Chinese was bad. One of the Chinese students was studying Italian and we became very good friends, and still are, and we are in constant contact. So we speak Italian and Chinese and English together. I am studying with Chinese students right now and am the only international student in the class. Because I got the scholarship from the Chinese Bridge, I could decide on Chinese classes. Of course, it turned out to be a little lonely, but I wanted to be in China and study with Chinese students. This is one of my dreams, so it is worth it. My other best friend is a Chinese girl in my class. She is very open-minded. We often chat together.

E12:　The international student union here can provide host families' contact information and help international students engage in intercultural communication. I applied for one. We really enjoyed the time with each other. We both made it clear that we wanted to communicate with each other. I spoke English with them, especially with kids. They liked me! They wanted to learn English with me. I've done some activities with the kids.

You know, just practice learning by doing. I thought the mom also saw that way very easily and we could come to a mutual agreement without talking about it too much at all. I had a really good time with this family. We have been going to the park. We went to BMW. And we made dumplings together and talked about a lot of different stuff.

E13: My closest Chinese friend is my colleague. We were together in the same office for three years. So we became good friends. we would recommend to each other good movies or beautiful clothes. If I am angry at something or if I quarrel with my husband, I would complain to her.

E14: My girlfriend (a Chinese) never says things like, "I love you." She never said that kind of thing. But she makes some things to make you feel that. But as foreigners, we always say "I miss you; I love you." I would say that to my mom when I call her. Of course, my mom also makes a lot of things for me. But Chinese people, they are very cold in their words. They never say anything, but they do, they do things.

E15: I like traditions a lot. I like Polish traditions. I like Chinese traditions. So I make sure for the Mid-Autumn Festival, we have the 月饼 to eat. My husband and so many Chinese friends would think, "I don't like this." Then, I will say "OK, we have to eat. It's Mid-Autumn Festival. You can't not eat. You have to eat a bit at least." I think it is a very good thing to continue the traditions. Not only just celebrate by eating together. Traditions lose their meaning if we don't celebrate. And I will go back to his hometown with my husband for the Chinese New Year. I think it is very nice and meaningful because his family will be very happy to see us.

E16: It was a teacher who said, "Well I have so many Germans and I have another class where I teach Chinese students how to speak German." Then we said, "oh, just connect us!" And then I made a WeChat group and told the teacher to bring Chinese students into this group. Then we could do things together and find language partners within the group. If there is an interesting event that we would like to invite Chinese and international students to join together, we will share the information with that group.

E17: I don't have classes (with Chinese students) together. But there are still other ways I can establish bonds with them. I have close friends who are from different places or had lived in different places. They speak perfect English. Some of them are in the international program and others are in the Chinese program. They inherently understand a lot about Chinese culture and the Chinese way of thinking. But then also, because they went to American schools or European schools, they also understand the Western way of thinking. So it's probably a very interesting mix because you can really have a conversation, in which you have someone who understands both sides of the coin. And they would sometimes teach me Chinese. For example, when we went out to eat, they would correct my Chinese and teach me how to communicate with the restaurant staff and other people. One of my friends hangs out primarily with several Chinese students. I remember I would go with him to the place and play with him and other Chinese students. Yeah, me, him and these two other Chinese students would play 麻将. I played with them all the time. So actually I got to know these Chinese students all the time. So we became pretty good friends, in this group of four of us. And that was probably the integration I felt when playing 麻将 with them.

E18: There is an important group in my life here, the so-called Polish 太太. All the polish wives of Chinese husbands. We have a WeChat group and then we get to know each other once we are in. So we meet. Some of them are my close friends. So we meet just from time to time. It's actually quite an interesting meeting because we have a lot of topics in common and something common. It is a kind of information exchange. As I said, it's really difficult to handle the nationality of our kids in China. If you try to find out by yourself, it's very mixed information. So I would ask my Polish friends who had dealt with it before and had experience. Sometimes you think something is impossible, but then other people tell you the way to do this. If you didn't know, you just can't achieve some things.

E19: When you study abroad, there are always things that annoy you. When I encounter these things and cannot solve them, I will complain. But I will only talk to other international students because we are all in the same situation. We are not Chinese, and we are all studying in a foreign country, so they will understand how I feel. I will say whatever I want when I complain, but I can't say that to my Chinese friends. They don't quite understand what international students go through, and I don't want them to get me wrong and think I don't like their country. So I go and talk to other international students.

E20: I have a good Chinese friend in Beijing. She visited my city before. So I told her before I arrived. She helped me to find an apartment and helped me to settle everything in Beijing. She told me she had a friend who could pick me up directly at the airport because he had a car. So he drove me directly to the school. And my Chinese friend helped me to open a bank account. I was lucky to have her around. Otherwise, my life would be very hard.

第六章　他者主位视角下的跨文化 交际、能动性和身份认同

　　"他者"产生于与"自我"的差异之中，因此他者即"非自我"。在跨文化交际的过程中，他者身份产生于旅居个体与东道国民众在外貌、语言、生活习惯和价值观等方面的差异之中，这些差异时时提醒旅居者在东道国的局外人身份[①]。这种基于差异而产生的局外人身份在跨文化交际的语境下被称为文化他者身份，这种身份认同是旅居个体在进行跨文化沟通的时候所必须直面的人生主题之一[②]。中国文化与西方文化各自经历漫长成熟过程之后才相遇，特点各异。相比于亚洲文化之间的文化距离，中国文化与西方文化之间的差异更为显著。因此，来华西方留学生在进入

① LIU Y, KRAMER E. Conceptualizing the *Other* in intercultural encounters: Review, formulation and typology of the *Other*-identity[J]. Howard Journal of Communications, 2019, 30: 446-463. 其他文献详见：LIU Y, KRAMER E. Cultural value discrepancies, strategic positioning and integrated identity: American migrants' experiences of being the *Other* in mainland China[J]. Journal of International and Intercultural Communication, 2021, 14: 76-93；陈向明. 旅居者和"外国人"——留美中国学生跨文化人际交往研究 [M]. 北京：教育科学出版社，2004.

② LIU S. Living with others: Mapping the routes to acculturation in a multicultural society[J]. International Journal of Intercultural Relations, 2007, 31: 761-778. 其他文献详见：LIU S. Identity, hybridity and cultural home: Chinese migrants and diaspora in multicultural societies [M]. New York, NY: Rowman & Littlefield, 2015；赵欣. "边缘人"研究的理论脉络、核心逻辑与研究展望 [J]. 国外社会科学，2021, 346: 116-127.

中国文化体系之后，会比来自亚洲其他国家的留学生更容易感知到文化差异以及这些差异所形塑的文化他者身份。但目前学界对跨文化交际中出现的文化他者还未给予足够的关注。现有研究对东道国文化认同和文化他者身份的二元对立理解，以及对后者的漠视已经引起了国内外一些学者的思考。例如，不少学者明确提出，他者与自我之间并非二元对立，而是紧密相连，互为补充；只有推进对他者文化的深入了解，才能跳出自我视角的局限，用更包容的心态开展跨文化对话，推动文明共建，化解跨文化冲突[①]。因此，他者被视为跨文化传播基本理论命题之一，是主体构建自我意义的必备要素，对他者的忽视会强化排他性认同，加剧跨文化冲突，妨碍人类交流共同体的建立[②]。具体到来华留学生研究，目前国内学界关注的议题主要集中在这些旅居个体的中文二语习得、跨文化交际能力提高以及留学经历满意度对其文化融入和跨文化适应的影响方面[③]。相比之下，现有研究对来华留学生，尤其是来华西方留学生的文化他者身份，以及这种身份认同对他们跨文化经历的影响缺乏足够的关注以及深入的分析。鉴于上述研究现状，本章将对这些受访者文化他者身份的形成进行深描，并探究这一文化他者身份在跨文化交际的过程中如何塑造他们对自己的认知，即如何影响他们的整体身份认同。为了更好地呈现这些受访者的跨文化经历，本章对其文化他者身份的探究采用主位视角，即研究以局内人的立场出发，从内向外地关注并理解其对于跨文化交际的解读[④]。

---

① BAKHTIN M M. The dialogic imagination: Four essays [M]. EMERSON C, HOLQUIST M, trans. Austin: University of Texas Press, 1981. 其他文献详见：刘俊．"他者"的存在和"身份"的追寻——美国华文文学的一种解读 [J]. 南京大学学报（哲学·人文科学·社会科学），2003: 102-110；孙艺风．翻译研究与意识形态：拓展跨文化对话的空间 [J]. 中国翻译，2003: 6-12；周宪．跨文化研究：方法论与观念 [J]. 学术研究，2011: 127-133.

② 单波．跨文化传播的基本理论命题 [J]. 华中师范大学学报（人文社会科学版），2011, 50: 103-113. 其他文献详见：单波，张腾方．跨文化传播视野中的他者化难题 [J]. 学术研究，2016（6）：39-45+73+32.

③ 陈慧，车宏生，朱敏．跨文化适应影响因素研究述评 [J]. 心理科学进展，2003: 704-710. 其他文献详见：韩瑞霞，王琦．国内留学生认同研究的现状、理论与方法——基于CNKI的主题元分析 [J]. 上海交通大学学报（哲学社会科学版），2016, 24: 75-83；杨军红．来华留学生跨文化适应问题研究 [D]. 上海：华东师范大学，2005.

④ 陈向明．社会科学中的定性研究方法 [J]. 中国社会科学，1996（6）：93-102. 其他文献详见：岳天明．浅谈民族学中的主位研究和客位研究 [J]. 中央民族大学学报（哲学社会科学版），2005, 32: 41-46；张继焦，吴玥．西方民族志的发展阶段及中国实践反思 [J]. 西北师大学报（社会科学版），2022, 59: 95-105.

一　基于差异而感知到的他者身份

（一）有限中文能力及文化理解带来的局外人感受

个体在不同群体彼此区分的过程中感知并形成自己的他者身份，这一观点印证了社会认同理论和自我类化理论。波兰社会心理学家泰弗尔认为个体通过群体之间的比较，将自己所在的群体与其他群体进行区分，并在这个区分的过程中进一步强化自己所在群体的独特性以及自己对这个群体的认同感，进而把那些与自己相似的个体联系起来形成内群体，并将那些与自己不同的人视为外群体成员或他者[①]。英国社会心理学家特纳基于泰弗尔的研究，提出自我类化理论，进一步强调社会类化在个体形成身份认同过程中的重要性，指出民族、国籍、性别、职业等社会类别皆可作为划分内群体与外群体的重要依据[②]。在跨文化接触的背景下，旅居个体对其他者身份的感知始于他们与东道国民众之间的差异，而这些差异多表现在外貌、语言、思维方式、观念和国籍等方面[③]。正是基于对这些差异的感知，

---

① TAJFEL H. Social identity and intergroup behavior[J]. Social Science Information, 1974, 13: 65-93. 其他文献详见：TAJFEL H. Human groups and social categories [M]. Cambridge, MA: Cambridge University Press, 1981；TAJFEL H. Social identity and intergroup relations [M]. Cambridge, UK: Cambridge University Press, 1982.

② TURNER J C. Social categorization and the self-concept: A social cognitive theory of group behavior [C] //LAWLER E J. Advances in group processes. Greenwich, UK: JAI Press, 1985: 77-122. 其他文献详见：TURNER J C. Rediscovering the social group: A self-categorization theory [M]. Oxford: Blackwell, 1987；TURNER J C, OAKES P J. The significance of the social identity concept for social psychology with reference to individualism, interactionism and social influence[J]. British Journal of Social Psychology, 1986, 25: 237-252.

③ DAI K, HARDY I. Language for learning? International students' doctoral writing practices in China[J]. Journal of Multilingual and Multicultural Development, 2022: 1-14. 其他文献详见：LIU S. Identity, hybridity and cultural home: Chinese migrants and diaspora in multicultural societies [M]. New York, NY: Rowman & Littlefield, 2015；LIU Y, KRAMER E. Conceptualizing the *Other* in intercultural encounters: Review, formulation and typology of the *Other*-identity[J]. Howard Journal of Communications, 2019, 30: 446-463；LIU Y, KRAMER E. Cultural value discrepancies, strategic positioning and integrated identity: American migrants' experiences of being the *Other* in mainland China[J]. Journal of International and Intercultural Communication, 2021, 14: 76-93；SCHIEFER D, MOLLERING A, DANIEL E. Cultural value fit of immigrant and minority adolescents: The role of acculturation orientations[J]. International Journal of Intercultural Relations, 2012, 36: 486-497；TING-TOOMEY S. Identity negotiation theory: Crossing cultural boundaries [C] //GUDYKUNST W B. Theorizing about intercultural communication. Thousand Oaks, CA: Sage, 2005: 211-233.

来华留学生在日常跨文化交际中不断地触及自己的文化他者身份。与其他社会类别相比,大部分受访留学生表示有限的中文能力是他们感知到文化他者身份的一个重要触发点。在现有文献中,语言被普遍视为一个推动社会类化形成的强有力决定因素[①]。当旅居个体进入东道国,开始与东道国民众展开跨文化交流的时候,前者容易遭遇语言带来的交流障碍,比如无法娴熟使用东道国语言充分彻底地表达自己的想法或深度参与东道国民众之间的对话[②]。这种语言使用的局限性使得这些旅居者极易察觉到他们与东道国民众在语言使用能力层面的差距,而这种被察觉到的差距又会触发内/外群体之分,继而将受访者暴露在文化他者这个身份之下。正如相关研究指出的那样,中文熟练程度偏低的留学生在跨文化交际过程中更容易感知到有限的语言能力带来的压力甚至抑郁情绪,而这种压力和抑郁情绪不利于他们跨文化适应的开展,也不利于他们在旅居中国的过程中建立归属感[③]。利奥的经历充分地印证了这个观点。从初中开始,利奥就断断续续地在国内接受教育。刚刚回国的时候,他的中文并不好,不知道怎么跟其他中国同学交流。这种由中文能力有限导致的交流不畅极大地影响了利奥在华学习的感受。孤独感是他对那段

① GILES H, JOHNSON P. The role of language in ethnic group relations [C] //TURNER J C, GILES H. Intergroup behavior. Oxford, UK:Blackwell, 1981: 199-243. 其他文献详见: LIU S. Identity, hybridity and cultural home: Chinese migrants and diaspora in multicultural societies [M]. New York, NY: Rowman & Littlefield, 2015; LIU Y, DONG Y. Shared experiences and resilience of cultural heritage: Chinese students' social interaction with non-host-nationals in the United States[J]. Journal of International Students, 2019, 9: 112-129; LIU Y, KRAMER E. Conceptualizing the *Other* in intercultural encounters: Review, formulation and typology of the *Other*-identity[J]. Howard Journal of Communications, 2019, 30: 446-463.

② CORDER S P. Strategies of communication [C] //FAERCH C, KASPER G. Strategies in inter-language communication. London, UK:Longman, 1983: 15-19. 其他文献详见: SUAREZ D. TESOL teacher candidates experience cultural otherness[J]. TESOL Journal, 2002, 11: 19-25.

③ DU H. The complexity of study abroad: Stories from ethnic minority American students in China[J]. Annual Review of Applied Linguistics, 2018, 38: 122-139. 其他文献详见: LI X. International students in China: Cross-cultural interaction, integration, and identity construction[J]. Journal of Language, Identity & Education, 2015, 14: 237-254; YU B. Learning Chinese abroad: The role of language attitudes and motivation in the adaptation of international students in China[J]. Journal of Multilingual and Multicultural Development, 2010, 31: 301-321; 陈秀琼, 林赞歌. 来华安哥拉青年跨文化心理适应相关因素研究——以在厦一百多名安哥拉留学生为例 [J]. 西北人口, 2017, 38: 36-43; 李红, 李亚红. 完美主义、社会联结对来华留学生心理健康的影响——文化适应压力的中介作用 [J]. 西南民族大学学报（人文社会科学版）, 2016, 37: 213-217; 文雯, 刘金青, 胡蝶, 等. 来华留学生跨文化适应及其影响因素的实证研究 [J]. 复旦教育论坛, 2014: 50-57.

时光的总结。随着中文水平的逐渐提升，利奥在国内念高中的时候已经如鱼得水，那种融入感和被接纳感帮他慢慢建立了归属感。但与他相比，其他中文能力有限的留学生就很难融入中国的环境：

> 当时就是刚来中国（初中回来在公立学校念书），觉得这个环境很陌生，特别陌生，然后就很害怕，因为那时候中文不好，不知道怎么跟其他人交流，那时候我的母语还是西班牙语，然后会感觉很孤独，就是没有交流，不敢去跟别人交流。那时候很多都听不懂（课堂上讲的内容），然后回家问我家里人，就这样子。我在高中的时候改变挺大的，那个时候中文进步很多，这个原因很重要。可能在上高中的几年，我对中国的认识进步了很多，知道了很多事情，就感觉更能融入中国大家庭里面，认识到很多东西。一些朋友跟我讲了，老师跟我讲了，就更多认识到这些，然后更加融入中国。但对于其他留学生，不是华裔的话，学习中文就特别难，我觉得。就像我们班的一些学生，他们上课经常听不懂老师讲课的内容，他们学习中文特别难，然后就很难融入嘛。（利奥）

从利奥的回答中，我们可以看出留学生中文能力的强弱对其留学感知具有决定性的影响。马佳妮在其著作中对此进行了详尽的解读，她认为中文水平较低所导致的表达有限、词不达意是留学生对留学生活产生消极感知的源头之一；随着他们中文能力的提升，与中国人进行的充分的、深层次的交流可以促进彼此理解，进而将其消极感知转化为积极感知。[①]正如利奥所言，他从最初的孤独感到后来的归属感，实现这个转变的关键就是中文能力的显著提升。与利奥相比，其他受访者由有限中文能力所带来的消极感知暂时没有出现转向，其主要原因在于这些受访者来华时间尚短，而且日常也缺乏练习中文的机会。硕士交换生艾米莉把自己中文能力有限所带来

---

① 马佳妮.留学中国——来华留学生就读经验的质性研究 [M]. 北京：社会科学文献出版社，2020.

的跨文化沟通不顺畅形容为令人沮丧的经历，而本科交换生玛丽直言语言不通是跨文化交际的一大障碍，令她经常感知到自己与中国同学之间的距离：

> 语言问题也令人非常沮丧，因为我希望能够与更多人交谈。很多时候，人们会来找我，或者我向他们寻求帮助。但沟通非常困难，因为很多时候我只说英语，而他们只说中文，我的中文非常差。所以很难理解他们，也很难让他们理解我。所以我们的交流很难深入进行。（艾米莉，E1）
>
> 与中国同学的交流存在语言障碍，这让我有点害怕，因为我中文不好，而且当你试图与一个可能不会说英文的人交流的时候，会有点尴尬。但这纯粹是语言引起的障碍。就像我去参加一个志愿者旅行项目，有一些中国学生对自己的英文能力表示自信，而我对自己的中文不是很有信心。但我仍然试图通过说一点中文来克服这个障碍。我认为我必须突破语言障碍造成的（我和中国同学之间的）分界线，特别是我在中国的时候。（玛丽，E2）

即便有的受访者中文能力尚可，他们也会面对中国民众对其语言能力的不同期待所带来的压力。苏西在采访中提到，有时周围的中国人会误以为她精通中文，因而用中国人之间交流的正常语速与之交流；而有时有的中国人觉得她完全不会中文，所以不敢上前与她交谈。这种对其中文能力的不同期待令苏西不断地感知到自己在中国的局外人身份：

> 和中国人的沟通有时候比较难，因为我的中文没有那么好。当我开口说了几句中文后，有些人就认为我精通中文，然后语速就变得很快。我听不懂，不得不告诉他们，"可不可以请你讲得慢一点？"但对方有时候比较忙，没时间慢慢说，或停下来借助翻译软件教我。还有一些中国人不会主动上前找我说话，

因为我不会说中文。那他们如果不会说英文，他们就觉得没有办法跟我沟通，所以有时候交流会面临一些困难。但这些语言带来的困难对留学生都是一样的，大家都会遇到这样的问题，挺正常的，挺普遍的。（苏西，E3）

　　除了中文表达能力，受访者对中国文化的了解不足也是阻碍他们深入开展跨文化交际的一个重要原因。与其他旅居者相似，受访留学生均是在成年之后进入一个完全不同的文化体系继续寻求教育机会的。因此，这些旅居个体成年之前的社会化，尤其是初级社会化是在一个与留学目的国文化环境完全不同的环境中完成的。这就导致他们在与当地人交流的过程中，常常因囿于有限的文化知识而无法深度参与对方基于特定语境所产生的对话，进而产生一种局外人或外群体成员的感觉①。这种对不同文化的深度了解（cultural literacy）有时无法等同于通过标准化考试测量出来的外语能力。斯诺是受访者中为数不多的通过 HSK（五级）的非华裔留学生。这意味着她具备阅读中文报纸杂志、欣赏中文影视节目以及用中文进行演讲的能力。凭借出色的中文能力，斯诺获得了进入中国本科生所在项目进行学习的机会，这意味着她与中国同学同班上课，接受同样的学业考核，毫无差别。即便如此，斯诺在采访中也直言自己时不时有一种无法融入中国同学圈子的感觉，而这种局外人感受的起因就是她对中国文化的有限了解：

　　　　有时候我觉得自己跟中国同学之间存在距离，这种距离感就是语言引起的。虽然我考过了 HSK 5，日常沟通是够用的，但跟中国同学交流的时候，我的语言就不够了。中国同学讲话很快，他们说话有时会夹杂一些笑话，或者会用专门的表达去描述一些事情，这些我都不懂。所以他们跟我说话的时候，就

① LIU Y, DONG Y. Shared experiences and resilience of cultural heritage: Chinese students' social interaction with non-host-nationals in the United States[J]. Journal of International Students, 2019, 9: 112-129.

要慢一些，而且不能用那些我听不懂的笑话或表达，这种沟通就跟他们彼此之间的沟通很不一样。我该怎么说呢，这不是正常的沟通。到最后就是我说，他们回答，然后就结束了，因为我们都不知道怎么把聊天继续下去。这不完全是语言的问题，是我不懂那些表达背后的文化，即便我听懂了每一个字，但我还是不太懂放在一起是什么意思。（斯诺，E4）

（二）在母国世界与留学国世界的比较中衍生出的差异感知

马佳妮在其研究中提出了"母国世界"与"留学国世界"两个概念，指留学生构建的过去及留学体验以及这些经历发挥作用所需的载体，例如之前所居住的城市、现在留学所在的城市，以及之前和现在的社会文化、学校环境以及宏观国家制度等。① 根据这个研究，留学生在母国与中国的比较中感知到两国在上述载体方面所呈现出来的差异，并在这种差异感的影响下进一步感知到自己的旅居者身份。受访者在留学中国的过程中接触到的中国同学及教师是这些跨国行动者感知留学国世界的重要载体，而他们之前生活的文化体系、社会环境以及教育体制则是他们对母国世界进行构建的重要载体。留学中国这个跨国行为激发了这些留学生对母国世界和留学国世界的双重建构，在这种双重建构的对比之下，他们遭遇文化断层（cultural dislocation），继而产生局外人的感知。上一章的分析指出留学生相似或相同的兴趣爱好以及生活方式是他们更容易彼此倚赖的重要原因之一。从另外一个角度看，这些留学生与中国学生在兴趣爱好和生活方式方面存在差异，而且这种差异是他们通过比较所构建出来的，并不一定完全符合中国学生眼中的事实。卡森在课余时间喜欢与其他留学生一起打卡北京的大街小巷。当被问及为什么不与中国同学同去时，卡森直言是因为文化差异。在卡森看来，中国同学更喜欢按照计划行事，而西方留学生更随性而为。对两种旅游风格的构建使得卡森直面他与其他中国同学之间的差异：

———————————

① 马佳妮. 留学中国——来华留学生就读经验的质性研究 [M]. 北京：社会科学文献出版社，2020.

　　　　我觉得很多中国游客在旅游的过程中更加倚赖导游，自主
性不强。尤其是老年人，他们很喜欢报名参加旅行团，跟着导
游四处走。但在西方国家，我们更喜欢自己安排行程。那种安
排好的旅游没意思。我周围的外国朋友都很喜欢自己旅行。我
们都在一个微信群里，那个微信群会经常安排外国人去旅游，
比如去内蒙古、甘肃或者浙江。我和我的朋友都是先参加这种
组织好的活动，去了以后发现很有趣，然后我们回头再找时间
自己去一次，就自己去走走看看，拥有更多的自主性。但如果
跟中国同学一起去，他们就会说，"这个地方没意思，不去了"。
但我觉得会很有意思，就随便走，随便看，没那么多计划，走
到哪儿算哪儿，沿途会有很多惊喜发现。（卡森，E5）

　　卡森将上述不同的旅行风格归结为中西文化差异。相比之下，
西方文化更强调自主性和个体的独立性和独特性，因此卡森更倾向
于自己掌握旅行的节奏而非交由他人统一安排①。但中国文化对自主
性相对较弱的关注也使得在这种文化中成长起来的个体更看重内群
体成员之间的互动交往，这种更为强烈的群体内凝聚力激发了留学
生另外一种基于差异的感知，即他们很难进入中国学生自己的小圈
子，因此在某种程度上成了这个小圈子的局外人。即便跟随家人回
国定居 10 年，杰克还是认为中国学生的社交模式跟他有很大不同：

　　　　中国同学经常以小群体活动，比如他们的室友，做什么都
在一起。其他人很难进入他们的小圈子。比如跟留学生，你可
以直接说，"有一个聚会，你想一起去吗？"就是一对一的询问，

① HOFSTEDE G. Culture's consequences: International differences in work-related values [M]. Beverly Hills, CA: Sage, 1980. 其他文献详见：LIU Y, KRAMER E. Cultural value discrepancies, strategic positioning and integrated identity: American migrants' experiences of being the *Other* in mainland China[J]. Journal of International and Intercultural Communication, 2021, 14: 76-93; SCHWARTZ S H. Values: Cultural and individual [C] //BREUGELMANS S M, CHASIOTIS A, VAN DE VIJVER F J R. Fundamental questions in cross-cultural psychology. Cambridge, MA: Cambridge University Press, 2011: 463-493.

如果能去，就两个人一起去。但对中国学生来说，你最后不是
和这个朋友一起去，而是会跟更多的人一起去。比如我要问一
个中国同学，他想不想去海底捞，最可能发生的情况是这个同
学会看向同宿舍的朋友，然后问其他室友要不要一起去。如果
他的朋友说可以，他们就会一起参与；如果他的朋友说不去，
那最后可能就不去。所以虽然我开始问的是一个人，最后就变
成要问他们整个宿舍。（杰克，E6）

　　中国文化对内群体的看重不可避免地会强调不同群体之间的边
界，而这种群体边界的出现会影响到个体之间的交往模式。西方文
化对群体边界相对弱化，因而来自不同群体的个体在相遇之初就可
以轻松地就一些共同话题展开闲聊（small talk），但这种对群体边
界的轻易跨越在中国文化中并不多见，因为后者更看重亲疏有别、
内外有别，而这种所谓的"别"就是差异[1]。对群体边界的不同理解
影响留学生对人际交往模式的期待。当他们不由自主地把自己曾经
的认知与期待带入与中国同学交往的时候，就会感受到明显的区别，
进而产生一种无法成为对方内群体一员的感知。凯特的经历详细地
印证了这种文化差异带来的局外人感觉：

　　　　我在中国，有时候经常有一种外人的感觉。比如我很想跟
中国同学交朋友，所以我会在食堂随机地找一个空位子坐下，
然后跟同桌吃饭的中国同学交谈。我试了很多次，但这似乎并
不奏效。每次都是刚开始的时候简单聊几句，然后她们似乎就
没有兴趣再继续下去了。但她们之间会一直聊天，聊她们的学
习，我也不太懂，因为她们彼此是朋友，然后我就没办法参与
她们的谈话，而且她们也不太在意我的存在，就像我根本不在
场，我就落单了。这种情况跟俄罗斯挺不一样，俄罗斯也是西
方文化，如果一个人坐在我身边，想跟我一边吃饭，一边聊天，

---

① 费孝通. 乡土中国 [M]. 北京：中华书局，2013.

我会把交谈进行下去。我认为绝大多数时候在俄罗斯我们都会支持这种交谈。但在这里，我觉得她们不太希望我在那里。（凯特，E7）

除了群体观，中西文化对时间的不同感知也是来华留学生体验到的文化差异之一。正如有学者描述的那样，时间对于社会科学研究者而言是一个不可忽视的维度；每个社会阶层、每个社会群体都有适合其自身认知的时间体系，并在这个时间体系中安排自己的社会活动 ①。时间与人们的生活紧密相连，而不同的文化体系对时间的感知与界定皆有不同，这种差异性在跨国行动者身上表现得最为明显，如来华留学生就对学校经常出现的临时性安排感到无所适从 ②。沐沐虽然已经在中国学习和生活了 6 年，但对于这种突然出现的通知或安排依然觉得难以适应，并将其描述为一个非常明显的文化差异：

中国学校的做事风格跟我之前的学校很不一样，那种突然出现的安排或通知比较多。我觉得这是一个非常大的文化差异。比如会当天通知我们有一个会议或活动要参加。在我之前的学校，很多事情都是事先计划好的。但到了这里，我发现没有一个统一的信息平台让我登录进去之后就可以获得这些信息。而且发布信息的渠道也有很多。我经常不知道这些信息，就觉得自己落单了。但中国同学他们彼此会相互提醒通知。如果我不在中国同学的圈子里，我就没办法知道这些信息。（沐沐，E8）

除了对时间的不同感知，沐沐在访谈中还提到中西文化表达方式也存在差异。在沐沐看来，中国文化的表达方式更加言简意赅，交谈双方都熟知的信息一般都略过不提，但很多西方文化强调个体

① 爱德华·霍尔.无声的语言 [M].何道宽,译.北京：北京大学出版社,2010.其他文献详见:芭芭拉·亚当.时间与社会理论 [M].金梦兰,译.北京：北京师范大学出版社,2009.
② 马佳妮.留学中国——来华留学生就读经验的质性研究 [M].北京：社会科学文献出版社,2020.

要明确表达自己的真实想法，因此对话的信息量很大。沐沐观察到
的上述差异印证了现有跨文化研究对高—低语境文化的分析。中国
文化更倾向于高语境文化，身处这个文化体系的个体需要借助语境
来理解别人的未说之意，因此借助有声语言表达出来的内容相对压
缩；而西方文化更倾向于低语境文化，个体主要依靠表意清晰明确、
信息量大的有声交流表达自己的想法，因此对话的信息量较大①。对
于身处高语境文化体系的个体而言，他们需要对所谈话题的很多内
容保持相似或相同的认知，这种相似或相同之处可以确保他们不需
要展开太多叙述就能领会对方所说之意。但对于沐沐而言，她作为
跨国行动者本就对中国语境下的很多话题并不熟悉，加之中西文化
的上述差异，她就更觉困惑，因此也触发了一系列的趣事：

> 我们表达想法的方式跟中国人很不一样。比如我参加的课
> 堂讨论经常会基于一些共识或大家都了解的想法而展开，参与
> 讨论的同学都知道怎么回事，他们就提一两个关键词，其他人
> 就懂了，然后只有这些只言片语，没有全面的讲述。但在波兰，
> 在很多西方国家，你必须说出你真正的意思，你必须说很多。
> 我是班上唯一一个留学生，所以有时候我不知道那些关键词或
> 只言片语背后的故事。这种不同的讲话方式在我们家经常出现。
> 比如有一次我们全家去一个庙里，我老公（中国人）想点个蜡烛，
> 就问我，"这个你觉得没事儿吧？"我说，"好吧，反正我不
> 做这个，你做你的，我没事儿"。结果我老公抱着我女儿去点
> 蜡烛。然后我才发现他并不是问点蜡烛这个事儿对我是否可以，
> 而是要问带我女儿去点蜡烛行不行，否则他不会问我的意见。
> 但他明明只说了他自己和点蜡烛。他自己去点，我没问题。但
> 我女儿和我一样是天主教徒，对她来说点蜡烛不合适。在我家
> 这种情况经常发生，我老公总是认为我应该知道他在说什么，
> 但他什么也没说，因为他觉得那个意思显而易见，哈哈，所以

---

① 爱德华·霍尔. 超越文化 [M]. 何道宽，译. 北京大学出版社, 2010.

> 我们刚结婚的时候经常吵架。很多事情对我老公是常识，但我不是他那个常识体系的一部分。所以每次吵架的时候，我就觉得我不是他那个体系的一部分，因为有很多常识我并不知道。（沐沐，E9）

艾米莉的跨文化交际体验揭示了中西文化在沟通方式上的差异。目前很多研究已经指出，来自不同文化体系的个体在沟通的时候青睐不同的沟通方式。这些沟通方式可以粗浅地分为直接交际方式和间接交际方式。例如，看重个人主义的西方文化体系中的个体更倾向于使用直接交际方式提出需求，认为这种方式更为有效，而中国文化体系中的个体为保护对方面子则更多采取间接方式进行沟通[1]。这种沟通方式上的差异令艾米莉在与中国同学交流的时候顾虑重重，而且这种顾虑已经影响了她建立深层次的跨文化关系：

> 在这里，面子好像很重要，大家为了保护别人的面子不太说不。比如我遇到中国同学时问他们，"你想参加某某活动吗？"他们很少直接拒绝，因为他们担心会冒犯我，所以他们比较回避直接拒绝这种话题。但对我来说，我们习惯于说不，比如"哦，不，我很忙"或者"不，我有其他安排了"，这不是问题。我觉得如果你不想去，如果你很忙，如果你只想待在家里，那完全可以，可以直接拒绝，我不会因为这个就生气。这就是我的文化，直接说我想说的。如果我被冒犯了，那么我们就摊开来讨论，然后就没事了。但跟中国同学说话，我觉得自己总是束手束脚的。我不知道是不是我自己的问题，是不是我想太多了。我总会想我不应该这么说，不应该那么说，这让我觉得很不舒服。当我跟别人交往时，我想做我自己，有什么就说什么。如果总

① GUDYKUNST W B, MATSUMOTO Y, TING-TOOMEY S, et al. The influence of cultural individualism-collectivism, self construals, and individual values on communication styles across cultures[J]. Human Communication Research, 2006, 22: 510-543. 其他文献详见：TING-TOOMEY S. Identity negotiation theory: Crossing cultural boundaries [C] //GUDYKUNST W B. Theorizing about intercultural communication. Thousand Oaks, CA:Sage, 2005: 211-233.

是束手束脚的，我就觉得那种交往很不自然，就很难与那个人建立更深的联系。（艾米莉，E10）

师生互动方式也是艾米莉遭遇的文化差异的另外一个载体。随着微信的普及，中国老师与学生之间的互动已经从传统的线下讲堂延伸至新媒体时代的线上互动。根据艾米莉的描述，中国学生与老师的互动借助微信变得更加灵活，但这种互动方式与在欧洲语境中形成的师生距离极为不同。虽然艾米莉知道这种更为灵活的互动方式可以为她节省很多麻烦，但她依然还是表示不太习惯：

微信的使用是另外一个文化差异。比如我们可以在微信上把作业发给老师，但在欧洲我们永远不会这么做。我们有教授的电子邮件地址，比如你从早上九点到晚上七点可以发送电子邮件，也可能是朝九晚五，但在那之后你就不会再发邮件了。直接在微信里给教授发信息让一些同学觉得很不适应，因为我们在欧洲绝对不这么做。在欧洲，我们跟教授之间有非常明确的距离，尤其是我在法国念书，我们对教授都要用尊称，就很像中文里的"您"，非常正式。我们给教授写邮件也非常正式。我们从来不会要教授的电话号码。在中国使用微信非常便捷，但我习惯了欧洲那种跟老师交往的方式，所以就很难习惯这里跟老师的相处方式，这就是文化上的差别。（艾米莉，E11）

除了上述文化差异，参与本研究的留学生还经常因为自己的外貌或者国籍而时不时地感受到自己略显突兀的局外人身份。斯诺来自意大利，是班上唯一一个国际学生。不同于其他中国同学的外貌使得斯诺从入学第一天就吸引了全班同学的注意。这种因为外貌的高辨识性而吸引别人关注的经历完全不同于斯诺在意大利时的经历。斯诺在这种关注下觉得自己经常被当成不同于中国同学的他者。中国老师为了照顾斯诺，刻意在课堂上与她互动，希望她可以回答问题。但这种出于好心的刻意关照却无意中强化了斯诺不同于其他中国同学的局外人身份：

> 我跟中国同学一起上课，他们对我挺好的，但对我也挺好奇。怎么说呢？这是我自己的一种感觉，也许不是这样，但我认为我的感觉是对的。比如我们小组活动的时候，我觉得他们都在看我。我觉得他们看我的方式跟他们看彼此的方式不同。他们对我很感兴趣，可能他们对我有一些期待，比如，"哦，她是意大利人，也许她画画很好，或摄影很好"，具体我也不知道。我是来念书的，想成为这个群体的一员，我不想成为一个与众不同的人。我就是个普通人，我以前没有学过绘画和摄影，我就是一般水平。可我觉得中国同学期待我是绘画或摄影的天才，而且之所以有这种期待是因为我跟他们不一样。有时候上课老师问问题，总是一片沉默，然后我觉得大家都在等我回答问题，因为他们都在看我，而且老师有时候也会期待我回答问题，因为他们希望用这种方式尽量让我成为班级的一分子。但那种期待让我觉得自己一下子成了全班关注的焦点。（斯诺，E12）

如果说斯诺所建构的经历是基于自己的独特外貌以及意大利国籍在中国想象中被赋予的特点，那沐沐的经历则主要是由自己不同于中国人的外貌所引起的。就如沐沐所描述的那样，外国人的容貌经常引起别人的注意：

> 人都是主要用自己的眼睛感知世界的。我的脸在这里跟周围的人都不一样，我想这是我最突出的特征。我在外边遇到的人可能对我一无所知，不知道我的中文水平，不知道我来自哪里，不知道我的人品如何。他们唯一能看到的就是我的外貌，然后他们就会把一些特质与我的外貌联系起来。中国人总是认为外国人一定会说英文。所以在社区里，我带我女儿出去散步的时候，有的人就会跑来跟我聊天，想练习英文，而且有的中国父母就用英文跟我女儿说话，也会让他们的孩子用英文跟她说话。

但我女儿不会说英文，她会说波兰语。所以有时候我不想出去，因为我不想被人注意到，我不想跟每个人聊天。我一出去，就有很多人过来，问一些问题，想要聊天。我觉得在某种程度上我的长相影响了我融入中国这个生活环境，因为别人一看到我，对待我的方式就会跟他们对待其他中国人的方式不同。（沐沐，E13）

（三）与中国同学的不同空间分布带来的疏离感

本章所谈论的空间不仅仅是地理学意义上存在的物理空间实体，更是个体在互动过程中对客观物质环境的社会性感知，这种感知既可促进也可抑制个体所构建的个人互动网络以及由这种网络所衍生出来的群体类别划分①。受访留学生普遍提到的与中国同学分离的学习及住宿环境是他们感受到差异，进而在心理上把自己与中国学生划分为不同群体的根源之一。目前很多中国高校的来华留学生管理还在沿用 20 世纪七八十年代"分而治之"的模式，而且部分延续了特定历史时期对留学生的特殊化照顾政策②。新中国成立之初，我国为了履行国际主义义务，以外宾之礼对待亚非拉国家的来华留学生，为此很多高校克服困难，为这些留学生提供高于中国学生生活标准的食宿环境③。这种在特定历史时期国内外政治经济环境之下实行的留学生差异化管理办法在当下已经逐渐显露出不少问题，其中一个就是日常活动中物理空间的分离阻碍中外学生之间的交流，进而让留学生觉得自己止步于中国同学的社交圈之外，成为同处一所学校但心理上缺乏归属感的他者④。卡森来北京专攻中文学习，他直言经常觉得没有归属感。当被问及如何才能提升他在北京的归属感时，卡森直言是与中国同学同班上课：

① 格奥尔格·齐美尔.社会学——关于社会化形式的研究 [M].林荣远,译.北京:华夏出版社,2002.其他文献详见:马佳妮.留学中国——来华留学生就读经验的质性研究 [M].北京:社会科学文献出版社,2020;郑震.空间:一个社会学的概念 [J].社会学研究,2010,25:167-191+245.
② 马佳妮.留学中国——来华留学生就读经验的质性研究 [M].北京:社会科学文献出版社,2020.
③ 李滔.中华留学教育史录:1949年以后 [M].北京:高等教育出版社,2000.
④ 丁笑炳.高校来华留学生支持服务满意度调查与思考——基于上海高校的数据 [J].高校教育管理,2018,12:115-124.其他文献详见:马佳妮.留学中国——来华留学生就读经验的质性研究 [M].北京:社会科学文献出版社,2020;张静.高校国际学生管理趋同化的思考与建议 [J].高等工程教育研究,2021:122-127.

　　我在这里经常觉得没有归属感，但这不是任何人的错误造成的。如果可以与中国同学同班上课，那会是认识他们的最便捷的途径之一。但我所在的班上没有中国同学，因为我在中文学院，我上的课都与汉语有关，就是那种教外国人用中文说、读、写的课。除了中国老师，我们班上没有其他中国人。我当时在台北学中文的时候也是这样，那个教学中心里没有中国学生。（卡森，E14）

　　亚历克斯和凯特为了突破中文学院单一的社交圈，曾经计划去其他院系修课，希望可以通过与中国同学共同修课的方式多结交中国朋友，开展跨文化交际。当得知去其他院系修课需要缴纳额外的学费时，亚历克斯和凯特基于各自的经济状况不约而同地放弃了这个计划。亚历克斯自费来华学习，他希望通过这一年的学习提高中文水平，然后转入同一所学校的硕士项目；而凯特是孔子学院奖学金的获得者，她可以免费学习的课程必须在奖学金指定范围之内，超出这个范围就需要她自己承担学费：

　　我可以选其他学院的课程，但我必须交钱。我为了在中文学院学习，已经缴纳了这里的学费，如果再去其他院系修课，我就要额外花钱，所以这事关我自己的财务状况，我毕竟还是个学生，我要节省一些。（亚历克斯，E15）

　　我是靠孔子学院奖学金来留学的，我的奖学金已经规定了我的学习计划，如果我在这个计划之外修课，就必须额外付钱，但我自己不想付钱。对于这个局面我挺沮丧的，我不知道怎样才能找到中国同学做朋友。我有一个朋友，她来自意大利，她自己支付所有的留学费用，她修了中国经济、全球研究之类的课程，她可以这样做，因为她自己承担所有费用。（凯特，E16）

即便是就读非中文专业的院系，来华留学生也会面临与中国学生分开上课所带来的低归属感。玛丽是商学院的交换生，她在访谈最后表达了自己的期待，她非常希望自己以后可以多一些机会与中国同学一起上课，她认为这种体验有助于她与中国同学自然而然地发展友谊，这样可以极大提升她留学期间的融入感：

> 如果可以在课堂环境中与中国同学有更多的交流与接触，我就可以自然而然地与他们建立友谊，我就会觉得自己更融入这个学习环境。我现在的课程绝大多数只有留学生上。我只有一门课，那个课上有中国学生。我们没有太多的机会跟中国同学认识、交往，所以我的社交圈基本是留学生。即便是在这里全日制念书的留学生，他们所在的课堂也主要是国际学生，而且很多课程与中国学生一样，只不过是分开上的。我猜语言是一个主要的问题。如果留学生的中文很好，那他们可以跟中国学生一起上课。而且有的老师精通中英文，就同时教留学生和中国学生，如果老师是外教，不会说中文，他们就只教留学生。（玛丽，E17）

除了分班上课，与中国同学分开住宿也是玛丽觉得无法融入中国学生圈层的一个制约性条件。虽然与其他交换生一同住宿给玛丽提供了很多社会支持，但她也明确表示希望自己将来有机会与中国同学住在一起，因为这种共同生活的经历有助于她走入中国同学的社交圈，以一种自然的姿态建立跨文化友谊。中外学生分开住宿的现状令沐沐和杰克觉得自己与中国同学之间始终存在隔阂。虽然他们可以在很大程度上突破语言障碍，作为全日制在读生与其他中国同学接受同样的课程安排，但分开住宿也令这两个受访者觉得自己游离于中国学生的生活圈子之外：

> 我之前在芬兰交换学习了一年，那里本国学生和外国学生的住宿条件是一样的。但在中国这个区分非常明显。中国学生和留学生不住在一起，而且留学生的住宿条件更好一些。这就在中国学生和留学生之间形成了一条分界线。（沐沐，E18）

　　我觉得大学里的社交并不是发生在课堂上的。因为上课的时候大家都在听讲。我觉得交往发生在大家下课回宿舍的路上，比如大家会聊接下来做什么。回到宿舍之后就会说去哪儿自习啊，吃饭吃什么啊，就会有很多活动可以一起参与。我觉得那些才是我希望的沟通与交流。可我跟班里中国同学不住在一起，下课大家各回各的宿舍楼，所以我与他们的交流基本在大家离开教室的时候就停滞不前了，所以现在已经有了明显的分界线。我们住在不同的楼里，这就意味着没办法有太多互动，除非我专门去找中国同学。这种分开住宿意味着那种亲密的友谊无法建立。我有时觉得自己在班里落单了，因为有很多集体活动中国同学知道，因为他们住在一起，相互交流很多，所以他们的宿舍就创造了一个共享空间，但我不在这个空间里，所以很多活动我不知道，只能通过他们的朋友圈才了解一些。所以我经常觉得自己游离在班级之外，不是因为我的同学故意不告诉我，他们会告诉，但我自己必须花更多的时间和精力才能知道，才能参与其中。（杰克，E19）

　　物理空间本身并无意义，但在社会互动过程中这些空间会影响参与其中的个体以及他们的主观感受。正如杰克所说，共同的学习及住宿环境作为横跨时空的结构性条件，有助于强化个体之间的人际互动网络，但"分而治之"的管理方法无疑阻碍了这种网络的强化，甚至阻碍了中外学生之间进行更多跨文化交际的可能性[①]。在社交媒体活跃的今天，这种物理空间的分离也间接导致了不同群体在网络空间中的疏离。正如杰克所说，现实生活中与中国同学缺乏足够的交往与接触使得很多受访留学生不知道如何进入中国学生赖以使用的共享网络信息渠道。此外，校方和院系出于管理需要往往建立一个专门针对留学生的信息渠道（比如微信群），相关的通知或活动信息都会通过这个渠道发布。这种信息渠道的独立使留学生更难获

---

①　马佳妮. 留学中国——来华留学生就读经验的质性研究 [M]. 北京：社会科学文献出版社，2020.

取与中国学生有关的活动信息，最终只能在留学生这个圈子展开人际交往。这种平行存在的不同信息渠道使得不少受访者表示他们无法突破留学生的圈层，最终只能与其他留学生一起参加各种活动：

> 我们有一个微信群，里头都是留学生，群里有一个中国老师负责日常跟我们沟通，他负责这个学院的留学生事务。他会经常在这个微信群里发布活动信息，比如包饺子、去长城玩什么的，一看就是专门为留学生准备的。中国学生有自己的微信群，跟他们有关的活动会发布在那个群里。我们的信息渠道是完全分开的。（艾米莉，E20）
>
> 我们最近有一个足球赛，只针对留学生。中国学生有一个篮球赛，也只针对他们。他们比赛之前我们都不知道有那个篮球赛，所以我们彼此之间信息不通，我们都只知道自己这个群里的事情，我们的信息渠道是完全分开的。（玛丽，E21）

上述彼此分离的信息渠道对于全日制在读留学生而言，更容易引起他们的差别感，而且如杰克所言，这些留学生需要花费更多的时间和精力去获取相关信息。与杰克相比，沐沐的差别感和无力感更为强烈。作为班里唯一一个留学生，沐沐从报到之日开始就经常面临信息不畅的局面。加之她因为家庭原因住在校外，所以课余时间与中国同学的相处本就有限。种种因素的作用下，沐沐经常不知道从哪儿获取相关信息，因而常有一种不被考虑在内的感觉：

> 我跟同班同学的交集很少，其中一个主要原因就是我住在校外。我来报到的时候，根本不知道怎么弄。没有那种打印出来的报到指南。我只能去不同的地方问，有时候得到的回答并不一致。报到第一天的时候，我才知道我所有同班同学都在一个微信群里，那个群里会发通知，群里的人都知道要干什么。但只有我不知道，因为我不在那个群里，所以我就有一种自己被忘掉的感觉，就是大家忘了还有我这个留学生。作为全班

唯一一个留学生，我总觉得别人期待我遇到类似情况的时候自己去找到所需的信息。如果系里留学生多的话还好，没人告诉我们，人多就可以一起反映问题。但如果只有我一个，好像就变成了我自己的责任，我需要自己去找到信息。所以经常会有一种我作为留学生不被考虑进去的感觉。（沐沐，E22）

除却相对独立的信息渠道，留学生在学习过程中所面对的不同于中国学生的规章制度以及培养目标也是他们感知差异的来源之一。与其他受访留学生相比，麦克是融入感最强的一个受访者，他与中国同学的亲密相处使他完全突破了差异化管理造成的信息不畅。但作为留学生，麦克在中国教育体系中所处的位置以及这个教育体系对他的期待和要求却不同于中国学生，这种不同会在不经意间强化他的局外人身份：

学院每年在刚开学的时候会有一个迎新会，本科生一般都去，但留学生没被发过这个通知。我跟中国学生的关系比较紧密，所以我在班级群里看到这个信息后，就跟着他们一起去了。但我听了一下，觉得跟我没有关系。当时介绍了好多学生社团，中国学生参与那个社团活动可以获得综合评价的加分，这个分数可以用来评奖学金。但留学生是没有综合评价这个东西的，因为我们的奖学金申请是另外一个系统，而且我们如果申请在中国继续读硕士的话，也跟中国学生不一样，所以社团活动相关的综合评价与留学生没有太大关系，所以我就没参加那些社团活动。我从入学起就有一种感觉，这个跟社交没关系，就是系统设置，留学生从一开始入校的时候就在系统上与中国学生分开了，我们是不一样的，就像两条平行线一样没有交集。就从一开始，比如上课，我们的一些课程设置就不一样，中国学生也知道我们跟他们不一样。平时大家一起玩没什么差别，但一到上的课不一样的时候，他们就会觉得我是留学生。（麦克）

与麦克相似，沐沐和爱丽丝在报到的时候，发现自己的手续和流程与中国同学不一样，这种折射在日常生活中的细微差异也放大了他们的差异感，让他们意识到自己是不同于中国同学的留学生，即局外人：

> 我来报到的时候，我所在的学院必须替我开通属于我的一个账户，否则我不能去图书馆借书。因为我是外国人，所以这个事花了很久才办完，我只能等着，等办好之后再去图书馆借书。但这些事情对中国同学就简单一些，感觉他们的账户办起来比较快。所以我们的情况是不一样的。（沐沐，E23）
>
> 我们来的时候需要去银行开户。当时我们一起来的同学一起去了银行，到了那里听银行的工作人员说，留学生的业务下周才开始办，因为这周要先办中国学生的业务。我们觉得很奇怪，不知道为什么。后来听说是因为中国学生很多，而且他们的开户流程比我们的简单，所以先集中给他们办。我们开户需要提供护照和在中国居住一年的许可证，就比中国学生的复杂。（爱丽丝，E24）

二　他者的能动性和流动的身份认同

是否存在基于某种相似或相同之处的归属感是留学生划分内群体和外群体的关键所在[①]。如上所述，来华留学生因其中文水平、文化理解能力、文化差异、外貌特征以及所接受的差异化管理而有意或无意地在日常人际互动过程中进行群组划分。在这些受访者看来，他们因为留学生这个身份而在不同程度上游离于中国学生群体之外，无法获得与其相同的关注和对待，感到失落、疏离和孤独，最终在种种差异与不同中感知到自己的局外人身份，即他者身份。但需要指出的是，他者身份依托所处语境，是流动的、变化的，并非一成

① 马佳妮.留学中国——来华留学生就读经验的质性研究 [M].北京：社会科学文献出版社，2020.

不变的。推动这些变化出现的能力即留学生这些旅居个体的能动性
（agency）。现有文献均强调，在不同社会结构中的个体均在不同
程度上具备能动性，这种自主选择和展开行动的能力受制于社会关
系网络，同时也影响着这些网络，使其不断结构化 [①]。因此，来华留
学生作为中国文化中的他者，依然可以基于自己的未来期望，通过
自己的能动性对所处的社会关系网络施加动态影响，在同时受制于
这些网络并影响这些网络的过程中，逐渐丰富自己的身份认同。

（一）"中国是我的家"

群体身份的形塑路径各有不同，既有先天赋予的（如以国籍、
性别或肤色等标准进行的划分），也有后天形成的（如产生于特定
社会语境中的交流和互动）[②]。这种心理层面的群体归属感知在个体
的成长过程中并非一成不变的。相反，各种因素交织在一起，会不
断影响个体的身份认同。换言之，即便有的受访者在留学伊始感知
到了自己的局外人身份，但在跨文化交际的过程中，随着他们能动
性的发挥，也可以把自己的他者身份转换为中国语境下的自己人，
最终以中国为家，实现对这个地方的全身心认同。在接受访谈的留
学生中，利奥、麦克和小夏分别代表了三种不同的转化路径。第五
章中曾经提到，利奥最初的来华留学可以追溯到初中时期。考虑到
布宜诺斯艾利斯当地的排外情绪，利奥的父母把他送回福建老家，
留在爷爷身边上学。可受制于自己极其有限的中文能力，利奥不知
道如何跟中国的老师同学交流，而且这种沟通不畅还衍生出了另外
一个问题，即学业受阻：

---

① GIDDENS A. The constitution of society: Outline of the theory of structuration [M]. Cambridge: Polity,
    1984; TAN Y. Gendered skilled migration: American women in China[J]. Asian Geographer, 2021: 1-17.
    其他文献详见：陈学金．"结构"与"能动性"：人类学与社会学中的百年争论 [J]. 贵州社会科学，
    2013: 96-101；郭毅，朱扬帆，朱熹．人际关系互动与社会结构网络化——社会资本理论的建构基础 [J].
    社会科学，2003: 64-74；刘亚秋．费孝通社会学思想中的主体性研究 [J]. 西南民族大学学报（人文社
    会科学版），2020, 41: 15-20；孟祥远，邓智平．如何超越二元对立？——对布迪厄与吉登斯比较性评
    析 [J]. 南京社会科学，2009: 111-114.
② 马佳妮．留学中国——来华留学生就读经验的质性研究 [M]. 北京：社会科学文献出版社，2020.

> 那时候（初中刚回来在公立学校念书）我的母语还是西班牙语，但在学校讲不了，因为老师用中文教。上课的话我就会去听，然后慢慢地去理解。但其实那时候很多都不懂，然后回家问我家里人，就这样子读了两年，虽然慢慢有点习惯，但还是有点陌生的感觉，就是觉得在中国读书很陌生。（利奥）

陌生感带给利奥极大的不适感，他害怕跟其他人交流。这种极其强烈的局外人身份感知引起了利奥父母的担心，其最终决定把他接回阿根廷，在那里继续念书。由此可见，利奥最初来华留学时所形成的他者身份既有先赋性，也有后致性。他作为在阿根廷出生和成长的华裔二代，其国籍和母语（西班牙语）从一开始就宣告了他不同于中国民众的他者性。在后续的接触中，利奥有限的中文水平以及跨文化沟通的不畅进一步在中国语境中强化了他的局外人身份。虽然利奥作为他者无法在中国公立中学这个系统中突破中文能力有限带来的种种不便，但他并非毫无应对之力，相反他所处的家庭结构为其提供了坚实的支持网络。利奥的爷爷作为早年带领全家移民阿根廷的家族领袖，年老之后回到故土，他精通西班牙语，受过良好的教育，因此在利奥最初回国念书的那两年充当了家庭教师的角色。利奥上课听不懂的内容就带回家，然后由爷爷用西班牙语为其讲解。此外，他的父母也定期与他沟通，了解他的状况，为其提供情绪支持，并在必要的时候提供物质支持，将其转回阿根廷念书。在这样的情况下，家族两代人为利奥营造出了一个安全屏障，舒缓种种差异带给他的不适感。

除了家人提供的种种支持，利奥自己也通过努力提升中文能力为自己后来再度来华念书打下了坚实基础。利奥前后两次回国念书只相隔一年，但他通过在阿根廷念中文学校进行系统学习，加之自己华裔的身份，平时的练习机会也比较多，因此一年之后他的中文水平就有了很大提高。后来基于另外一个家族成员（利奥的表姐）提供的信息支持，利奥的父母选择让他再度回到福建完成高中学业，以便获得质量更好的高等教育。利奥鉴于自己念初中的经历，一开始比较抗拒再度回福建念书，因为他觉得在一个陌生的环境中没有家的感觉。但后来高中环境对他的接纳和他在学习中对中国不断加深的了解，以及中文能力提升之后与中国同学的亲密互动，都使得他逐渐融入了中国的环境，逐渐习惯并爱上了这里的生活，不想再回阿根廷。利奥高中阶段对中国认同感的增强以及融入感的加深进一步强化了他的中国人身份，他觉得自己与中国同学的交往既不存在文化距离，也不存在心理距离，因此进入大学之后他的社交圈以中国学生为主。利奥直言未来想继续留在中国生活，因为在这里会有家的感觉：

> 从国籍上说我是外国人，但文化上我觉得自己是中国人，我现在在中国会更有家的感觉，就是因为别人对我的态度。态度上中国人跟外国人的区别很大。就是我们中国人比较礼貌待人，对我们都比较好，说话也比较和蔼可亲。但是在国外，如果你跟阿根廷那边当地人讲话，他们会排挤你，就是不会认真去跟你沟通，就感觉你是一个华人，然后没必要跟你说啥这样子，然后就会找别人一起玩，把我们排斥在一边。（利奥）

相比利奥从他者向中国人身份的线性转变，麦克的经历略显曲折。特殊的家庭环境导致麦克自小在北京长大，初中毕业之前他对自己的身份差异并无太多感知，一直觉得自己是北京孩子。这种先赋身份（美国人）和后致身份（北京孩子）之间的不一致一直令麦克感到困惑。在麦克看来，他内心一直认为自己是中国人，他的家在中国，但美国国籍在日常生活中所带来的差异感又不时地提醒他在中国社会结构中的局外人身份：

> 我从小在中国长大，其实我一直被当作中国人，我从来没觉得我跟其他中国人有什么区别。只是从我即将成年的那几年开始，我才真的意识到我是美国人。我妈妈坚持让我保留美国国籍的时候，我其实内心一直感觉我是中国人。这种又是美国

人又是中国人的情况很难找到一个平衡点。有时候我会觉得比较矛盾，比如参加各种考试的时候，我就需要填写美国护照上的英文名字，不能写我真正的名字，我的中文名字。我进大学之后跟更多人接触的时候，不停地会遇到"我是一个美国人"的这种情况。比如有时候同学会让我觉得"你是美国人，你是留学生，你跟我们不一样"。就是那种卡在中间的感觉。关于这个事其实我有时候挺矛盾的，就是我感觉一部分我挺想要完全融入中国社会，就让大家一看我就觉得我是中国人，百分百不会质疑这个人可能是外国人，也百分百不会发现我是一个外国人。我觉得我不应该被单独拎出来，因为我跟其他同学一样，我是中国人。（麦克）

当谈到未来的发展设想时，麦克更是说如果可以再次选择，他愿意做中国人，因为他的未来在中国，这里是他的家：

　　如果再有一次机会的话，我愿意做中国人，因为我的家人都在中国，这里才是我真正的家。我想过如果有一天我在中国的家人全都消失了，都不见了，那我觉得我就没有家了。所以与美国相比，中国更像我的家。我更喜欢中国，而且我想在中国长期发展。就算我毕业了，我肯定还是选择在中国长期发展，去做翻译也好，去干别的也好，我对中国更有感情。（麦克）

麦克在意识到外国人身份的时候，会充分利用自己从小长在北京的优势，比如会刻意夸张地说自己的北京话，会强调自己在中国长大。通过这种展示地方语言实力以及与中国深层次关联的方式，麦克充分彰显了自己的中国人身份。正如马佳妮在其研究中提到的那样，个体刻意通过交流和互动来激活自己的某种群体成员资格，进而被接纳为自己人 [①]，麦克表示：

───────────────

[①]　马佳妮. 留学中国——来华留学生就读经验的质性研究 [M]. 北京：社会科学文献出版社，2020.

　　有段时间网上很多人对美国有意见。如果有人知道我是美国国籍，我就会特别着重地说我一直在中国长大，我更喜欢中国。如果有类似的聊天发生，我会故意夸张地说我的北京话，就专门显得我是北京人，我跟他们一样，甚至于比他们还要更本地一些。（麦克）

　　与上述两位华裔受访者相比，俄罗斯留学生小夏与中国民众的不同在中国语境中更为凸显。除了国籍带来的先赋身份，小夏的外国人容貌以及非华裔的文化身份都令他在跨文化交际过程中不断地感知到自己的局外人身份。虽然小夏当年选择学习中文是众多因素夹杂在一起的偶然之举，但在这些因素的推动下他真正地爱上了中国。最初深受老师的影响，小夏认为只有出国才有出息，为此他想尽办法努力学习中文。例如，他在上课之余会在旅行社兼职，担任中国旅行团的当地导游，利用这个机会努力练习中文。再比如，他在赴华交换留学的过程中，因为当时的一段跨国恋情开始接触中国音乐，尤其是中国民谣，并将学习演唱中国民谣视为一种提升自己中文发音水平的途径。此外，正如上一章所描述的那样，小夏还在这个后致兴趣的基础上找到了与中国学生交往的连接点。在具体的交往互动过程中，这种基于共同兴趣的跨文化交际突破了先赋性群体划分带来的区隔，淡化了国籍和容貌带给小夏的局外人身份，激活并凸显了他民谣发烧友的群体成员资格。两次来华交换经历不仅提升了小夏的中文水平，还令其近距离地感受到了中国文化的魅力：

　　我一直都想出国，我觉得出国才有出息。然后到了中国之后，我就发现可能俄罗斯真的不是我的国家。我觉得中国人头脑特别灵活。比如有个问题，你绕过去也可以解决对吧，但俄罗斯人就不会这样，像一头羊一直撞啊撞。我现在跟他们说这些感觉真的是对牛弹琴。我弟弟就这样。我跟他说你遇到了一个问题，你可以没有损失地去解决它。但他不听，不肯向中国人学习，回答说，"我是俄罗斯人，我的祖先是怎么做的，我也要这么做"。我觉得我从中国文化里学到了很多，它真的改变了我的想法，让我变得更好了。（小夏）

大学四年的学习以及两次来华的交换经历令小夏直言爱上了中国，因此当他毕业的时候，一度因为自己可能无法再接触到中国人，无法回到中国而感到痛苦。为了继续实现自己的中国梦，小夏在大四的时候报名了俄罗斯的"汉语桥"中文比赛，获得了冠军，并赢得了来华攻读对外汉语专业硕士学位的奖学金。根据小夏的叙述，仅有这个奖学金并不能确保他一定可以再度来华念书。为了提高成功率，他选择给相关的学校挨个打电话，最后争取到来北京念书的机会：

当时我在申请的时候，我记得我是直接给中国学校打电话的，因为我觉得发一个邮件很麻烦，而且人家很有可能不会搭理你，对吧？这谁啊？不认识。然后我就直接打电话。我记得我在电话里说，"您好，我想在你们学校读书"。对方老师问我是谁，我说我是"汉语桥"全俄罗斯的冠军。他就说，"好好好，我把你名字写下来，你叫什么名字？"我觉得真的是巧合。如果不是冠军这两个字，肯定没戏。（小夏）

在北京念书期间，小夏所在院系的老师、自己的同乡、中国女友以及校外认识的中国挚友都为其提供了很多帮助和支持。比如他的老师帮他解决了疫情期间的奖学金发放问题；自己的同乡跟他一起庆祝俄罗斯的传统节日，缓解思乡之情；中国女友鼓励他继续深造；校外的中国朋友在他不愿意回宿舍的时候为其提供住宿，还慷慨解囊，借钱给他解决眼下的问题。在中国生活得越久，小夏对中国的眷恋越深。疫情的突然发生作为关键性事件更是让他认识到自己已经深深嵌入中国：

　　我觉得疫情让我明白了我最终想要的是什么。我那时候想，我回俄罗斯过个寒假再回来。可是到现在也没办法回去。我现在待在这边真的贼不自在，觉得特别不舒服，感觉我现在不属于这里，你知道吗？我不知道为什么会这样。打个比方，现在内在的我80%或者90%已经属于中国了，所以我说我在国内的时候很少会有不舒服的感觉。你看，我已经说国内而不是中国了。我觉得国内贼舒服，我已经把中国当成自己的国家。我对象当时跟着我一起过来，不过她后来先回去了，她在国内等我。我跟她在一起的时候感觉还好，就有点那种在中国的感觉。有点舒服。但是她走了之后，我感觉现在我真的是一无所有，一个人就像孤零零地站在这片土地上，这种感觉特别悲伤。我觉得疫情让我彻底意识到我现在真的跟俄罗斯已经走在两条路上了。（小夏）

　　作为一个与中国并没有先赋式关联的留学生，小夏丰富的经历揭示了旅居个体在跨国迁徙过程中身份认同的复杂性。对小夏而言，他最初只想通过出国来显示自己有出息，后来的种种经历让他爱上了中国，而疫情这个不可抗力更是让他明白自己的心之所向。在这个逐渐变化的过程中，虽然小夏作为文化他者受制于很多结构性因素，但他从未放弃自己的能动性，并且尽可能地为实现自己的梦想而努力。虽然小夏热爱中国，想留在中国生活，但他也直言自己因为国籍和外貌可能只是一个过客。作为一个以中国为家的过客，小夏希望通过自己的努力获得别人的认可：

　　虽然我特别希望属于中国，但我知道我在中国只不过是一个过客，我是一个客人，对吧？这不是我的土地，我没有资格说了算，就是这意思。我能做的就是向中国人学习，被他们认可，这是我最好的方法。我觉得我这辈子可以走几条路，比如说，要么做翻译，要么在中国教书。我喜欢教书，我喜欢分享，分享我的知识，为什么呢？因为我觉得教汉字非常有意思，因为我可以把我想到的学习妙招教给别人。如果这个人也学会了，我就非常开心。至于怎么被认可，我希望不管我将来做什么，我都可以跟大家分享俄罗斯文化，然后说我们是什么样的人，消除那些刻板印象，这是第一个。第二个，我希望让大家认识到老外里也有很多好人。我想自己先做好事，然后能够被中国人看到，再然后让大家认识到并不是所有的老外都不好。我之前在路上看到一个老奶奶，她走路不方便，推着一个小车。过马路的时候她的车子卡住了，她推不动，就站在那里很无奈。我就过去让她坐在车子上，然后推她过去，还帮她送到小区。当时一个中国姑娘也过来帮忙，我们一起把老奶奶送回家。然后我记得这老奶奶非常感激，握着我的手，近距离打量我，问我是哪国人，说感觉不像他们自己人，因为我皮肤特别白。我说是俄罗斯人，她不停地说谢谢。我当时就觉得我不是为了说俄罗斯多好，而是希望我们这些白皮肤的外人可以给人家留下好印象，我们也有好人。我当时心里特舒服，就觉得自己做了一件好事儿，不用刻意去说自己多好，就这样做好事，就这样被认可，就是这个意思。（小夏）

（二）"中国是我人生中的重要一站"

旅居个体对迁入地的认同有多种表现形式。利奥、麦克和小夏各自身份认同的形成都是天时、地利和人和的结果。利奥和麦克的独特成长经历均与中国存在天然的联系，而且他们家族横跨两国的社会支持网络也为他们提供了很多独有的保护。小夏误打误撞选择了学习中文，一心以离开俄罗斯、出国念书为荣，几经辗转在中国收获了爱情、友情和师生情。疫情的突袭而至更是令小夏明白了自己的心之所向。他渴望在中国扎根，以此为家，希望自己被认可。但客观存在的局外人身份也让小夏明白自己于中国而言只是客人。即便如此，他还是想努力做一个在被中国人认可的同时可以在这里传播俄罗斯文化的品行端正的外国人。每个旅居个体的境遇都存在很多偶然性，无法复制。与上述三位受访者相比，参与本研究的留学生更多是将中国视为自己人生中的重要一站，寄托了他们的无尽梦想。不少参与交换项目的留学生都把来中国留学的经历描述为来这个国家做客。身为造访中国的旅居个体，他们认为要尊重中国的一切，包括文化差异，不能想当然地认为周围的一切要围绕他们的需求而发生改变。艾米莉直言身处异国他乡，遭遇文化差异是常有的事，留学生可以有所抱怨，但没有必要每次都为之生气，因为自己毕竟是外人，这里不是自己的国家，自己没有权利去告诉中国人应该怎么做。卡森更是批评一些在中国生活的西方人总希望环境迁就自己，这种想法非常自大：

> 基本上，我不能指望中国人为我改变。这是彻头彻尾的殖民主义、帝国主义，尽管我不喜欢使用这些词，因为它们被过度使用了，尤其是在西方的背景下。我知道它的来源，因为很多西方人都是帝国主义者。但如果我认为，我来到这里，因为我是客人，人们就要为我而改变，那就完全是帝国主义和殖民主义了。我必须改变或至少使自己适应这里。这就是我在这里的原因。我必须开始学习如何与这里的人互动，让他们感到舒适。我在这里就是一个留学生，我就是这里的一个访客，我怎么能期待这里的一切为了我而发生改变？（卡森，E25）

玛丽更是指出，自己作为访客更要注意自己的言行，因为自己在中国人眼中代表着自己的国家：

> 在这里大家都能看出来我是个外国人，所以我在某种程度上代表着我的国家，不能让中国人因为我的表现而对我的国家有不好的印象。（玛丽，E26）

对于一些言行有问题的留学生，雅各布认为每个人都有权利教育、提醒他们：

　　我鼓励每个人，如果遇到那些言行不好的留学生，就直接告诉他们，"你们在这里是客人，请注意你们的言行！"这样是完全可以的，那些学生必须了解这一点，因为他们的表现是不对的。（雅各布，E27）

与来中国攻读学位或有攻读学位计划的留学生相比，这些留学时长相对短暂的交换生完成在中国的学习之后就要返回自己的母国，在那里继续自己的学业，因此他们对中国在自己未来发展版图上所占据的位置没有特别明晰的规划。虽然他们来华的原因是仰慕中国文化、希望提高中文水平、渴望从中国飞速发展的经济趋势中获利，但对于未来具体做什么，他们的想法依旧模糊。比如艾米莉、玛丽、苏西和爱丽丝都表示自己并不确定未来具体从事什么工作，有什么人生规划，但她们愿意对一切可能性保持开放的心态。凯文来中国是希望多认识未来的商业伙伴，但交换结束之后还要回德国继续学业。至于毕业之后的打算，凯文直言并不清楚。基于对未来尚不明确的规划，加上之前章节中讨论过的结构性制约，这些受访者的社交多局限在留学生这个圈层，彼此提供支持与帮助，而他们与周围中国老师和同学的接触多围绕信息分享和服务指导而展开。例如，萨拉刚到中国的时候结识了一个中国女生，对方陪她去药店和银行办事，教会她如何在学校收发快递。爱丽丝在疫情刚刚发生的时候困在罗马，无法回到中国，她非常担心没有中文语言环境会影响自己的中文水平。得知了爱丽丝的处境之后，曾经教过她的一位中国老师每周抽出一定的时间与她在网上练习中文口语，解了爱丽丝的燃眉之急。后来疫情的持续加重使得爱丽丝及其同学无法按原定计划返回北京，在这样的情况下，他们所在院系的中方老师主动安排行李打包服务，为 31 位意大利交换生挨个整理宿舍，并把他们的行李完好无损地寄回每个人的家里。中国师生提供的帮助与支持给这些交换生留下了深刻的印象，极大缓解了他们跨国迁移到一个陌生环境所带来的焦虑与不适。除了从周围环境获取社会支持，这些留学生也努力寻求更多的机会去结识中国学生，理解文化差异，感受跨文化经历，并在其中扮演积极主动的角色。例如，卡森在秀水街做了不少中式服装，用以日常穿着，这无疑增加了他在中国社会的可见度。当有中国民众因为好奇而与之攀谈的时候，卡森就抓住机会与之聊天：

> 你能看到我穿的是一个中式长袍对吧。有一天我穿着这件衣服在学校里走，有两个阿姨就看到我了，她们很好奇，就主动上来问我，"你说相声吗？"我就说，"我说过一次"。然后其中一个阿姨让我试试绕口令，我说得不太好，她就主动教我。后来再碰到她们，我们就会聊几句。（卡森，E28）

此外，这些留学生也会积极努力地通过多种渠道尽可能地寻找与中国人可能相遇的空间，比如借助社交媒体寻找语言伙伴，走出校园进入中国民众日常生活圈，做小组作业的时候坚持与中国同学组队。而且其中一些留学生还承担起了社会支持提供者的角色，为其他留学生提供所需帮助：

> 我们经常去语言角，看能不能与那边的中国同学交朋友。而且我们弄了一个微信群，邀请国际学生和中国学生都参加，大家在里头聊天，根据相似的兴趣组成语言伙伴小组。而且这个学期我加入了系里的留学生学生会，新生报到的时候我就在现场为新来的留学生提供帮助，比如给他们做翻译什么的。（玛丽，E29）

> 有时候我专门去逛胡同。我去了之后就四处走，留神听周围的人怎么说话。那样太酷了。那才是普通人说话的方式，跟我在录音材料里或老师那里听到的很不一样。老师讲的那种普通话太标准了，太清楚了。但你走出学校，你听不到那种表达。我就想试着去听听普通人怎么说话，而且当他们跟我说话的时候我也努力尝试理解，这样我就可以进一步提高中文能力。（凯

特，E30）

　　我有一门课是跟中国学生一起上的。课上其他欧洲留学生找我一起做小组作业，我拒绝了，我说我想跟中国同学组队。后来我们配合得很好，大家各有所长，都有贡献。我觉得我们要主动越过分界线。（雅各布，E31）

　　我现在在意大利就加入了一个导师项目。其实就是帮来意大利留学的学生安顿好，帮他们解决问题。比如签证的事儿，去银行开户，或在学校办的一些事情。如果我明年可以回中国，希望会有更多的意大利学生在那里，我希望自己可以帮助他们。（萨拉，E32）

当与中国同学的近距离接触受阻的时候，一些受访者也可以通过自己的努力来增加对中国的了解，从而为自己的未来增加竞争力。安迪直言自己毕竟不是中国人，因此他对一些事情的理解可能不如中国人深刻。这种挥之不去的他者身份和将来想留在中国工作的想法使得安迪把中国描述为一个虽不是家但的确让他感到很舒服的地方。为了能更好地了解中国人看事情的角度，安迪平时采用大量阅读中文报刊的方式提升自己对中国时事的了解：

　　平时没有太多机会跟中国同学交流观点。我自己想了一个办法，就是阅读中国的书籍、报纸，像《人民日报》《中国日报》《南方日报》，还有其他报纸，只要有时间，我都看。我就看中文版，看不懂的地方我就查字典。（安迪，E33）

对于那些在中国攻读学位的受访者，他们对中国在他们人生版图上扮演的角色相对清晰。比如亚历克斯接受访谈的时候是自费来中国学习一年后，他之后会申请国际关系专业硕士，继续留在北京学习。当谈及他对自己的定位时，亚历克斯直言他可以接受自己在中国的局外人身份，但他希望以一个外国人的身份在这里生活，而且这种生活方式与被接受、被认可没有必然联系：

我可以接受自己在中国是一个来自外国的局外人。我不是指那种被接受的感觉。我用的词是融入，就是融入这里的文化。我想认识一些中国学生，因为你真的可以使用一些常用的表达方式。你可以和他们分享他们的生活方式。这是最有趣的部分，你与当地人分享一些东西，这真的非常非常有趣。如果你可以跟他们分享一些东西，在我看来就是融入了。你可以认识很多人，有一个很大的社交圈。这就是我说的以留学生的身份融入这里。我认识一些留学生，他们不想与中国人交朋友，对自己的状态非常满意。他们总是混小圈子，说着同样的语言。我不想过那样的生活。我对此很是看不上。所以我很想遇到一些中国人，想让我的中文变得更好。我不想只依靠课堂上获得的知识生活，我了解的已经很多了。我想读书，想多认识一些人，想过中国式的生活，这就是为什么我保持一些传统，庆祝一些节日。这样的话，如果你跟一些中国人出去玩，大家就完全成朋友了。到了那个阶段，你就不会真的觉得自己是外国人或来自外国的局外人。你只会因为自己的外表而感觉到所谓的外国身份。（亚历克斯，E34）

为了实现他理想中的融入，亚历克斯会尽量用中文回答中国民众提出的问题，以此证明自己不仅仅是一个他者，同时也具备中文沟通的能力。为了更好地提升中文水平、了解中国文化和社会，他还与两个中国同学结成语言伙伴，先以练习语言为突破口建立共同的联系，增加交谈的可能性，然后在这个基础上逐渐寻找更多共同话题，让跨文化交际变得越来越自然。对于因为外貌而强化的局外人身份，亚历克斯也可以泰然处之，并将其视为增长知识、增加了解的一个机会：

有时候在大街上，有的人会盯着我看。我已经习惯了。而且我觉得跟周围的人长得不一样也是挺有趣的经历。在我的国

家，每个人都不一样，没人注意这些，但在这里有人会注意到
这些，这个就是很有趣的地方。我觉得这也是我的一个学习机会。
你可以一直学习，不停地提升技能。有时候会遇到一些让人印
象深刻的文化差异，但这样很好，这样可以一直让你对自己研
究的这个地方保持好奇。（亚历克斯，E35）

　　与亚历克斯相似，乔纳森也一直积极努力地为自己将来在中国
电影行业的发展增加竞争力。乔纳森清楚自己的中文不够好是将来
职业发展的短板，因此一直通过自己所处的留学生圈层（主要是拥
有国际化经历或多元文化背景的留学生，其中大多拥有一位来自中
国的父亲或母亲）学习中文，增加对中国文化的了解。同时他自己
也积极主动地帮中国同学拍摄短片，以此增加和中国同学相处的机
会，同时锻炼自己的演技。疫情的突然发生让乔纳森的学业陷入了
临时的停滞，但他依然利用周围的资源推进自己的学习：

　　因为疫情，我们的项目推后了一年，所以我今年严格意义
上无事可做。但在这个阶段，我觉得你可以选择什么都不做，
也可以选择在某些方面有所作为。我现在在伦敦，跟着之前在
维也纳认识的老师继续学中文。以前我没办法投入很多时间，
现在大家都居家了，时间很多，所以我们每隔一天就在网上见面，
我每天都在学习，只要有空就学。以前我不能真正享受到学习
语言的乐趣，因为总有很多其他事情要做，压力很大。现在我
有时间就去学，我学得挺刻苦的，希望几年之后就可以达到顺
利交谈那个程度。而且我同时也在这边学表演，一年的时间很长，
我可以做很多事情。（乔纳森，E36）

　　与其他受访者相比，沐沐感受到的他者身份更为多元和强烈。
她不仅是一个来华留学生，还是中国人的配偶和一个混血儿的妈妈。
作为一个同时生活在中国高等教育体系、婚姻体系和移民体系内的
他者，沐沐的多重身份交织在一起经常让她有一种无法彻底融入的

感觉。沐沐直言她有时候非常想家，很怀念在波兰的生活。但每次跟家里打电话提到这个事情，她在波兰的家人总是告诉她这一切不过是她对母国理想化之后的看法。波兰可以为移民提供的工作非常有限，如果沐沐全家返回波兰，她丈夫的工作就是一个令人头疼的事情。而且沐沐婚后几次返回波兰探亲，也发现自己因为常年旅居国外而对很多事情有了不同的看法，因而在跟波兰的亲戚朋友交往的时候也显得有些格格不入，而且离开中国之后就开始思念这里的生活。在两种文化的拉扯下，沐沐对全家未来在哪里生活尚未形成清晰的看法，但她博士学业尚未结束而且女儿年纪尚小的情况决定了在可见的未来几年他们还是要在中国生活。在这样的情况下，沐沐作为夹在两种文化之间的旅居个体依然可以发挥能动性，甚至在微观层面可以影响自己的中国家人：

在中国念书，就要学会自己主动去寻找相关的信息，不能被动地等别人给我。现在但凡跟学习有关的事情，我都会主动去问我的同班同学，如果我不问，他们默认大家都知道，那我根本不知道要做什么。虽然我对这种经常被排除在信息流通渠道之外的现象感到有点烦，但换个角度看，这个也的确很好地锻炼了我的社交能力。（沐沐，E37）

我是一个非常喜欢也很重视传统的人。我硕士毕业的那一年我在弄毕业论文，而且我们当时有课，我就没办法回波兰庆祝我们的一个传统节日。我当时非常难过，因为我在这边能找到的食材非常有限，没办法做我们的传统食物，也没有那个过节的氛围。我老公不是一个很重视节日的人，直到我崩溃大哭他才知道这个事情的严重性，哈哈哈。后来我就在家庆祝波兰的很多传统节日，我们有很多传统节日，我把这些都带入了我的中国家庭。我非常喜欢风俗传统。我喜欢波兰的，也喜欢中国的。现在每次中秋节，我就确保我们家一定要吃月饼。我老公以及很多中国朋友都觉得没有这个必要，只是个形式。但我就会说我们必须吃月饼，因为是中秋节，你不可能不吃这个。我觉得这些

风俗传统非常好。其实过节不是为了吃。如果不庆祝的话，时间长了大家就逐渐淡忘这些节日的意义了。（沐沐，E38）

（三）"我是一个世界公民"

受访者所呈现出来的最后一个身份类别就是不受地域束缚的世界公民，这个类别集中体现在约翰身上。深受妈妈四海为家洒脱理念的影响，约翰并没有因为地域身份相关的归属感而感到困惑或苦恼。与前边很多受访者不同，约翰不仅可以平静接受自己的他者身份，而且还很享受这个身份所带来的与众不同的感觉。文化上，约翰承认一部分的自己是一个典型的中国孩子。他从小跟随父母庆祝中国的各种节日，习得了很多习俗，比如端午节一定要有粽子，中秋节要有月饼，妈妈的生日永远要按农历计算。而且华人望子成龙的愿景在他身上也体现得淋漓尽致。除了西班牙语，约翰还在母亲的要求下先后学过中文、英文和法语，因此他戏称自己为典型的中国孩子。除了那个中国化的自我，约翰同时也认可自己的阿根廷身份，在他心中，那个他出生和成长的城市永远是他的家。这种对阿根廷身份的认可使得约翰在中国与很多来自拉丁美洲的旅居个体成为好友，如他所说，大家都讲西班牙语，14 世纪之前都属于西班牙，文化一致。而且同出西方文化体系也使得他与其他西方留学生交往密切，在他看来，大家追根溯源都是从罗马来的，都是西方人，做朋友比较容易。对于北京这个他即将度过本科阶段的地方，约翰直言这里是一个他拥有很多美好经历的地方：

> 对我来说，我的家永远是布宜诺斯艾利斯。我在那里长大，我在那里度过了我生命中的 19 年。北京将永远是我心中一个美丽的地方，因为我在这里学习，我在这里结交了很多优秀的人，我也在这里成长。我觉得，哪里是家取决于人，人才是让那个地方成为家的关键，不是那个地方本身。我是世界公民。我真的不介意我明天会去哪里。（约翰，E39）

对于自己的他者身份，约翰觉得这反倒是一个令自己与众不同
的特质：

> 随着年龄的增长，身份这个事情不再困扰我了，因为我意
> 识到我很特别。世界上有很多美籍华裔、加拿大籍华裔、澳大
> 利亚籍华裔，但我们阿根廷籍华裔就没有那么多。而且跟很多
> 生活在阿根廷华人社区的人相比，我有语言优势，他们很多不
> 讲中文，不讲英文，只说西班牙语。但我可以讲中文，我有机
> 会在这里念书，而且我学的是我感兴趣的专业。我在政治活动
> 领域或许没有那么多机会，但我拥有的机会跟很多人不一样，
> 这不是很开心吗？我拥有别人没有的优势。（约翰，E40）

对与众不同的看重使得约翰对归属感没有那么强烈的渴求。他
不介意被地域所定义，而且他对不同的地域都充满期待。因此，他
对未来的一切可能性都张开双臂，他可以去不同的国家，可以有不
同的计划，只是希望自己可以从事文化交流相关的工作。这种不被
地域所束缚的身份认同令约翰感到轻松，因而他可以轻松化解久居
异乡产生的思乡之情。如约翰所说，家的感觉取决于人，所以他的
办法就是把自己实际居住的环境弄得很有家的感觉：

> 我缓解思乡之情的办法很简单，就是做饭，做我在阿根廷
> 的时候喜欢吃的东西。我自己做。很多人只是抱怨在这里没有
> 家的感觉，但他们可以把这里变得像家啊，我可以做到这一点，
> 为什么不做呢？所以阿根廷那边有人问我，"你怎么做的？"
> 我就说，"用手和面粉还有其他食材啊"。他们有点惊讶。因
> 为人们往往喜欢抱怨自己没有东西，但我选择创造这些东西。
> 我会去不同的地方买食材，比如家乐福，比如菜市场。如果遇
> 到不会做的菜，我就打电话问我妈。（约翰，E41）

三　本章小结

　　正如马佳妮在其研究中论述的那样，来华留学生在访谈过程中反复提到"我们"、"他们"以及"外人"这样的表达，这表明他们在跨文化交际过程中意识到了群组差异并以有声语言的形式将自己与他人之间的区分表达出来。留学生在留学过程中有意或无意地对自我和他人进行分类的做法，究其本质是对其"个体人际互动网络的再生产"①。群体区分在受访者的心理上投射为他们与中国人之间的类型化，而这些区分则由语言能力、文化理解、母国世界与留学国世界的差异感知以及不同空间分布所引起。作为参与国际迁徙的旅居个体，这些受访者不约而同地在感知种种差异的过程中将自己视为中国语境中的局外人，即他者。对于每一个有过迁移经历的个体而言，对这样一种基于差异感知的他者身份应该并不陌生。但西方学术界长久以来所秉持的二元对立思维模式不仅无视个体的他者身份，有些研究甚至认为这种身份认同是阻碍个体成功实现跨文化适应的绊脚石，应该予以剔除。这种居高临下、以自我为中心的身份认同观念究其本质是同化思维在跨文化领域的具体表征。所幸已有不少学者认识到他者身份的不可忽视性，并指出他者与自我相互依存，互为补充，只有正视他者，才能避免排他性认同，才能跳出自我视角的局限，用更包容的心态开展跨文化对话，推动文明共建②。正是基于感知到的他者身份，受访者在留学经历中会主动调整、重构自己所处的人际互动网络并对其进行再生产。正如第五章所陈述的那样，来华留学生依据自己感知到的相似或相同点以及差异性

---

① 马佳妮. 留学中国——来华留学生就读经验的质性研究 [M]. 北京：社会科学文献出版社，2020.

② BAKHTIN M M. The dialogic imagination: Four essays [M]. EMERSON C, HOLQUIST M, trans. Austin: University of Texas Press, 1981. 其他文献详见：单波. 跨文化传播的基本理论命题 [J]. 华中师范大学学报(人文社会科学版)，2011, 50: 103-113; 单波，张腾方. 跨文化传播视野中的他者化难题 [J]. 学术研究 2016（6）：39-45+73+32; 刘俊. "他者"的存在和"身份"的追寻——美国华文文学的一种解读 [J]. 南京大学学报（哲学·人文科学·社会科学），2003: 102-110; 孙艺风. 翻译研究与意识形态：拓展跨文化对话的空间 [J]. 中国翻译，2003: 6-12; 周宪. 跨文化研究：方法论与观念 [J]. 学术研究，2011: 127-133.

会对人际互动网络进行再生产，使其人际交往呈现出不同的社交模式。

　　他者并非被动适应的个体。相反，受访留学生在跨文化交际过程中展现出了强大的能动性，利用多种方式为自己的留学经历赋能。一方面，这些旅居个体主动从不同社交圈层获得社会支持。社会支持（social support）这个概念从 20 世纪 60 年代开始就引起了学界的研究兴趣，具体是指个体从他人那里或社会网络中获得的支持性资源，按其物质形态主要分为有形支持（如提供经济资助）和无形支持（如提供建议），按资源类别主要分为使人感到滋养、鼓励、温暖与信任的情绪性支持，提供信息、建议或指导的信息性支持，以及令人感到被接受、产生归属感的陪伴性支持[1]。具体到参与本研究的留学生，他们根据自己的具体需求，会有选择地从自己的同胞、国籍不同的留学生、远在母国的亲人、中国老师、中国同学以及中国朋友那里获得类型各异的社会支持。例如，小夏在中国需要庆祝俄罗斯节日的时候，会与自己的俄罗斯好友一起，从中获得无形的情绪性及陪伴性支持；当他学业上遭遇困难，住宿上出现不愉快事件的时候，他从中国老师那里获得信息性支持；当他经济出现困难的时候，他的中国朋友为其提供有形经济支持。由此可见，留学生虽为他者，但并非毫无能动性的个体，他们可以根据情境的变化，尽可能地为自己争取帮助与支持。另一方面，受访者也会积极主动地利用不同渠道增加自己与中国民众的跨文化交际。例如，卡森借助中式服装提高自己在学校里的可见度，吸引中国阿姨上前聊天；玛丽等受访者尽可能地突破中外学生差异化管理带来的不便，拓展自己的活动空间，创造与中国同学共享的空间，从而结识中国同学；安迪和乔纳森则克服客观环境的局限，加大自学力度，努力提升自己的中文水平，并积累其他知识；沐沐则是转变态度，积极乐观地看待信息不畅带来的疏离感，将其视为自我锻炼的机会，并在家庭

① LANGFORD C P H, BOWSHER J, MALONEY J P, et al. Social support: A conceptual analysis[J]. Journal of Advanced Nursing, 1997, 25: 95-100. 其他文献详见：WILLS T A. Social support and inter-personal relationship [C] //CLARK M S. Prosocial Behavior (The Review of Personality and Social Psychology). Sage, 1991: 265-289；贺寨平 . 国外社会支持网研究综述 [J]. 国外社会科学，2001: 76-82；王雁飞 . 社会支持与身心健康关系研究述评 [J]. 心理科学杂志，2004（5）: 1175-1177.

内部身体力行地践行尊重并传承传统的理念。虽然来华留学生面临不同社会结构带来的局限性，但他们依然发挥聪明才智，丰富了自己的留学体验。

受访者上述经历的多样性驳斥了现有西方主流跨文化适应理论所持有的假设，即旅居个体的经历存在高度相似性，因此可以从中推导出放之四海而皆准的跨文化适应模型[①]。源于西方二元对立结构、鼓吹同化路径的跨文化适应理论认为旅居个体与母国的关联以及他们和东道国的关联是一种非此即彼的零和关系，因此这些个体需要努力剔除自己不同于东道国民众的差异，摒弃自己原有的文化认同，最终才能成功建立对东道国的认同，进而成功实现跨文化适应[②]。这种暗含霸权主义和民族中心主义的跨文化适应理论构想在全球迁徙不断复杂化的今天，已经遭到了不少新兴理论的批判。例如，文化融合理论（cultural fusion theory）认为，旅居个体的差异应该得到尊重，他们的母国文化与东道国文化会在相遇的过程中彼此融合，其结果是以不可预测的方式产生新的文化形式和身份认同[③]。以约翰为例，中国文化和阿根廷文化在他身上的融合所带来的是一种世界公民的身份认同，而同是阿根廷华裔二代的利奥却更多地展现出以中国为家的自我认知。这种不同的身份认同在差异适应理论中也有体现。与文化融合理论一样，差异适应理论也反对西方主流跨文化适应理论构想，该理论强调旅居个体在跨文化适应过程中的

---

① DE LA GARZA A T, ONO K A. Retheorizing adaptation: Differential adaptation and critical intercultural communication[J]. Journal of International and Intercultural Communication, 2015, 8: 269-289. 其他文献详见：刘杨. 跨文化适应 [J]. 跨文化研究论丛, 2020（1）: 136-140+148.

② GUDYKUNST W B, KIM Y Y. Communicating with strangers: An approach to intercultural communication [M]. New York, NY: McGraw Hill, 2003. 其他文献详见：KIM Y Y. Beyond cultural categories: Communication, adaptation, and transformation [C] //JACKSON J. Handbook of language and intercultural communication. New York, NY: Routledge, 2011: 229-243；KIM Y Y. Finding a "home" beyond culture: The emergence of intercultural personhood in the globalizing world[J]. International Journal of Intercultural Relations , 2015, 46: 3-12.

③ CROUCHER S M, KRAMER E. Cultural fusion theory: An alternative to acculturation[J]. Journal of International and Intercultural Communication, 2017, 10: 97-114. 其他文献详见：KRAMER E. Cultural fusion and the defense of difference [C] //ASANTE M K, MIN J E. Socio-cultural Conflict between African and Korean Americans. New York, NY:University Press of America, 2000: 183-230；贾文山，刘杨. 跨文化传播的诠释学视角——以中国语境为例 [J]. 西安交通大学学报（社会科学版），2018, 38: 123-129；克莱默，刘杨. 全球化语境下的跨文化传播 [M]. 北京：清华大学出版社, 2015.

特殊性与具体性，并认为个体经历的多样性会令其采取不同的适应策略，重塑自我认知，影响甚至改变周围的文化体系[①]。例如，攻读学位或有意继续攻读学位的受访者展现出了更为明显、更为积极的能动性，虽然他们不能改变自己的他者身份，但他们努力地以他者的身份融入中国，在中国学习和生活，发展事业。再比如，来华之前就具备跨文化体验（如旅居国外或与不同文化的接触）的受访者也采用了更乐观的心态看待文化差异，他们尊重差异，认为经历差异很常见，并认为自己可以从这些经历中收获更多的知识。相比之下，已婚留学生承受的适应压力明显高于未婚留学生。但即便如此，沐沐也是乐观对待，努力影响着中国家人，提醒他们延续传统的意义。

  来华留学生是讲述中国故事、传播中国国家形象的最佳他者[②]。正视并接纳这个群体的他者身份是中国更好进行公共外交、开展国际传播的重要一步。他者身份并不是阻碍中外文化交流高质量开展的绊脚石。相反，中国民众主动为受访留学生提供的各种帮助和支持令其大为感动。这种在日常生活中切实发生的小事通过一点一滴积累就会推动充分的、高质量的跨文化交际，而这种交际则是跨越文化差异、消解刻板印象、提升跨文化沟通质量的关键所在[③]。但值得注意的是，他者的视角也具有一定局限性。本章所述的他者身份构建采用的是主位视角，即受访者从他们自己的立场出发对留学经历进行解读。例如，小夏认为碍于自己的外国人容貌，他只能做一个以中国为家的外国人。但在我看来，小夏对中国文化的了解，尤其对中国礼节的掌握，与很多中国学生无异。再比如，凯特在食堂试图加入中国同学之间的对话无果，倍感失落。但从中国人的角度看去，这种沟通障碍的根源在于中西文化对闲聊这个社交活动的不

① DE LA GARZA A T, ONO K A. Retheorizing adaptation: Differential adaptation and critical intercultural communication[J]. Journal of International and Intercultural Communication, 2015, 8: 269-289. 其他文献详见：刘杨. 跨文化适应 [J]. 跨文化研究论丛，2020（1）：136-140+148.

② 宋海燕. 中国国家形象的"他者"传播：来华留学生的中介机制 [J]. 新闻爱好者，2021：27-30.

③ CICOGNANI E, SONN C C, ALBANESI C, et al. Acculturation, social exclusion and resistance: Experiences of young Moroccans in Italy[J]. International Journal of Intercultural Relations, 2018, 66: 108-118. 其他文献详见：LEBEDKO M G. Interaction of ethnic stereotypes and shared identity in intercultural communication[J]. Procedia-Social and Behavioral Sciences, 2014, 154: 179-183.

同理解，并非中国同学不愿与其交流。因此，下一章将从局外人视角对受访者的上述解读进行批判性分析，力求尽可能客观还原他们所经历的中国人生 ①。

附：本章受访者叙事的英文原文

E1: The language is also very frustrating because I wanna be able to talk to more people. There are a lot of times that people would come to me or I go to them for help. But communication is very difficult because I only speak English most of the time or they can only speak Chinese but my Chinese is really bad. So it's hard to understand them or make them understand me. So it's very difficult for our communication to go deeper.

E2: There is a language barrier when I speak to Chinese students. I'm a little bit scared because my Chinese is not good. And it is kind of awkward when you are trying to speak with someone who may not speak English. It's purely a language barrier. Like when I went on a volunteer trip, there were some Chinese students who expressed confidence in speaking English. But I was not confident in my Chinese. But I still tried to overcome this barrier by speaking a little bit of Chinese. I think I had to overcome the dividing line (between me and my Chinese classmates) created by language, especially when I was in China.

E3: Sometimes it is difficult to talk to Chinese people because my Chinese is not that good. When I uttered a few words in Chinese, some people would think I'm fluent in speaking Chinese and then they would speak very fast. I couldn't understand and had to tell them "Could you please slow down a little bit?" But sometimes people were busy and didn't have time to slow down or stop to teach me by checking the translation software. There are also some Chinese people who would not come up to me because I don't speak Chinese. If they don't speak English, then they would feel there is no way for them to talk to me. So sometimes there are some difficulties in communication. But these difficulties are the same for international students. Everyone will encounter such problems. So it is quite normal. It is common.

E4: Sometimes I feel that there is a distance between me and my Chinese classmates, and this distance is caused by the language. Although I have passed HSK 5, I can communicate on a daily basis. But when I communicate

① 陈向明. 社会科学中的定性研究方法 [J]. 中国社会科学, 1996（6）: 93-102. 其他文献详见：岳天明. 浅谈民族学中的主位研究和客位研究 [J]. 中央民族大学学报（哲学社会科学版）, 2005, 32: 41-46; 张继焦, 吴玥. 西方民族志的发展阶段及中国实践反思 [J]. 西北师大学报（社会科学版）, 2022, 59: 95-105.

with my Chinese classmates, my Chinese is not good enough. They talk very fast and they have some kind of jokes and some kind of ways of saying things that I don't get. So our communication is very slow and they can't use jokes or expressions that I don't understand. This kind of communication is very different from the communication they have with each other. How should I say this? Oh, yeah, it's not normal communication. It's more like I ask a question and they reply to my question and that's it because we don't know how to keep chatting. I don't know how to say. It's not entirely a language problem. It's that I don't understand the culture behind their expressions. And even though I understand every word, I still don't quite understand what it means when put together.

E5: I think many Chinese tourists rely more on tour guides and have less autonomy in travel. Especially older people, they like to sign up for tours and follow the guides around. But in Western countries, we prefer to arrange our own itinerary. That kind of arranged tour is not interesting. All my international friends around me like to travel on their own. We are all in a WeChat group, which often arranges tours for foreigners, such as to Inner Mongolia, Gansu or Zhejiang. My friends and I all go to these organized activities first, find it interesting after that, and then we find time to go on our own again. Just to walk around on our own and have more autonomy. But if we go with our Chinese classmates, they will say, "This place is not interesting, and I'm not going." But I think it will be very interesting. It is just walking, just looking, not so much planning. There will be a lot of surprises along the way to discover.

E6: Chinese students often stick to their small groups, such as their roommates, and do everything together. It's hard for other people to get into their little circles. For example, with international students, you can just say, "Hey, there's a party going on, do you want to go together?" It's a one-to-one inquiry, and if you can go, you'll go with two people. But with Chinese students, you don't end up going with this friend, but you end up going with more people. For example, if I were to ask a Chinese student if he wanted to go to 海底捞, what would most likely happen is that the student would look to his friends in the same dorm and ask the other roommates if they wanted to go together. If his friend says yes, they will join together; if their friend says no, then they may end up not going. So while I started asking one person, I ended up having to ask their whole dorm.

E7: Sometimes I really feel like an outsider here. For example, I really want to make friends with Chinese students, so I would randomly find an empty seat in the cafeteria and sit down and talk to the Chinese students eating at the same table. I tried this many times, but it didn't seem to work. Every time it started with a very simple conversation and then they didn't seem to have an interest in going any further. But they kept talking with each other in

Chinese, like talking about their studies and I had no idea about what was going on. Because they were friends with each other, so there was no way for me to be part of their conversation. And they didn't pay attention to me. It was like I wasn't even there. I was left out. This is very different from Russia. Russian culture is still a Western culture. If someone is sitting next to me and if he or she wants to have a conversation with me, of course, I would reply. I think mostly in Russia we would support that conversation. But here, it feels like they didn't want me there.

E8:　Chinese universities have a different way of operating, I think. It is more like a sudden communication. More like this. I think this is a very big difference, a cultural difference. For example, we would be told that we will have a meeting or conference or whatever on that day. But in my previous university, many things were planned in advance. But here, there is no such centralized platform, where I log in and can get all information I need. There are many different kinds of information sources. I often don't know the information and feel left out. But the Chinese, they would tell each other and somehow they get to know everything. If I am not in their circle, there is no way for me to know the information.

E9:　The way we express our thoughts is very different from the Chinese. For example, the discussions I had during the class were more based on a common meaning or common thoughts. Chinese students, they understood each other. They knew what was going on. They would say one or two keywords and then they should be understood by both parties, without meaning the whole picture. But in Poland, and I think in most Western countries, you have to say what you actually mean. You would have to say a lot. I was the only international student in the class, so sometimes I didn't know the story behind those keywords or just the words. This way of expression comes up a lot in my family. For example, there was one time we went to a temple together. Then my husband wanted to light a candle. So he asked me like, "这个你觉得没事吗?" I said, "Well, I'm not doing this. So it's okay for me." And then he ended up taking my daughter to light the candle. This was actually not okay. What he said was whether that was okay with me. And then he was going to light the candle. But it was obvious that he would take our daughter to light the candle because otherwise, he wouldn't ask my opinion. But what he had asked was just the candle and him. So for me, it was no problem. But my daughter is Catholic like me. So it's not so good for her to light the candle. But this was like a miscommunication. It's happening often. He always thinks that I should have known it, but he didn't say it because he thought it was obvious. So we fought a lot when we first got married. Like many things are common knowledge for my husband. But I'm not a part of this common knowledge. So every time I argue, I feel like I'm not part of his system because there is a lot of common knowledge I don't know.

E10: The concept of saving face is really important here. People don't say No too much to protect other people's faces. If I meet up with a Chinese person, or I ask them "would you like to go to that event", they seldom say "No" directly because they would be worried about offending me. So they would be kind of avoiding the topic. But for me, we're used to saying, "Oh no. I'm busy" or "No, I have other plans." And that's not a problem. I feel like you can just say no, if you don't want to go, if you're not feeling well, if you're busy, or if you just want to stay at home. That's totally fine. I won't take it personally. If I get offended, then we will talk about it, and it will be fine. But with Chinese students, I don't really say what I want to say and always kind of tip-toe around certain subjects. I don't know if it's just me and my mind overthinking because I know that I'm not supposed to say certain things. So I'm supposed to not say no at all. So I think that I overthink it and I think I could also make myself uncomfortable. When I talk to people, I just say what I want to say because this is my culture. When people do tip-toe around the subject, it feels that the relationship is not natural and it can make a hard at the beginning to go past the initial politeness. It is hard to deepen the friendship in that way.

E11: There is another cultural difference, which is the use of WeChat. For example, when we have homework to send in Chinese, we send it to the professor on WeChat. But back home, back in Europe, we would never do that. We have the professor's email address, and that's it. You can send an email from 9:00 am to 7:00 pm. And even that would be, maybe like nine to five and you then wouldn't send it afterwards. And sometimes it is crazy for us because some of us sometimes feel uncomfortable sending kind of text messages to our professors because we would never do that back home. There is a very much created distance between us and our professors, especially because I am studying in France. We have to use honorifics for professors, much like "you" in Chinese, very formal. And we would never have their phone numbers. It is convenient to use WeChat in China. It (the communication between professors and teachers) is more flexible. But it's just when you are used to something, it's hard to get out of the things you are used to. It is just a cultural thing.

E12: I'm in class with Chinese students. They are very nice to me. But they are also curious about me. What should I say? It's my feeling, maybe it's not like that, but I think my feeling is right. When we are doing group activities, I feel they are watching me in a way that is not the way they see each other. They are very interested in me. Maybe because they have some expectations from me, like "Oh, she is Italian, so maybe she can draw like really well or maybe she can take nice pictures." I don't know. I came to study and want to be part of the group. I don't want to be different. I'm just normal. I have never studied those things before. I'm very much at the standard level. But I feel like they expect me to be something that, I don't know, a genius or something just because I am different. Sometimes when the teacher is asking something, like there is silence. Like everyone keeps silent. I feel they are waiting for me to say something because they are staring at me. And the teacher expects me to say something. I think they are trying to make me part of the class. But all of a sudden, the expectation placed me at the center of attention.

E13: We are mostly using our eyes to perceive the world. Since my face is different, I think this is my most prominent feature. If I meet someone, they don't know anything about me or don't know my level of Chinese, don't know where I come from or don't know my qualities. The only thing they see is my face. I'm foreign. And then they would use their thinking to match some qualities to my face. Like Chinese people are always thinking that foreigners can speak English. If I go out with my daughter, for example, in my community, there are always some people who come to me and want to practice English with me. And some parents are always speaking English to my daughter and sometimes ask their kids to practice their English with her. But my daughter cannot really speak English. She can speak Polish. So sometimes I don't want to go out because I don't want to be noticed. I don't want to chat with everyone. But if I go out, there are many people coming and asking some questions and wanting to chat. I think to some extent my face has affected my integration into Chinese society because people will treat me differently once they see me.

E14: I often feel like I don't belong here, but this is no one else's fault. If I can enroll in any courses where there are Chinese students, that would be one of the easiest ways to get to know Chinese people. Now I am just not 同班 with any Chinese people because I'm in 中文学院 and I'm just taking 汉语 classes, which teach foreigners how to speak, read and write in Chinese. Except for my teachers, there are no Chinese people. It was the same when I was in Taipei. It was 教学中心 . It is only for international students. No Chinese students.

E15: I can take classes in other departments but I have to pay. We have to pay for the Chinese department. If I want to enroll in the Chinese department, I paid for that. But if I want to take some other classes in other departments, I have to pay. It is more of a financial issue. It's already about money spent. I am still a student. Let's keep it low.

E16: I am a Confucius scholarship student and they told me like, "Ok, this is your schedule and you cannot go to take any other courses of any other departments." If I want to enroll in more courses, I have to pay. But I don't want to pay. I felt frustrated. I don't know where I can meet Chinese students and become friends with them. I have a friend who's from Italy, and she's paying for everything by herself. She has courses like Chinese Economy, Chinese Global Study or something. I think she can choose because she's paying by herself.

E17: If I can have more interaction and contact with Chinese students when we take classes together, I can naturally develop friendships with them and I will feel more integrated into the environment. Most of my classes right now are only for international students. I only have one class, and there are Chinese students in that class. We don't have many opportunities to meet and interact with them, so my social circle is basically international students. Even for international students who are enrolled as full-time students here, they mainly take courses with other international students. And many of the classes are the same as Chinese students, but they are taken separately. I guess language is a major problem. If international students can speak Chinese well, then they can take classes with Chinese students. And some professors can speak English and Chinese, so they teach both international students and Chinese students. If the teacher is not Chinese and cannot speak Chinese, he or she can only teach international students.

E18: I went to Finland for exchange study for one year. In Finland, you can just get a house and then the standards are all the same for you and for foreigners. But in China, it's clear-cut. Just foreigners can get a house here and the Chinese students here. It's also like the Chinese students' living conditions are worse. So it is also making this kind of line between the foreigners and the Chinese.

E19: I think that socializing doesn't really happen in the classroom at the university. Because in the classroom, we are just all listening to class and listening to lectures, I think the socializing happens when we're all on our way back to the dormitories, and we're talking about what we want to do for the rest of the day. Or once we get back to the dormitory where plans are, like study, do you want to study together? Do you want to get some food? There's an activity going on. That's I'll go and do that. I think that's where I love the communication happens. And I'm only there for the classroom part, for it, because of, you know, where the dormitories are. I literally like split off from the moment that we leave the classroom. So there are just already clear lines of separation, where international students are kept in separate buildings from Chinese students, which means that there isn't that much interaction unless I go out of my way to interact with my Chinese peers. So just by being in different buildings, it means that the bond of friendship doesn't really exist. And maybe you feel outside of the class. I think there are multiple group activities that Chinese students are more likely to know about simply because they're more connected to each other. And also, like, they appear outside of the classroom because of the way that dormitories naturally create a sort of community that I am outside, which means that a lot of activities I'm also unlikely to know about until I see them on my friends' WeChat moment or something. It's not hostile; it's more just like I'm out of the loop on a lot of things. If I were to ask them about things that they were going to do, it's not as if they would hide it or anything. They will tell me. But I have to spend more time and energy to try to be involved.

E20: We have a WeChat group, which is full of international students. And there is a Chinese teacher in the group who is responsible for our daily communication with us. He will often post activities in this group, such as making dumplings, going to the Great Wall, and so on, which is only for international students. Chinese students have their own WeChat group, and their activities will be published or put in their group. Our information channels are totally separate.

E21: Well, if we were to have a sports event, like we have one recently, the football competition. It was only international students playing. And then recently the Chinese students had a basketball competition. Well, it's only Chinese students. We didn't even hear about that competition before they played. So the information is kind of blocked. We only get information about what's happening in the international community. And I feel also that Chinese students only get information from their community. Our information channels are completely separate.

E22: I don't really have a lot of connections with my Chinese classmates. Perhaps one reason for me is that I don't live on campus. When I started my studies, not many months ago, I think I don't really know how to handle everything, because it's not like someone gives me a manual or handbook and everything is written down. Then I had to go to register at this department and then at the Students Office and then went to many other places. Actually, no one told me, you know. Sometimes you got different answers. I didn't get any information that all my classmates had a group on WeChat and I didn't know about its existence until I came on the first day. But there are actually already some announcements and everything and everyone knew everything, but I knew nothing. So it's always this kind of feeling like the foreigners are left out. It's like people forget me as an international student. As the only international student in the class, I always feel that others expect me to find the information I need by myself. If there's a group of international students, it's easier to like get rid of this kind of responsibility. Like eight people didn't know and that means no one told them. But if I'm the only international student, and no one told me and maybe I should have found out by myself. So I often feel that I am not included as an international student.

E23: When I came to study, my department had to open an account for me.

Otherwise, I cannot go to the library. It took a long time just because I'm a foreigner. So I can't rent books and I had to wait a long time. But these things are more easily set for Chinese students. It seems that they don't have to wait that long to get their accounts. So we are in different situations.

E24: We needed to go to the bank to open an account when we arrived. The students we came with at the time went to the bank together. When we went there, one staff told us, "Well, the Chinese students are going this week. So you have to wait until next week." I don't really know why. It was kind of weird. Later I heard that it was because there were so many Chinese students coming and it was easier for them to open an account. So their requests were taken first. For our case, a passport and a one-year residence permit in China are required to open an account. So it is harder and more complicated than for Chinese students.

E25: Basically, I cannot expect Chinese people to change for me. Um, this would be completely and utterly colonialistic, and imperialists, uh, even though I don't like to use these words because they're very overused, especially in context with the West. I can see where it comes from because a lot of Westerners are imperialists. But it would be completely imperialist and colonialistic for me to think, well I'm coming here and then because I'm a guest, so people will change for me. Of course, I have to change or at least customize myself. And this is why I'm here. I have to start to learn how to interact with people so that they feel comfortable. I came here as an international student. I am a visitor here, how can I expect everything here to change for me?

E26: Since everyone can tell that I am a foreigner, I am kind of representing the place I'm from. So I cannot give them a bad impression of my nationality.

E27: And I encourage everybody that if you see somebody misbehaving, some international students, you can say "You are a guest here in our country, behave!" It is totally okay. And sometimes they need to hear it. They really need to hear it because it's not okay.

E28: You see what I'm wearing a Chinese long robe, right? I passed the pond and two ladies saw me and approached me out of curiosity. They asked me like, "你说相声吗?" I said "我说过一次。" 然后其中一个阿姨让我试试绕口令，我说得不太好，她就主动教我。 Later, when I ran into them again, I would talk with them for a few minutes.

E29: We often go to the language corner and try to make friends with Chinese students there. We also made a WeChat group and invite both international and Chinese students to join. People can talk there and find their language partners based on similar interests. This semester I joined the International Student Association in the department. And I was there to help the new students on the registration day. Like helping them with translation.

E30: Sometimes I even went to the 胡同 thing. And I went there and I was just walking around there and listening to people. It was really cool. I like this. It's really the speech they talk about. The speech that they use is not like that in the audio or 老师. For 老师, her 普通话 is really clear. But when you go out, you don't hear that. Yeah, I think trying to catch the speech, trying to really understand what people are trying to say to you. This is the way you make the progress.

E31: There is one class that I have with Chinese students. In this class, there were European students came to ask me "Should we do a project together?" I said "No. I don't want to. I want to do it with Chinese students." And in the end, we found out that we were a very successful team together, bringing different skills together. I have some skills, and they have other skills which with outfit projects would have never been so good in this way. We could contribute to each other. And then we also have to break up lines.

E32: Right now I'm working on a mentorship program in Italy. So we're basically helping foreign students kind of like settle in. So if they have any issues with like the visa or you know, the bank or even like school, we can help them out. If I'm in China next year, hopefully, there are more Italians there. I would help them to do something like that.

E33: Usually, I don't have many opportunities to exchange ideas with Chinese students. So I came up with an idea on my own. I tried to read a lot from the books and news. I read 《人民日报》 or *China Daily*, *Southern Daily* and other newspapers. As long as I have time, I read them all. I read in Mandarin. I have my dictionary. There are some words I don't understand, I go check.

E34: I'm okay with being an outsider in China. It is not feeling being accepted. I'll use the word, integrated into this, into this culture. I'd like to meet some Chinese students because you can really use some common expressions. You can share with them how they live. This is the most interesting part you share something with the native speakers, something with the local people. This is really really interesting. If you share something with them, you are fully integrated. You can encounter a lot of people and have a big social circle. This is why I feel integrated just like international students. I know some international students who are really ok with their status. "No, no, no, I don't want to have Chinese friends or stuff." I am like "Poo." They just stick to their own people, speaking the same language. I don't want to do this. This is why I really want to encounter some Chinese people and I want to be better with my Chinese. I don't want to just rely on my classes and the content I learn. I know it's already a lot. But still, I wanna read books, I wanna meet some people and I wanna live the Chinese life. That's why I keep some traditions and some festivities. If you go with some Chinese people, this is totally friends. And then at this stage, you don't really feel foreigner or a foreign outsider. You feel foreign because of your appearance.

E35:   Some people would stare at me on the street, sometimes. I am used to it. And I think it's quite an interesting experience to look different from the people around me. In my country, everyone is different and no one is paying attention. But here someone is paying attention, and this is just the funny part of it. And I like it in the way that you are always learning something. You're always learning and improving your skills. Maybe sometimes you are impressed by some cultural facts or cultural differences. This is really good. This is just being curious about the area your study in thoughts. Just living in this area.

E36:   My program was delayed by a year because of the pandemic. So technically I have nothing to do this year. But at this stage, you can choose to do nothing, or you can choose to do something in some way. Now I'm in London and trying to keep learning Chinese from the teacher I met in Vienna before. I couldn't spend a lot of time on the study before. But now everyone is at home and I do have plenty of time. So we meet online every other day and I'm studying every day, whenever I can. I couldn't really enjoy learning the language before because there were always so many other things to do and it was very stressful. Now I do it when I have time, and I'm studying really hard. I try to be conversational within a few years, hopefully. And I'm also studying acting here at the same time, and a year is too long to do a lot of things.

E37:   When you study in China, you have to learn how to find information by yourself. You can't wait for others to give it to me. Nowadays, I have to find it and talk to my Chinese classmates as long as it is related to my studies. If I don't ask and they assume everyone knows, I will know nothing. Although I'm a bit annoyed by the fact that I am often out of the loop, it is, on the other hand, good training for my social skills.

E38:   I am a person who likes and values tradition very much. I was working on my master's thesis and still had classes that year. So I couldn't go back to Poland in the midst to celebrate a traditional festival. I was very sad and nothing was prepared. I just had very little food available here and couldn't make our traditional dishes and didn't have this kind of atmosphere. My husband didn't very care much about this until I sat down and cried and he said "Why are you crying?" He didn't know it is this kind of important thing for me. Later I celebrated many traditional Polish holidays at home. We have a lot of traditions, which is also something I'm adding to my Chinese family. I like traditions a lot. I like Polish traditions and I like Chinese traditions. So I make sure for the Mid-Autumn Festival, we have the 月饼 to eat. For my husband and so many Chinese friends, they would think, "I don't like this." Then, I will say "OK, we have to eat. It's Mid-Autumn Festival. You can't not eat. You have to eat a bit at least." I think it is a very good thing to continue the traditions. Not only just celebrate by eating together. Traditions lose their meaning if we don't celebrate.

E39:　For me, my home is going to be forever Buenos Aires. I grew up there and I spent 19 years of my life there. And Beijing is gonna forever be a beautiful place in my heart because I'm studying here and I made a lot of wonderful people here. I kind of grew up a little bit here as well, right? I believe that what makes your home is like the people, right? Not the place. I'm a sort of world citizen. I don't really mind what I'm gonna be like tomorrow.

E40:　As I get older, the identity thing stopped bothering me because I realized that I am kind of special. There are a lot of American Chinese, a lot of Canadian Chinese and a lot of Australian Chinese in the world. But we (Argentinian Chinese) are not that many. Compared to those living in Chinese communities in Argentina, I can speak different languages. Many of them don't speak Chinese, don't speak English and only speak Spanish. But I can speak Chinese and I have the opportunity to study here. And I am studying the subject that I am interested in. I may not have as many opportunities in politics, but I have different opportunities than a lot of people, and isn't that fun? I have an advantage that others don't have.

E41:　My way to deal with homesickness is quite simple. Just with the food. I make what I like to eat when I'm in Argentina. I cook. Many people complain that it doesn't feel like home here. But they can make it home. I can do it, why wouldn't I, right? Some people in Argentina ask me "How do you make it?" "With my hands and flour and whatever". They are kind of surprised. Because people, when they don't have something, they like to complain that they don't have. I just make it myself. I would go to different places to buy ingredients, like Carrefour, like 菜市场. If I don't know how to cook, I would call my mom and ask her.

第七章　来华留学生跨文化性发展及经验反思

　　来华留学生在各种复杂推力和拉力的共同作用下，带着对中国的不同期待与想象远渡重洋，在一个不同于他们母国文化的国度学习和生活。这些旅居个体在日常跨文化交际过程中，基于中文流利程度、对中国文化的熟悉程度、共同留学经历中对相似性的需要等不同因素，生产出多种形态的社交网络。与此同时，这些受访者在多重社交圈层的叠加之中感知到自己的局外人身份，并在此基础上发挥能动性，对其所处的人际互动网络进行再生产，最终在多样化的跨文化适应过程中收获了不同的身份认同。正如前文所述，来华留学生跨文化经历的多样化与复杂化破除了二元对立、非此即彼的西方跨文化研究范式，带来的是他者性与自我意识以不同形式杂糅之后所形成的第三类文化身份，即以跨文化性的出现为标志的身份认同[①]。具体到留学生这个群体，跨文化性可以理解为这些旅居个体在学习和接触另外一种文化的过程中所不断增强的跨文化意识和敏感

---

① Dervin F. 教育的跨文化性 [M]. 袁梅，张菀，译. 北京：中央民族大学出版社，2020. 其他文献详见：Dervin F，袁梅，陈宁. 跨文化性视角 [J]. 跨文化研究论丛，2020（2）：119-124+132；姚燕. 跨文化性与跨文化态度——德国跨文化交往理论研究管窥 [J]. 国外社会科学，2015（3）：108-116.

性，以及他们在多重复杂因素的影响下所收获的多重自我认知[①]。这种立足跨文化性的自我认知并非在母国文化认同与东道国文化认同之间进行选择，而是超越文化中心论之后，在不同文化相遇、碰撞或融合的过程中生成的多重以及多侧面身份认同，这种身份认同既不同于他们原有的母国身份认同，也不同于东道国民众的身份认同，是一种复杂的、多样的以及流动的身份认同[②]。来华留学生在跨文化交际过程中所形成的跨文化性将在本章深入探讨。同时，本研究考虑到研究对象主位视角可能带来的诠释盲区甚至误读，还将在本章采用局外人的客位视角（etic perspective）对这些来华留学生的解读进行批判式分析，力求多角度还原事物全貌[③]。

一　他者主位视角下的跨文化性

　　跨文化性是一个复杂概念，我们很难用寥寥数语将其界定清楚。综观众多学者的相关阐述，我们不难看出跨文化性一般具备以下几个特质：它反对本质主义（essentialism）路径，认为个体对文化的理解应该呈现多元性和异质性，而且这种理解的动态变化贯穿个体跨文化交际过程的始终，其终极目标并非获得可以量化的跨文化交际能力（intercultural competence），而是在与文化背景各异的众多他者的互动过程中拓宽看待世界的角度，深入理解自己，收获多元文化身份，提升对不同文化的感知力[④]。对留学生而言，他们

[①] JIN T. Moving beyond "intercultural competence": Interculturality in the learning of Mandarin in UK universities[J]. Language and Intercultural Communication, 2017, 17: 306-322.

[②] LI X. International students in China: Cross-cultural interaction, integration, and identity construction[J]. Journal of Language, Identity & Education, 2015, 14: 237-254. 其他文献详见：克莱默，刘杨. 全球化语境下的跨文化传播 [M]. 北京：清华大学出版社，2015；马佳妮. 留学中国——来华留学生就读经验的质性研究 [M]. 北京：社会科学文献出版社，2020.

[③] 陈向明. 社会科学中的定性研究方法 [J]. 中国社会科学，1996（6）93-102. 其他文献详见：岳天明. 浅谈民族学中的主位研究和客位研究 [J]. 中央民族大学学报（哲学社会科学版），2005, 32: 41-46；张继焦，吴玥. 西方民族志的发展阶段及中国实践反思 [J]. 西北师大学报（社会科学版），2022, 59: 95-105.

[④] Dervin F. 教育的跨文化性 [M]. 袁梅，张菀，译. 北京：中央民族大学出版社，2020. 其他文献详见：HOLMES P, BAVIERI L, GANASSIN S, et al. Interculturality and the study abroad experience: Students' learning from the IEREST materials[J]. Language and Intercultural Communication, 2016,（转下页注）

依托自己所处的社会关系网络开展日常跨文化互动，通过这些互动感知并接纳自己的他者身份，然后依托能动性以重塑人际互动网络的方式实现跨文化适应，并在适应的过程中形成更具跨文化性的身份认同①。具体到本研究，受访者各自带着对中国的期待与想象，以文化他者的身份在这里开展跨文化交际，并在日常跨文化互动过程中重新定位自己与这个国家的关系，呈现不同类型的身份认同（详见第六章）。根据受访者的叙述，这些身份认同最终所折射出来的跨文化性集中体现在以下五个方面，即对文化差异的包容、自反性的出现、对中国的欣赏与感激、对不同文化体系各自特点的客观认知以及超越地理边界对文化相似性的理解。

（一）对文化差异的包容

正如前文所述，参与本研究的受访者虽因受制于很多结构性因素而无法与中国民众建立并开展深入的跨文化交流，但他们均在不同程度上渴望结交中国朋友、深入了解中国文化，并为此尽可能地创造机会，寻求帮助。而且其中一些受访者在来华留学之前就有旅居异国他乡的经历，这无疑有助于他们在中国的交往和学习。强烈的跨文化交际意愿以及曾经的跨文化经历有助于留学生以比较开放的心态看待并接受因文化差异而被赋予的局外人身份，因为在他们看来，遭遇文化差异是一件正常的事情，是他们在留学过程中必然经历的体验。例如，凯文就在采访中提到，既然出国留学，就不应该期待留学所在地的一切都跟自己的国家一样，这种期待既不现实也很奇怪。因此当凯文听到有留学生总以母国情况为参照标准，对留学经历诸多抱怨的时候，他就非常不屑，因为这种对比和抱怨在

（接上页注④）16: 452-469；JIN T. Moving beyond "intercultural competence": Interculturality in the learning of Mandarin in UK universities[J]. Language and Intercultural Communication, 2017, 17: 306-322；JOHNSON E. "They are not very open to people": How mobile students construct interculturality through metaphor and narrative[J]. Language and Intercultural Communication, 2021: 1-14.

① HOLMES P, BAVIERI L, GANASSIN S, et al. Interculturality and the study abroad experience: Students' learning from the IEREST materials[J]. Language and Intercultural Communication, 2016, 16: 452-469. 其他文献详见：ZHU H. Exploring intercultural communication: Language in action [M]. New York, NY: Routledge, 2014.

他看来毫无意义。正是基于一种对不同体验的向往，很多受访者在访谈中将自己与中国的关系界定为客人与主家的关系。他们认为既然到中国留学，自己就要恪守客人身份，尊重中国文化和行事方式，主动适应环境，而非期待环境为之改变。带着这样的期待，受访者对周遭一些凸显他们文化他者特质的跨文化交际行为表示了理解，并坦然接受自己的局外人身份。卡森痴迷中国文化，但外国人的外貌偶尔会令一些中国人在与之谈论中国文化的时候直言他是外国人，他不如中国人了解中国文化。在现有文献中，一些西方旅居者对上述言论表示反对，他们认为自己的中文水平以及对中国文化的了解被低估了[①]。但卡森对此却坦然接受：

> 如果有中国人认为我对中国文化了解不多，中文不够好，也是有道理啊。我对古汉语了解很多，但我肯定不如一个学习古汉语的中国学生知道得多。虽然我很喜欢中国的风俗文化，但我对现代风俗知道得肯定有限，因为与这部分有关的英文或德文记载非常有限，我接触不到，所以这个也是真的。我毕竟不是中国人，既然我不是，我就不可能像中国人那样融入这个社会，这对我而言没有问题，我是可以接受的。（卡森，E1）

作为一个旅居中国的客人，卡森认为自己应该主动适应周围的环境，学会用中国人所习惯的、觉得舒适的方式与之互动，并直言一些外国人希望周围环境为之改变的想法是帝国主义和殖民主义思想作祟：

> 基本上，我不能指望中国人为我改变。这是彻头彻尾的殖民主义、帝国主义，尽管我不喜欢使用这些词，因为它们被过度使用了，尤其是在西方的背景下。我知道它的来源，因为很多西方人都是帝国主义者。但如果我认为，我来到这里，因为我是客人，人们就要为我而改变，那就完全是帝国主义和殖民

---

① LIU Y, SELF C C. Laowai as a discourse of Othering: Unnoticed stereotyping of American expatriates in mainland China[J]. Identities: Global Studies in Culture and Power, 2020, 27: 462-480.

主义了。我必须改变或至少使自己适应这里。这就是我在这里
的原因。我必须开始学习如何与这里的人互动，让他们感到舒适。
我在这里就是一个留学生，我就是这里的一个访客，我怎么能
期待这里的一切为了我而发生改变？（卡森，E2）

与卡森相似，亚历克斯认为外国人既然选择了来华学习和生活，
就要主动适应这里的环境。他更是直言，外国人总体人数在中国并
不多，加之很多中国人在日常生活中与外国人没有太多接触，因而
中国社会对外国人中文水平的期待普遍不高，这是合情合理的一种
反应。既然来到中国学习和生活，亚历克斯认为就要主动适应环境：

> 很多中国人觉得外国人不会说中文，这个想法没错啊，很
> 正常啊。我不是中国人，人家凭什么觉得我可以说中文？现在
> 来中国学习和生活的外国人越来越多，可能人们会习惯外国人
> 说中文这个事实。但你不能要求所有人都这么想，比如很多老
> 年人就没有太多机会接触外国人。但在我们国家，你是法国人，
> 但你可以看起来像中国人，你可以看起来像非洲人。不管怎么
> 样，你可以用法语和那个人说话，因为你不知道每个人的背景。
> 但是在中国，我去乘坐地铁，然后当我站在地铁里时，我可以
> 识别和区分外国人和中国人。95%的人是中国人。所以大家当
> 然觉得外国人可能不会说中文，因为他们不是这个国家的人。（亚
> 历克斯，E3）

除了中文水平以及对中国文化的了解程度，外国人的样貌有时
也会令受访者置于一些中国民众的注视之下或镜头之中。这种由不
同于中国人的样貌引起的关注无疑令受访者觉察到自己在中国社会
中的不同之处，进而会令其觉察到自己的局外人身份[1]。但不同于一

---

[1] LIU Y, DERVIN F. Racial marker, transnational capital, and the Occidental Other: White Americans'
experiences of whiteness on the Chinese mainland[J]. Journal of Ethnic and Migration Studies, 2022,
48: 1033-1050.

些对此有诸多抱怨的外国旅居者，本研究中的受访者对这种关注和
好奇表示理解。例如，亚历克斯认为没有必要对别人给予的额外关
注而烦恼，因为这种关注的起因就是外国人一眼就能辨识的样貌差
异，加之很多中国人可能日常生活中没有接触过外国人，难免好奇。
在亚历克斯看来，一开始大家都会或多或少觉得不舒服，但既然选
择了来中国留学和生活，就要学会适应，逐渐地，这种不适感就会
消失；如果一直感到不适，不能适应，那就主动离开。艾米莉对此
也持相同的态度，并将这种关注归因于文化差异。既然是文化差异，
就要主动适应，而不是指手画脚：

> 在英国，大家不会给外国人拍照。如果要拍，大家会主动
> 询问人家，否则会被视为不礼貌。很多外国人在中国抱怨别人
> 拍自己，我觉得他们没有考虑到文化差异，在这里这就是一种
> 与文化有关的现象。出于好奇给外国人拍照是这里的习惯，一
> 些中国人只是出于好奇，我觉得没有任何不好的企图。这就是
> 大家日常的习惯。如果我觉得不开心，我应该回英国，而不是
> 在人家的国家指手画脚，告诉人家在自己的国度应该怎么做。(艾
> 米莉，E4)

乔纳森和斯诺都认为面对文化差异，不应该指责对方，而是应
该尽力适应。斯诺直言那些不停抱怨留学遭遇的留学生内心封闭、
思想狭隘。乔纳森则指出留学生在面对中外文化差异时，应该提升
自己的中文能力，尽力理解不同的视角，并将其纳入自己的认知体系：

> 你会以不同的方式接近那些不直接来自你所在的地方的人，
> 但并不是以坏的方式。但有时你会采用一个不同的方法，因为
> 人们在不同文化体系下，行事方式是不一样的。所以我觉得你必
> 须承认这一点，并考虑到这一点。有的人可能认为，"哦，我被
> 区别对待了，因为他们不接受我"。但实际情况可能不是这样的。
> 实际情况也可能是，"嘿，你被区别对待了，因为他们不想让你

感到不舒服"。他们或许也试图考虑用你所在文化的行事方式对待你。他们不想越界，让你觉得你自己被冒犯了。而棘手的是，在你能与他们进行100%的沟通之前，你无法真正理解这种情况。所以我确信，作为一个中文说得不是很好的外国人，我肯定受到了不同的对待，但不是以不好的方式，只是以一种更容易与我打交道的方式。因为如果你不能理解一个人，你就会用一种不同的方式来对待他们，这很自然。我相信这种观点对那些能说流利中文的人来说是不同的。因为在这一点上，你已经表明你对他们的文化进行了认真理解。我认为只有通过学习别人的语言才可以表明你对别人文化的理解与尊重。因为一旦你学会了语言，你就会说，"嘿，我可以理解你现在能理解的一切"。所以这意味着我可以理解你的文化，我已经花时间通过学习这种语言来学习和尊重你的文化。所以我觉得一旦你这样做了，那么他们对你肯定会比对一般的中国人好得多。（乔纳森，E5）

此外，在华学习经历还有助于留学生进一步形成共情能力，克服偏见[1]。新冠疫情的突然发生直接导致一些受访者留学中国的计划暂时停滞，而且全球疫情蔓延的不稳定局势令这些留学生在接受访谈的时候不知道自己的留学计划何时可以重启。虽然这些受访者十分沮丧，但他们对自己所在的中方院系和老师却毫无抱怨，因为在他们看来，所有人的生活都因为疫情的到来而被迫陷入停滞。正是因为这种共情能力，这些受访者在面对灾难时依然可以保持开放的心态，并对中方院系提供的帮助表示感谢，同时也可以理解关于留学生暂缓返回中国的决定：

---

[1] AN R, CHIANG S-Y. International students' culture learning and cultural adaptation in China[J]. Journal of Multilingual and Multicultural Development, 2015, 36: 661-676. 其他文献详见：TIAN M, LOWE A. Intercultural identity and intercultural experiences of American students in China[J]. Journal of Studies in International Education, 2014, 18: 281-297；TIAN M, LU G. Intercultural learning, adaptation, and personal growth: A longitudinal investigation of international student experiences in China[J]. Frontiers of Education in China, 2018, 13: 56-92.

我知道有一些留学生抱怨很多，但我觉得他们并没有意识到这个事情的复杂性，他们没有意识到老师们在疫情面前很无力。这不是任何一个人或一个政府的责任。如果说责任，那就是病毒的责任。没有人可以预测接下来会发生什么。中国的情况已经好多了，但在意大利和欧洲其他地方，现在正在发生第二轮疫情。这一开始谁都无法预料。在这样的情况下，没有人可以告诉我到底什么时候可以返回中国继续学习。我们的老师更是没有办法告诉我，这不是他们的错，也不是他们的责任，他们的生活也受到了很大的影响。在这样的情况下，老师们已经尽可能地为我们提供了帮助，比如在线上课，这对任何人都不容易，老师们尽了最大的努力，努力确保我们可以顺利毕业，对此我非常感激。（萨拉，E6）

如果我记得没错的话，现在持有商务签证的外国人好像是可以回到中国的。我觉得这个决定是有道理的。虽然有疫情，但全球经济必须运转下去，对吧，不能停顿。为了保证全球经济运行，就需要允许一些人进行国际旅行。那我们应该让谁进来呢？优先考虑的显然应该是持有商务签证的人，因为经济必须运转下去。我理解这一点。但我也理解为什么有的留学生对此有所抱怨，因为同样是国际迁移，但被允许回来的群体不是他们。可我想说的是我理解商务人士优先返回的决定，因为不能让全球经济停滞，但学生毕竟可以坐在家里上课。我觉得留学生最终都可以返回的，只是时间早晚的问题。（乔纳森，E7）

正是基于上述开放心态，受访者可以积极乐观地面对他们留学过程中的种种差异，并坦然接受自己的局外人身份。正如上一章所探讨的那样，这些文化他者积极发挥能动性，赋予这些差异独特的意义。比如，艾米莉认为学会处理文化差异是有趣的经历，也是出国交换的意义所在；雅各布则是通过自己检索相关资料，将人们对他的关注理解为一种友好的举动，并乐于配合；小夏则是转变心态，不再拘泥于专业名称，转而看重从中可以学到的知识：

　　对我来说在留学过程中经历一些意外情况是有趣的经历，我认为这就是交流项目的价值所在。无论是在独立性、成熟度方面，还是在必须解决的事情上，学会找到解决方案都是出国留学这个经历中最棒的部分，所以我觉得很有趣。但对有的人而言可能就是压力。我知道有两个留学生中途放弃回去了，因为他们无法应对文化差异带来的文化冲击。对这些人而言，出国留学的挑战太大了。（艾米莉，E8）

　　起初有人找我合影的时候，我的确有点不习惯，因为我只是一个普通人。他们为什么要和一个普通人合影？后来我研究了一下，发现有很多研究表明大家的这种举动只是出于好奇，因为以前很多西方电影都在中国上映过，大家只在电影里见过外国人，在生活中没有什么机会见外国人，所以很好奇。我看完觉得，如果我在街上看到一个平常生活中很难见到的人，比如电影明星，那我也会很好奇，我也想去跟这个人合影。想到这个，再回头去看别人找我合影这个事情，我就觉得有相同之处，我觉得他们就是看到我之后觉得很开心。如果可以让其他人开心，那我也会高兴，所以我可以答应他们的要求。（雅各布，E9）

　　我记得去年夏天拿到这个学校录取通知书的时候，其实我觉得很迷茫，觉得很不满意。因为我那时候有个刻板印象，觉得专业的名称非常重要，我本科读国际关系，但来中国要念的是对外汉语专业。但我来了之后发现，名称并不重要。专业只不过是一个名字而已，最重要的是你脑子里面装的东西。（小夏）

　　最终，这些留学生在时间长度不一的留学过程中逐渐学会以他者身份与文化差异乐观共处。正如小夏总结的那样，在中国待久了，大家对文化差异都会变得比较包容：

　　如果是外国人的话，外国人就感觉，感觉大家都是那样，可能是在中国待久了的人，他们都会比较包容。如果刚来中国的时候，一个人可能觉得我来自英国，我来自法国，我来自日本，就是那种举世无双的感觉，就感觉自己很独特，就很骄傲。但是我觉得待久了的人逐渐会觉得大家都一样，其实就是来自不同的地方，然后就会对文化差异什么的接受度很高，变得很包容。（小夏）

（二）自反性的出现

他者身份是旅居个体在跨文化交际过程中进一步建构自己身份认同的核心要素之一。抛却他者身份，个体无法真正建立自己的身份认同，因为我们都是在互动过程中以他人为镜来认识自己，并且在理解自己他者身份的基础上理解与我们互动的另外一方[①]。参与本研究的受访者在跨文化交际过程中直面文化差异，从中感知并接受自己的他者身份，并在此基础上形成了三种截然不同的身份认同（详见第六章）。立足这三种身份认同，这些受访者进一步收获了自反性视角，对自己曾经的观点以及所处的地位进行了反思与审视。这种自反性视角的出现也是旅居个体形成跨文化性的标志之一[②]。不同于那些遇到文化差异之后只会抱怨的留学生，艾米莉回忆自己报到注册时候遇到的沟通不畅，直言问题的根源在于自己的中文不够好：

> 我觉得问题在我们，我们的中文不够好。我不能到了一个讲中文的国家，然后抱怨那里的人不说英文。（艾米莉，E10）

萨拉更是犀利地指出，与她同来的其他交换生在初到中国的时

---

① KRAMSCH C. The multilingual subject [M]. Oxford: Oxford University Press, 2009. 其他文献详见：LIU Y, KRAMER E. Conceptualizing the *Other* in intercultural encounters: Review, formulation and typology of the *Other*-identity[J]. Howard Journal of Communications, 2019, 30: 446-463；XU K. Theorizing difference in intercultural communication: A critical dialogic perspective[J]. Communication Monographs, 2013, 80: 379-397；单波，张腾方. 跨文化传播视野中的他者化难题 [J]. 学术研究，2016（6）：39-45+73+32.

② ANDREOTTI V. Actionable postcolonial theory in education [M]. London, UK: Palgrave, 2011. 其他文献详见：DERVIN F, GAO M. Keeping up appearances before the "Other"? Interculturality and Occidentalism in the educational TV-program "Happy Chinese"[J]. Frontiers of Education in China, 2012, 7: 553-575.

候面对文化差异有诸多抱怨，这种抱怨源自意大利人爱抱怨的本性：

> 我们刚到学校的时候发现分给我们的宿舍跟我们设想的不一样。一开始大家觉得不习惯也是正常的，但是慢慢就可以习惯了。出国留学就是要体验不一样的经历。但很多人就会抱怨，我是班长，我劝大家先不要抱怨，试着适应一下，但他们不听我的。我觉得这就是我们意大利人的特点，哈哈哈，我们很喜欢抱怨，所以这个才是关键，这个才是我们抱怨的真正原因。就是大家遇到事情就习惯抱怨，所以除了让他们抱怨，我什么都做不了。（萨拉，E11）

除了检视自己，苏西面对文化差异的时候还表现出了同理心。对很多留学生而言，他们来华留学的一个期待就是可以结识中国朋友，因此有不少受访者积极主动地在学校里找中国同学攀谈。但这种沟通模式在中国同学身上收效并不显著，因此有一些受访者觉得自己非常受挫。但不同于这些抱怨的留学生，苏西并没有进行任何价值判断，而是将心比心，指出她和中国同学在跨文化交际的过程中都存在理解盲区：

> 欧洲文化和中国文化对友谊这个概念的理解有点不同，可能对爱情的理解也有不同，我听过一些解释。但我暂时没有足够的时间去真正理解这些解释。我觉得这些只是文化差异。可能中国同学比较害羞，所以他们不理解我们为什么要跑去跟他们交谈，就像我不理解为什么有的中国人来找我合影一样。（苏西，E12）

跨国迁移往往导致社会结构的重塑。在这个重塑过程中，留学生逐渐意识到自己所处地位发生变化，而这种意识也标志着跨文化性的出现。具体到本研究，不少受访者在访谈中明确表示自己作为来华留学生的确得到了诸多优待。麦克独特的成长经历令其从一开始就同时具备中外两种文化视角。作为留学生，麦克和其他留学生一样住在条件更好一些的宿舍楼，同时他与中国同学交往密切，从他们那里也知道了中国学生的住宿条件。两相对比之下，麦克深知自己留学生的身份是获得更好住宿条件的关键所在，因此他主动远离一些明明受益于自己他者身份却毫不感恩的留学生：

> 我听说他们（中国学生）的宿舍是四个人住12平方米，非常挤，那个过道就没法走人，如果都坐下的话，只能侧着身走。而且他们查寝特别频繁，有的宿管人员对他们的态度也不好。我感觉我们这边一学期都不查两次寝。可能一学期也就查两次，查的时候会先敲门，至少敲两遍，而且他们会说，"May I come in?"我觉得这些已经做得很好了，但就这样有的留学生还不满意，不接受。我也不知道他们为啥不接受，可能他们感觉隐私被侵犯，但是我感觉这是很有必要的安全检查。管理人员不是为了进来看看你的隐私都有什么。他们是为了看看你有没有什么安全隐患在屋里边，而且人家敲门问是不是可以进来。所以其实我感觉我跟这儿的一些留学生也格格不入，我感觉我跟他们不是一种人，就是我感觉他们总是高人一等的样子。之前一个姑娘，她的房卡突然不能用了。我知道以后就直接提议跟她一块去学校相关的办公室处理。路上我跟她聊天，她就一路吐槽，说这个事情学校做得很不专业，一团糟，他们什么都不懂。我当时就不高兴了，我觉得她非常不理性，有问题就有一说一地去解决，但那种无差别的谩骂攻击太过分了，太蠢了。我觉得有的留学生太把自己当回事了，他们有很多偏见，既然这样干吗还来？来找优越感吗？（麦克）

对于这些自视甚高的留学生，雅各布也表示了厌恶。在他看来，留学生到中国是客人，应该注意自己的言行。因此，他鼓励周围的朋友直接以口头教育的方式训诫这些留学生，要求他们注意自己的言行：

　　有很多留学生对中国文化的了解非常有限。我觉得他们真的应该多了解，多学一些。我经常提醒周围的交换生要注意自己的言行，但我没办法告诉所有人这么做，要对别人友善。那些举止粗鲁的交换生令我担忧，我觉得我们大家要联合起来。我鼓励每个人，如果遇到那些言行不好的留学生，就直接告诉他们，"你们在这里是客人，请注意你们的言行！"这样是完全可以的，那些学生必须了解这一点，因为他们的表现是不对的。（雅各布，E13）

　　除此之外，局外人这个身份对受访者而言意味着更少的束缚，因而他们可以更加自如地选择自己喜欢的生活方式，不用面对太多的压力。这种局内人所没有的自如在这些留学生眼中不啻为一种福利。比如，卡森很能接受自己的他者身份，因为这个身份同时赋予他不用太顾及周围人的眼光，自如选择生活方式的自由。在卡森看来，他作为一个生活在中国的外国人所面临的社会期待与很多中国同学面临的期待有很大差异。面对一些条条框框的时候，卡森可以凭借自己局外人的身份跳出束缚，自由做自己。正是如此，他才可以自由自在地穿着中国传统服饰四处游览，因为在很多中国人看来，外国人这样做很正常。与卡森相似，萨拉作为留学生所承担的学业压力低于中国同学，她认为大家所承受的不同压力也是导致平时生活节奏不同频、生活交集很少的关键原因，因而很难发展跨文化友谊：

　　我记得在图书馆经常看到有一些中国同学趴在桌子上睡觉，他们学习非常努力，每天花很多时间学习。我平时的学习时间也比较多，但没有中国同学那么多。特别因为我是意大利人，我们比较懒惰。如果我累到要睡着的地步，我就不会去学习了。我看到的中国同学很忙，学习很努力。对此我很理解。因为从他们的角度看，他们面临的竞争比我们难得多。比如对我而言，虽然我获得来中国的奖学金也不容易，但我觉得肯定比中国同学考进大学要容易得多。所以我明白他们需要一直保持这个标准，需要一直保持很好的成绩。所以我们平时的生活节奏不一样，很难有机会一起做点什么。但我对此特别理解。（萨拉，E14）

（三）对中国的欣赏与感激

在留学过程中，开放的心态以及自反性的出现也有助于留学生发现留学国的优点，并心悦诚服地表示认同与欣赏。这个建立认同与欣赏的过程就是留学生打开自己、拓展认知、增强自己跨文化性的过程。例如，前文提到沐沐非常喜欢中国的传统节日，并身体力行地在其日常家庭生活中对这些节日予以保留，并认真庆祝。雅各布在与中国同学的交流过程中，如果发现对方对用英语交流流露出不自信的时候，就会鼓励对方说自己的中文更差。在他看来，很多中国人的英文水平很好，比他的中文要好很多：

> 有时候我在街上问路，有的人一开始拒绝，后来又走回来，他们说的第一句话就是，"我的英语不太好"。然后我就说，"我的中文比你的英文差"。这是真的。我在这里遇到的中国人，几乎每个人都知道很多英文单词，他们知道的英文单词比我知道的中文单词多得多。所以我告诉他们我的中文比他们的英文差。这有助于他们开口。我能看出来，他们走回来的时候内心一直在斗争，我觉得他们想帮我，但他们怕自己英文不好，所以一开始就会说，"不，对不起，我帮不了你"。（雅各布，E15）

与其他受访者相比，小夏对中国的认同与欣赏在他的采访中表现得最为淋漓尽致。作为一个内心以中国为家的局外人，小夏在漫长的学习生涯中对中国文化建立了极其深厚的认同。他认为中国文化中有很多值得俄罗斯人借鉴和学习的地方，这些特质令他折服。如前文所述，小夏觉得俄罗斯人做事情很执拗，他很欣赏中国人那种变通、尽可能把代价降到最低的处理方式。除此之外，他还对中国古代的为人处世智慧以及古人对身体的态度大为欣赏，并将其纳入了自己的生活模式，觉得自己大为受益：

> 中国的很多成语是很有用的。我是在读大学的时候学到了很多，我就觉得很有道理，比如说像塞翁失马，那丢了就丢了，说不定是好事，对吧？现在我有时候会保持这样的态度。还有一句话是骄兵必败，这个我特别喜欢。我觉得很有道理。我有时候跟我弟弟吵架，我觉得你可以乖乖地做你的俄罗斯人，但是你为什么不能从这个书架上拿出本书来看，往自己的脑子里装点东西？你还是俄罗斯人，但是你可以变得更有智慧，就是这个意思，这是第一个。第二个是对身体的态度。我本科毕业之后在一家公司做翻译，然后这家公司每年夏天都会邀请三位中医药大学的教授来我们这里讲课。他们就是讲中医知识，比如要吃什么，然后要怎么穿，然后什么时候穿什么衣服好，就这样讲了很多。之后我就想了很多，觉得真的我还是得注意这些。我回去还跟我父母说了这些，但他们不理解。所以我就自己做自己的，这是第二个。第三个我觉得是思维方式，我就发现俄罗斯人特别倔强，真的特别倔强。我在一个中国姐姐的帮助下已经改了，我没有那么倔强了，然后觉得这一点也非常好。你看为什么说南方人特别能赚钱，因为他们脑子特别灵活，对吧？他们懂得变通，懂得脚踏实地，做力所能及的事情，切实地把自己的生活变好，而不是只会坐着各种抱怨。（小夏）

对中国文化的欣赏极大地提升了小夏对中国的认同感，这种认同感在他心里演化成了另外一种中国人格，与他原有的俄罗斯人格并行不悖，相互依存。当小夏来到中国的时候，他会想念俄罗斯；当他回到俄罗斯的时候，他又开始怀念中国：

> 如果有一天我要一直在俄罗斯生活下去，那我在外边还是做一个俄罗斯人，但我会在俄罗斯的家里做一个"小中国"，把它装饰得跟中国的装修一模一样，就是这样。那如果我要在

中国一直生活，我特别乐意去模仿中国人的生活方式，因为我觉得有很多好的地方，但到了我自己住的地方，我也想在我家做一个小屋，把屋子装修得特别像俄罗斯，想俄罗斯的时候就去那边待着，就这样。（小夏）

除了这种长久浸润在中国文化中所带来的认同与欣赏，突发情况下中国民众提供的帮助也是赢得留学生认同与欣赏的关键。基于这种认同与欣赏，留学生由衷地感激中方学校，切身地感受到中国文化制度的优越性，对中国有了更深刻的理解。萨拉及其同学于2019年秋季学期抵达北京，开始为期一年的交换项目。但之后突然暴发的新冠疫情令他们最后一个学期的交换陷入停滞，无法继续以线下形式在北京开展。那时正值寒假，萨拉和她的同学基本已返回意大利。被迫中止的线下春季学期交换带来了一个新问题：交换结束的时候，这些学生在中方学校的行李如何处理？正在萨拉感到焦虑不安的时候，中方院系主动联系他们，帮他们打包所有行李，并寄回意大利。中方老师们贴心无私的帮助给萨拉留下了极其深刻的印象，令其倍觉感激。这种感激也极大提升了萨拉的来华留学满意程度，她坦言希望自己在疫情稳定之后再次回到这所学校继续学习：

我们班上有31个学生。（中方）老师们帮我们每个人都认真打包，他们的工作量特别大。宿管阿姨也帮忙了，她们也有很多工作要做。我特别感激他们。老师们在宿舍里给每个学生打视频电话，询问什么东西要打包，什么东西可以扔掉。他们真的是尽全力在帮我们。一开始我们以为这些包裹会统一寄到我们在意大利的学校，然后由学校再转交给我们。但实际情况不是这样的！中国老师们要了我们每个人的家庭地址，直接寄到我们每个人的家里！这就意味着他们的工作量更大，更难了。他们做了太多工作，我太感激了！学校的整体环境对我来说太好了，真的感觉像家一样。所以我现在在意大利不能回去，就很怀念学校，我觉得我离开了我的家。我希望我可以回去继续

攻读硕士学位。（萨拉，E16）

（四）对不同文化体系各自特点的客观认知

随着留学的开展，留学生对留学国的体验会不断丰富，在母国与留学国之间的比较下，这些旅居个体可以秉持开放的心态，超越民族中心主义立场，理解不同文化体系所处的具体语境，并在此基础上发展出看待问题的不同视角，客观全面地认识到不同文化之间的差异，最终形成注重多元化、情景化和异质性的跨文化性[①]。具体到本研究，受访者呈现出来的跨文化性还有一个显著特征，即不带偏颇地客观认识中西文化体系各自的特点。正如安迪所说，中国文化和西方文化各有优势：

> 西方有一些人对中国的偏见很深。我对此表示非常难过，因为我就在中国生活，我并没有那样觉得。我的一些朋友甚至也这么想，他们从来没有到过中国。但我就一些话题试图向他们解释的时候，他们总是不肯认真听取我的观点，总是固守他们之前的认知。我很不喜欢这样，我觉得他们为什么不试着拓展一下自己的知识呢？我花了很多时间研究中国，虽然我对很多问题依然不了解，比较无知，但我理解中国的视角，我理解中国的生活方式。任何一个国家都有做得好的地方，也有需要改进的地方，中国有句话叫"有好处也有坏处"，对，世界各地都是这样。中国文化和西方文化各有特色，但这不是谁正确、谁错误的问题。我觉得没有必要因为差异就去批评、去判断，而且带有偏见。偏见是这个世界上最糟糕的东西。我希望中国在全世界传播它的文化，让世界了解中国，并停止这种偏见。（安迪，E17）

---

① ANDREOTTI V. Actionable postcolonial theory in education [M]. London, UK: Palgrave, 2011. 其他文献详见：JIN T. Moving beyond "intercultural competence": Interculturality in the learning of Mandarin in UK universities[J]. Language and Intercultural Communication, 2017, 17: 306-322; JOHNSON E. "They are not very open to people": How mobile students construct interculturality through metaphor and narrative[J]. Language and Intercultural Communication, 2021: 1-14.

　　与安迪相似，卡森在中国学习的过程中认识到中国的教育体系有其独特的优势。他认为如果可以把中西教育体系糅合在一起，那么针对留学生的教学效果会更好。初到北京的时候，卡森发现中国课堂教学更侧重老师按照教材内容进行讲授，而考核形式更侧重依赖记忆与背诵的闭卷考试[①]。这与他之前所习惯的以兴趣驱动和个人理解为重的、师生互动充分的教学方式很是不同。面对这种差异，卡森一开始觉得很奇怪，而且认为院系应该多设置那种侧重兴趣的研讨式课程。比如，请专门的老师来讲授花道、茶道和香道，老师带着学生一起练习，在这个过程中讲解中国文化。后来随着学习的深入，卡森认识到自己原先的设想有不切实际的地方，而且也认识到中国教育理念中对考核的侧重是激励学生认真学习的有效方式：

　　　　我发现这里的教学看重背诵知识，还有闭卷考试，这个对我来说一开始有点奇怪。后来我发现这个方式有正面促进作用。比如我们要开茶道这门课，找人来教，如果不设置考试的话，这门课最后真的就会变成大家聚在一起喝茶聊天的地方。如果设置考试，这种情况就会彻底改变，因为只有那些对茶道感兴趣、真的想学知识的人才会来上课。这就是考试制度的优势。两种制度其实是可以结合起来的。比如教学方式是研讨式，让大家可以轻松愉悦地学到知识，最后可以设置一种考核，但这种考核不要是那种侧重背诵记忆的，而是从自己的角度思考，比如关于所学的东西写一篇期末论文。如果是这样的话就很好。如果只喝茶，那就不能指望人们在最后写一篇论文。但有考核的话，

---

① DING X. Exploring the experiences of international students in China[J]. Journal of Studies in International Education, 2016, 20: 319-338. 其他文献详见: HE J-J, CHIANG S-Y. Challenges to English-medium instruction (EMI) for international students in China: A learners' perspective: English-medium education aims to accommodate international students into Chinese universities, but how well is it working?[J] English Today, 2016, 32: 63-67; MA J, WEN Q. Understanding international students' in-class learning experiences in Chinese higher education institutions[J]. Higher Education Research & Development, 2018, 37: 1186-1200; 马佳妮. 留学中国——来华留学生就读经验的质性研究 [M]. 北京: 社会科学文献出版社, 2020.

你必须有论文，我认为这是更好的方法。如果现在有这样一门茶道课，我可以跟着一个或多个老师学习，在听课的同时喝茶，最后写一篇论文来展示我所学到的东西，我现在就会参加。（卡森，E18）

杰克作为英国华裔二代已经跟随父母回国定居十年有余。疫情突袭而至的时候，他在杭州的家中与家人一同经历居家隔离。当时有少数留学生因为寒假没有返回母国而在学校接受封闭管理，他们对此怨声载道，觉得自己的出入自由受到了很大的限制。但杰克对特殊时期的管理政策却表示了理解与认可。所以在某种程度上说，疫情的发生促使杰克进一步发展自己的跨文化性，在看重个人权利、更侧重个人主义的西方文化与看重他人和集体利益、更侧重集体主义的中国文化之间找到了一个平衡点，更可以从一个中立立场出发，客观看待各自的特点：

我知道有的留学生抱怨自己的自由受到限制。但作为一个已经在中国生活了十年的人，我觉得他们抱怨的那些对我来说并不重要。我觉得所谓的权利并不是一种不可剥夺的东西。西方文化对个人权利很看重，但我觉得前提是它不会影响其他人。在疫情发生的时候，如果对权利的限制是为了保护他人和自己，我觉得这就是合理的。我认为这种限制是合理的。虽然我也觉得很不方便，但我不会抱怨，因为这种举措对其他人，对我们自己都是有益的。（杰克，E19）

社会网络是留学生理解跨文化性、领会留学意义所需的重要物质基础 ①。不同于其他留学生，沐沐的跨国婚姻为其提供了一个截然

---

① COLEMAN J A . Social circles during residence abroad: What students do, and who with [C] // MITCHELL R, TRACY-VENTURA N, MCMANUS K. Social interaction, identity and language learning during residence abroad. Amsterdam: The European Second Language Association, 2015. 其他文献详见：HOLMES P, BAVIERI L, GANASSIN S, et al. Interculturality and the study abroad experience: Students' learning from the IEREST materials[J]. Language and Intercultural Communication, 2016, 16: 452-469.

不同的社会网络，令她可以从一个不同的角度审视中波两种文化环境。正如前文所述，沐沐多年旅居国外的经历以及与中国丈夫的跨国婚姻令她夹在两种文化之间。当她在中国的时候，她承认自己会思念甚至会过度理想化自己的祖国；但当她回到波兰的时候，又会因为与周围环境格格不入而思念中国。这种在两种文化之间无所适从的状态恰好也为沐沐提供了一个独特视角。她可以通过这种看似格格不入的状态，适度调整自己与两种文化的关系，从而从多角度看待其旅居经历：

> 我已经习惯了自己在中国的这种局外人身份。有时候我会想家，但我知道我对波兰的想念有点理想化。就是说，相比我那些留在波兰的朋友和家人，我对波兰的印象更好。所以每次在中国遇到困难的时候，我总会想如果我待在波兰就不会发生这些情况。比如我带我女儿去医院，要排很长的队，我就会想这在波兰不会发生；遇到堵车，我会想这在波兰不会发生。但实际上在波兰也会出现这种情况。但对我来说，我总忍不住想，如果有一天回到波兰，所有的问题都会得到解决。我一直想回波兰。但每次回波兰，我都很累，我要去拜访所有的亲戚朋友，待着待着我就想回中国。所以实际上两边对我来说都有点像家，但又不是完完全全属于我的家。如果我搬家，就是全家一起。但我老公在波兰就是外国人，他不会说波兰语，他在那里或许会得到与其他波兰人同等的待遇，但也可能会面临更差的待遇。可是我在中国，我还是相对更有可能获得比较好的待遇。所以我一直想回，但一直没有下决心去做，就是因为我知道中国对我们家而言仍然是一个更好的选择，这里对我们相当友好。（沐沐，E20）

（五）超越地理边界对文化相似性的理解

除了有助于留学生对母国和留学国各自的文化形成更为均衡客观的认识，留学经历还有助于留学生超越文化的地理边界，转而关注不同文化体系之间的相似性，进而在此基础上进一步拓展自己的跨文化性 ①。当谈到有美国学生曾经跟我抱怨中国同学玩游戏的时候比较抱团时，约翰对此提出了不同观点。在约翰看来，大家喜欢跟自己有相似之处的人一起玩，这没什么大不了，不要觉得自己被区别对待，因为这很常见。为了进一步说明自己的观点，他还以自己的亲身经历为例给出自己的解释：

> 我觉得大家都会这样吧。比如这个游戏是跟中文有关的，那你跟一个母语不是中文的人玩，肯定会觉得很无聊，然后就会想跟一个母语是中文的人再玩一次。比如上次西语系弄了一个活动，然后找我们去玩，我就很开心地给他们介绍了一个游戏，就有点像狼人杀，我们用西班牙语玩。然后我记得我跟我另外一个阿根廷朋友一直笑，但那边的中国同学说半天，还说不出来什么，毕竟西班牙语不是他们的母语。反过来，如果是一个中文的游戏，我们说不出来，那中国学生可能真的觉得很烦，就会觉得跟我们玩比较无聊，就会想自己再玩一遍。大家都愿意跟相似的人一起玩啊。（约翰）

从约翰的叙述中不难看出，留学生以相似点为交友基础是一个普遍现象，不需要将其与群组区分刻意联系起来。这种突破文化地理边界关注相似性和普遍性的做法有助于留学生减少甚至规避因了解不充分而产生的对某种文化的刻板印象。在这个过程中，留学生曾经的跨文化体验发挥着极其重要的推动作用。正是因为曾经在不同文化体系中生活过，一些受访者在面对文化差异的时候不会将之归因于留学国文化，而是会给出更加客观的评价。当谈到自己与中国同学互动有限的时候，艾米莉没有像一些受访者表现出来的那么沮丧，她认为这种情况对交换生而言很常见，因为她以前在立陶宛

① LI X. International students in China: Cross-cultural interaction, integration, and identity construction[J]. Journal of Language, Identity & Education, 2015, 14: 237-254. 其他文献详见：TIAN M, LOWE A. Intercultural identity and intercultural experiences of American students in China[J]. Journal of Studies in International Education, 2014, 18: 281-297.

的时候也遇到过类似的情况。作为一个只在对方国家生活和学习数月的交换生，艾米莉直言自己很难直接介入当地人的生活，因为人家已经有了非常固定的生活方式。这种难以介入自然会影响她与当地人展开深入交流：

> 跟当地人的交流不够深入并不是中国这边特有的情况。我在立陶宛交换的时候，周围朋友也都是国际学生。我认识一些立陶宛人，但他们都不在我的核心朋友圈里，因为他们已经有了自己的生活。比如他们在立陶宛生活了多年，已经念大学了，已经有了自己的朋友。而且作为交换生，我们的主要任务就是学习当地文化、语言和其他东西，所以学业负担不如我在法国的时候那么重，但当地学生要学的就比交换生多很多。（艾米莉，E21）

此外，艾米莉还提到，在立陶宛的时候也经常遇到一些突发情况，她必须学会自己处理，而这些突发情况对于留学生而言非常普遍。正是基于之前的留学经历，当艾米莉在中国遇到相似的情况时，她不会像一些留学生那样盲目指责中方学校组织有漏洞，而是自己着手处理：

> 我们当时刚到北京的时候都不确定自己是否成功预订了学校的宿舍。但我的个性就是永远看光明的一面。我觉得最坏的情况就是我们去住酒店。当时我在法国的学校没处理好，我都不知道去联系谁来确定宿舍的事儿。不过我习惯了，我跟着法国的学校参加了三个交流项目，每次都有各种突发状况。比如在立陶宛交换的时候，我们一开始被告知有宿舍。但在启程之前的一周还是两周，我们被告知没有空余的宿舍了，而且才发现从那个学校到宿舍坐车要两个小时。所以我们不得不自己找一个公寓。我们不会说立陶宛语，我们没去过那个国家，我们只是在网上预订了一个公寓，当时都不知道是不是骗局。不过我们到了之后，的确有个公寓，一切顺利。我这次到北京，去登记的

时候发现我们的确有宿舍，所以挺好的。（艾米莉，E22）

与艾米莉相似，凯文年少时有跟随家人旅居雅加达的经历，因此他来华留学的时候不会带着万事要以德国为参照的心态。在凯文看来，旅居国外就是不停经历差异与不同的过程，所以就以开放的心态面对就好，没有必要因为周遭情况跟德国不一样而生气：

> 对于很多事情我接受起来完全没有问题，我心态很开放，我不太介意，因为我在印度尼西亚的时候已经习惯了。我不会因为这些事情而生气。但我的一些朋友就会因为事情没有按德国经验发展而生气。他们希望在中国跟在德国一样。但我觉得即便我去西班牙或法国南部，那里跟德国也不一样。我不期待其他地方跟德国一样。我只是非常惊讶，这里有很多其他交换生，像我那些德国朋友，他们真的期待一切都像德国那样。但既然选择了中国，为什么不能自己去了解一下应该带着什么样的期待去留学呢？我有在其他国家生活的经验，我觉得这是我跟他们区别很大的原因。（凯文，E23）

与不同文化的接触未必要迈出母国的地理边界。即便暂未踏出祖国的土地，一些受访者也通过自己与母国环境中他者的接触而明白了旅居个体经验的相似性和普遍性，因而不会把自己在中国的体验简单归因于某一个文化体系。凯特对一些中国民众给予的关注表示坦然接受，没有觉得不舒服，因为在俄罗斯很多当地人也会盯着外来游客各种打量。弗兰克对自己与中方院系之间的沟通不畅也平静接受，一方面他觉得从中可以锻炼自己，让自己积累经验；另一方面他在法国的中国朋友作为留学生也有类似的经历。所以这种沟通不畅在弗兰克看来就是留学经历不可或缺的一部分，不存在地理概念上的差别：

> 我知道有些外国人不喜欢被盯着看，但我还好，并不觉得

有多不舒服。我知道很多人就是好奇而已，他们好奇我是谁，来中国做什么。我对此并不在意。比如你去美国，就没人盯着你看，在那里大家都习惯了不同的肤色。但如果你来俄罗斯，有很多人也会盯着你看的，而且大多数是俄罗斯人，尤其是上了年纪的俄罗斯人。（凯特，E24）

中方学校的一些规定跟法国很不一样。比如成绩单的格式和里头的内容。我觉得经历这些差异很重要，我乐意让自己经历这些，这样我可以收获更多的经验，变得更加成熟，可以更好地把握我的未来，这就是出国留学必须经历的部分。另外，不管在哪里留学，都会遇到这些差异。我那些在法国学习的中国朋友，他们也是留学生，他们也经常遇到这些问题，都一样的。（弗兰克，E25）

二　从客位视角出发对他者视角的反思

他者化是一个双向的过程。当来华留学生认为自己被置于他者的位置的时候，他们同时也下意识地将中国民众视为与他们相对的他者。来华留学生对中国民众的他者化过程在他们的表述中可见一斑。例如，不少受访者下意识地将中国学生统称为"他们"，将自己所在的群组称为"我们"；又或是用"正常"与否这个标准来衡量自己与中国同学之间的互动：

中国人很好奇我们从哪里来，好奇我们会说什么语言，在哪里学习。但除此之外没有更多的沟通。但我们欧洲人与别人交流的时候，我们要么就聊很久，要么就不怎么交流。这就是一个主要的文化差异。虽然教学楼里有很多中国学生，但他们不怎么跟我们一起玩。（亚历克斯，E26）

我微信上有不少中国人，但基本上是约着见面练习英文和中文的，就有点像语言伙伴。我有一个中国朋友跟国际学生走得很

近，我们见面就做朋友之间那种正常的事情。（艾米莉，E27）

对教授的尊重方式是不一样的。有时候他们（中国学生）站起来回答问题，而且会说一些我们外国人不会表达的内容，我们一般不会那样说。我觉得可能中国人比较害羞。但我们外国人一般是直接问教授，有问题直接问出来。（保罗，E28）

从上述采访内容中我们不难看出，他者与自我是相互依附的一组概念。谁为他者取决于这个身份认同类型化的过程从哪一方的视角出发。如果从留学生的视角出发，他们则为内群体成员（"我们"），而中国民众则为外群体成员（"他们"）。反之，如果从中国民众视角出发，同时这个视角又被留学生捕捉到，那么后者就会认为自己成了前者眼中的外群体成员。因此，他者化是一个双向的过程，因此在这些留学生认为自己被视为中国民众眼中他者的同时，他们也以同样的方式，将自己周围的中国民众视为了与自己相向而立的他者。这种丝毫不为留学生所察觉的他者化过程是民族中心主义带来的必然结果。正是由于这种只见自己、不见他人的民族中心主义，受访者有意无意地会将自己源于母国文化体系的价值观简单武断地用于判断他们在中国遭遇的文化差异。这种强加生成的价值判断时不时地浮现在这些受访者的叙述之中。例如，艾米莉认为利用微信与老师随时互动的做法是她遇到的一个文化差异（详见第六章）。在她看来，她习惯了与老师保持一定的距离，因为在欧洲高等教育体系中这种距离感的把握是尊重老师的一种方式。为了保持并尊重师生之间的距离，欧洲学生更倾向于用邮件与老师联系，而且下班之后不再给教授发送邮件。带着这样的习惯来到中国之后，艾米莉发现学生可以通过微信随时联系老师，发送作业。这种截然不同的相处方式令艾米莉感到震撼，并直言难以习惯。当我在访谈中问艾米莉为何不能换个角度把这种更为便捷的沟通方式视为一种轻松的交互模式时，她说当一个人习惯了一种做法，就很难跳出这种习惯：

我：你为什么不能觉得如释重负、更加轻松呢？你可以随时给老师发消息或发作业，不需要恪守既定的规则，这种做事方式弹性更大啊？

艾米莉：的确弹性更大。但我觉得是因为一旦你习惯了一种做事方式，你很难脱离这种习惯。（艾米莉，E29）

正是这种难以习惯导致了艾米莉难以适应中国高等教育体系中的师生相处模式，而这种难以习惯又进一步令她对中国师生相处模式进行了价值判断。例如，她在访谈中使用"不可思议"以及"不舒服"这样的表述，而这些表述均是她在对比了母国文化与留学国文化之后给出的判断。换言之，艾米莉将自己母国文化中的师生相处方式视为"合乎情理的"以及"令人舒服的"，而把中国师生相处的方式视为一种相反的存在：

但在欧洲我们永远不会这么做。我们有教授的电子邮件地址，比如你从早上九点到晚上七点可以发送电子邮件，也可能是朝九晚五，但在那之后你就不会再发邮件了。直接在微信里给教授发信息让一些同学觉得很不适应，因为我们在欧洲绝对不这么做。（艾米莉，E30）

对于院系为了促进中外学生交流而组织的文化活动，凯文并无兴趣，因为这些活动在他看来已经过时了。对凯文而言，他更乐意与中国同学加强人际层面的沟通交流，在有相同或相似爱好的前提下进行更为个人化的交往互动，而不是去参加一个凝聚了其他人刻板印象的文化活动，后者在他看来并不能真正地代表那种文化：

我更喜欢个人层面的交流而不是去参加文化活动，那种文化活动已经过时了。无论你去参加哪种文化的主题活动，就只有那一种文化被呈现出来。比如德国文化相关的活动，就是放一些啤酒之类的东西，这并不能代表真正的德国文化。我对这种形式不感兴趣。我宁可去阅读一本有关那种文化的书籍，而不是去参加这种文化活动。这种文化活动呈现出来的不是那种文化真正的内容。我希望可以跟来自那种文化的个体建立更多个人层面的交流。（凯文，E31）

与凯文相比，凯特积极努力地寻找机会与中国学生建立个人层面的联系。但囿于对中国文化交往模式不够了解，凯特遭遇文化差异之后的第一反应依然是将母国文化中的价值体系移植到中国文化语境中加以判断（详见第六章）。在凯特看来，在食堂偶遇并同桌吃饭的中国同学似乎并不愿意与她展开深入交流。因此在她努力开启话题失败之后，凯特觉得非常沮丧，忍不住回想如果这一切发生在俄罗斯的话，情况一定截然相反，进而认为自己不被接纳，成了一个中国餐桌上的局外人。在这种情况下，我利用访谈的机会，向凯特解释这种不同的交往模式归根结底源自中国文化对群体边界的关注，强调人际交往过程中的亲疏有序、内外有别①，而非中国同学有意排斥。在这种情况下，中国人很难在初次见面的时候就跨越群体边界，与外群体成员轻松闲聊。安迪的经历与凯特有相似之处，也有不同之处。安迪在访谈中也提及中国学生很少主动与留学生展开交流，并认为出现这种情况的原因在于这些中国学生好像不太愿意与留学生互动。不同于凯特的是，安迪的上述认知来自一个中国语言伙伴的回答：

> 我有一次跟我的一个语言伙伴说，这楼里有很多中国学生，但看起来他们不太愿意花时间跟我们互动。我跟她说我想多跟中国学生交朋友，但我不知道怎么做，我觉得挺难的。然后她说很多中国学生并不想跟留学生交朋友，也不想做语言伙伴，他们没多大兴趣跟来自不同文化背景的人聊天。她就是这么告诉我的。（安迪，E32）

---

① 费孝通. 乡土中国 [M]. 北京：中华书局，2013.

作为一个研究跨文化的中国学者，我基于自己较为丰富的教研经验，认为安迪的语言伙伴给出的解释带有很强的个人偏见。因此，当话题触及中外交流模式差异的时候，我并不认可这位中国同学的解释，并建议安迪可以观察一下中国乘客在地铁等车的时候是否会与周围的陌生人闲聊。在我的提醒下，安迪突然意识到很多中国人在等车的时候的确不会跟周围的陌生人聊天。在此基础上，我进一步解释，之所以这样是因为中国文化中没有西方文化里那种与陌生人闲聊的行事方式，所以安迪所观察到的那种极少交流的情况并不是因为他的外国人身份，而是因为中国人普遍不太会主动与陌生人闲聊。在我的启发下，安迪才开始反思自己原有的价值判断，并指出或许中国学生也想跟他们说话，但并不会表现出来，最终认识到这种文化差异在跨文化交际过程中极易引起误解。

旅居个体先入为主的价值判断并不一定随着跨文化人际交往的展开而消除。与其他受访者相比，保罗展现出更为明显的民族中心主义立场。每当行政人员的做事方式不同于他的期待时，保罗总是将之归咎于前者做事不够专业或不够周全。在我看来，保罗上述的归因深深根植于以欧洲为中心的视角（the Eurocentric perspective）。持这种视角的个体倾向于将欧美世界所采用的沟通方式视为规范的存在，并将其他文化体系的交际方式视为次一等的、边缘的甚至不正常的存在[①]。这种欧洲中心主义视角在保罗的叙述中数次出现。例如，他认为外国人的低语境交流方式更好，并对中国学生的课余活动安排及学习方式给出了较低评价：

> 我们外国人思想非常开放，我们想说什么就说什么。课堂上我们想讨论一些有趣的东西，想听听中国人的观点，但他们通常都很害羞，不想在课堂上说什么，或者需要教授直接问他们的观点。但是和外国人在一起，一般我们先开始讨论一些东西。之后才会有一两个中国人表达自己的观点。还有就是参与活动。

---

① SHIN C I, JACKSON R L. A review of identity research in communication theory: Reconceptualizing cultural identity[J]. International and Intercultural Communication Annual, 2003, 26: 211-240.

如果你告诉我聚会晚上六点开始，我觉得太无聊了，六点太早了。一般九点或十点开始就可以。但中国学生组织的时候说七点开始，这个对我而言还是很早。而且过圣诞节的时候，我邀请我的中国朋友加入我们一起聚会，我跟她说这是圣诞节耶，你可以晚点回来，晚点睡觉。但她很犹豫，因为她马上有一个考试，她要复习。我的室友，即便有考试，他们也不在乎，玩到十一点或凌晨再回来，毕竟是圣诞节啊，很重要。但中国学生就不会这么做，他们总是待在屋里学习，可我不确定他们到底花多长时间真的在学习上，他们可能待在屋里玩手机或干其他的。学习最重要的是质量，而不是学习的时长。如果你学习了五个小时，但这五个小时都是浪费时间，那根本没有意义。（保罗，E33）

对于保罗流露出的负面评价，我专门找到曾经与之共事的中国学生了解情况，试图捕捉事情的另外一个版本。不出所料，保罗在中国学生眼中敏感多疑、对抗性很强，事情一旦与其预期不符，他就会用他在母国形成的评价体系进行价值判断，全然不管中国同学给出的合理解释。这种做法严重妨碍了保罗与中国同学的跨文化交际，因为他始终无法走出母国文化圈，用一种更为开放平等的姿态了解文化差异，只能面对一个越来越被强化凸显的他者身份，最终作为一个居高临下的局外人备受中国同学的疏远[1]。但需要指出的是，即便保罗固守自己原有的价值体系，他依然也可以在一定程度上通过留学发展出跨文化性。正如前文所述，保罗对中国女友讷于言而敏于行的做法极为欣赏，他由此意识到中国人虽然口头表达不多甚至不说，但他们会在实际行动上表示关爱。这种品质令他大为赞赏。除了保罗，本章提到的其他受访者也在不同方面、不同程度上发展

---

[1] AN R, CHIANG S-Y. International students' culture learning and cultural adaptation in China[J]. Journal of Multilingual and Multicultural Development, 2015, 36: 661-676. 其他文献详见：LI X. International students in China: Cross-cultural interaction, integration, and identity construction[J]. Journal of Language, Identity & Education, 2015, 14: 237-254；TIAN M, LOWE J. Missing dialogue: Intercultural experiences of Pakistani students in their first-year studies at a Chinese university [C] //ATE A W ,TRAN L T, LIYANAGE I. Educational reciprocity and adaptivity: International students and stakeholders. London, UK:Routledge, 2018:142-161.

出了跨文化性。由此可见，旅居个体的跨文化性成长并非一个一蹴而就、覆盖方方面面的过程。在漫长的成长过程中，旅居个体会因为自己的特殊性和独特经历，在不同领域或侧面先发展出跨文化性，而在有的领域或侧面因为民族中心主义而暂时没有发展出跨文化性。这种杂糅情况的出现就意味着以后的研究切忌用一个笼统的、不加区分的框架，将旅居个体的跨文化性视为一个单一切面的存在；相反，以后的研究需要加强对具体语境的关注，在具体的情境中对旅居个体呈现的跨文化性进行更为细致的分析。

三　本章小结

正如本章开头所述，来华留学生在被归为他者的同时，也在反向进行他者化，而他们他者化的对象则是与之互动的中国民众。这个双向的他者化过程在跨文化交际中非常普遍。来自不同文化背景的个体在相遇之前就已经被原有的母国文化赋予了看待世界的特定视角，他们受限于这个视角，也被这个视角成就[1]。这种深深根植于母国文化体系的视角构成了留学生来华之前的视域（horizon）。Horizon 一词起源于希腊语，本义是"地平线"。随着西方现象学的发展，horizon 一词的含义几经演变，最后变成诠释学中的一个重要概念，即视域。不同于前人的阐释，加达默尔把历史维度引入视域研究。这一做法对跨文化传播研究极具启发。加达默尔将视域比作一个人从一个特定的有利位置向外所能看到的特定视野范围[2]。比如我站在这里，从我这个角度出发，我只能看到我面前这个视域里的人和物；我所在的这个角度为我提供了一个特定的视角；我的这个特定视角既赋予我目光之所及的特定范围，也赋予我目光不能及的盲区。任何视域都带有特定的视角，因而任何视域必然也带有

---

[1]　GADAMER H-G. Truth and method [M]. WEINSHEIMER J, MARSHALL D G, trans. New York, NY: Crossroad, 1991.

[2]　GADAMER H-G. Truth and method [M]. WEINSHEIMER J, MARSHALL D G, trans. New York, NY: Crossroad, 1991.

特定的盲区。不同的人因为各自成长背景、生活环境、受教育程度、经验阅历等方面的差异，带有不同的视域。不同个体以及不同文化之间的相遇其实就是两种视域的相遇①。从诠释学的角度来看，跨文化传播是不同视域相遇的过程。在传播过程中，参与传播的双方或多方可以通过交谈认识和理解彼此所持立场、所持视域，并通过交谈对自己现有视域不断检验，使其不断发展。在原有视域不断检验、不断发展的过程中，个体不断遭遇新视域并与之融合，从而不断发展自己对某个现象的理解。因此，加达默尔认为个体所持有的视域并非一成不变的，新旧视域的不断相遇或融合可加深、拓宽人们的思考。不同文化的相遇会丰富彼此对事物的理解，文化的融合可产生不可预期的创意和惊喜。

深受加达默尔视域观的影响，文化融合理论反对深受西方二元对立思辨传统影响的跨文化适应理论，认为旅居个体在跨文化交际的过程中可以将自己母国文化所赋予的视域与东道国文化所形塑的视域进行融合，进而产生新的文化形式和身份认同②。在视域融合的过程中，旅居个体母国文化与东道国文化的差异会进一步凸显，而这种凸显的差异势必会彰显他们在东道国的文化他者身份。文化融合理论认为，旅居个体无须刻意疏远甚至摒弃自己的母国文化身份以及在东道国的文化他者身份；相反，他们与东道国民众之间的差异性应该得到尊重。正是在旅居个体遭遇差异、思考差异的过程中，新旧视域逐渐融合，相互拓展，使得这些个体不断丰富自我认知，而这种丰富方式以及呈现的结果因人而异，极具差异性和特殊性，并无放之四海而皆准的发展路径可以遵循。正如前文所述，留学生母国文化所赋予他们的原有视域会在其跨国迁移的过程中与中国文

---

① 关于视域在跨文化传播语境下的具体阐释详见：贾文山，刘杨. 跨文化传播的诠释学视角 ——以中国语境为例 [J]. 西安交通大学学报（社会科学版），2018, 38: 123-129.

② CROUCHER S M, KRAMER E. Cultural fusion theory: An alternative to acculturation.[J] Journal of International and Intercultural Communication, 2017, 10: 97-114. 其他文献详见：KRAMER E. Cultural fusion and the defense of difference [C] // ASANTE M K, MIN J E. Socio-cultural Conflict between African and Korean Americans. New York, NY: University Press of America, 2000: 183-230；贾文山，刘杨. 跨文化传播的诠释学视角 ——以中国语境为例 [J]. 西安交通大学学报（社会科学版），2018, 38: 123-129；克莱默，刘杨. 全球化语境下的跨文化传播 [M]. 北京：清华大学出版社，2015.

化所形塑的视域相遇，并以不同形式与之碰撞并最终融合。这个融合的过程与旅居个体在华跨文化经历的深化与延展紧密联系在一起，因此留学生的跨文化适应同时也是他们作为介质融合不同视域并从中发展出跨文化性的过程。虽然每个个体都在不同程度上受到民族中心主义的影响，在成为他者的同时也将对方视为他者，但这些留学生依然可以根据自己所处的具体情况，发挥主观能动性，持续深入地推进自己跨文化性的成长，最终进一步超越群体边界，多维度、多角度、多层次地实现跨文化适应，并对他人的相同或相似经历报以同理心 [①]。为了进一步地推动来华留学生的跨文化适应以及跨文化性的出现，一系列举措都可以在中国未来高等教育体系中推进。同时，研究方法依然可以进一步深化，推动相关研究在日后持续深化展开。这些政策建议及研究反思构成了本书最后一章的核心内容。

附：本章受访者叙事的英文原文

E1:　If there are Chinese people who think that I don't know much about Chinese culture and that my Chinese is not good enough, it holds some truth. I definitely do not. I know a lot about ancient Chinese, but I certainly don't know as much as a Chinese student majoring in 古汉语 . I love Chinese customs and culture, but I definitely know very little about modern customs because there are not many writings about this part written in English or German. I don't have access to them. So this is also true. After all, I am not Chinese, and since I am not, I cannot integrate into this society like a Chinese person, which is fine with me. I am okay with it.

E2:　Basically, I cannot expect Chinese people to change for me. Um, this would be completely and utterly colonialistic, and imperialists, uh, even though I don't like to use these words because they're very overused, especially in context with the West. I can see where it comes from because a lot of Westerners are imperialists. But it would be completely imperialist and colonialistic for me to think, well I'm coming here and then because I'm a guest, so people will change for me. Of course, I have to change or at least customize myself. And this is why I'm here. I have to start to learn how to interact with people so that they feel comfortable. I came here as an

---

① TARRANT M A, RUBIN D L, STONER L. The added value of study abroad: Fostering a global citizenry[J]. Journal of Studies in International Education, 2014, 18: 141-161.

        international student. I am a visitor here, how can I expect everything here to change for me?

E3:   Many Chinese people think that foreigners can't speak Chinese. I am not Chinese, so why should people think I can speak Chinese? Now more and more foreigners have the opportunity to come and study in China. So maybe people will get used to it (the fact that many foreigners can speak Chinese) more and more, especially the young generations. But you can't expect everyone to think that way. For example, many older people don't have a lot of chances to talk to foreigners. But in our countries, you are French but you can look Chinese, you can look African. Whatsoever you just going to speak with that guy in French because you don't know everyone's background. But in China, when I go to the subway, and then when I'm in the subway, I can recognize and distinguish foreigners from the Chinese. Ninety-five percent of people are Chinese. Of course, people think that foreigners may not speak Chinese because they are not from this country.

E4:   Back home, people wouldn't take photos of foreigners. If they would, they would ask for permission. Otherwise, it would be considered rude. I know many foreigners here complain that Chinese people take photos of them. And I think they don't necessarily take into consideration the culture and that it's a cultural thing here. People here are just curious and there is no bad intention behind it. I know the Chinese people are gonna do what they normally do. And if I'm not happy, I should go home. I don't think I should come here and just complain all the time about what people are doing in their home countries.

E5:   Because in any situation, you will approach people who are not directly from your place, not in a bad way. But sometimes you have a different way of approach, because you realize, in different cultures or different ways people conduct themselves. So I feel like you have to recognize that and take that into account. So it, so because like people might think, "Oh, I'm being treated differently, because they don't accept me", that might not be the case, the case can also be, "Hey, you're being treated differently, because they don't, maybe want to make you feel uncomfortable." They don't want to, maybe they are also trying to take into account, maybe the way your culture treats people in your home, and they don't want to overstep a line or a boundary and make, and make you feel like you're being, you're being insulted. And the tricky thing is you can't really understand the situation 100% until you can communicate with them 100%. So I'm sure, as a foreigner who doesn't speak Chinese very well, I've definitely been treated differently, but not in a bad way, just in a way where it's easier to deal with me because naturally if you can't understand someone, you're going to have a different way of dealing with them. I'm sure that perspective is different for people who can speak Chinese fluently. Because at that point, you've shown that you are much more serious about understanding their culture. There's no, I think there's no way to show that you're serious about respecting and understanding someone's culture by learning their language. Because once you learn the language, you say, "Hey, I can understand everything YOU can understand now." So that means I can, I can understand your culture and I've taken time to learn and respect your culture by learning this language. So I feel like once you do that, then you're definitely treated much more than they would treat a normal Chinese person, you know?

E6: I know some (international) students complain a lot, but I don't think they realize how complex the situation is. They don't understand how powerless the teachers are during the pandemic. It is not the government's fault, and it is not any government's fault. Actually, it's just like Corona's fault. No one can predict what will happen next. The situation in China is getting better now, so much better. But Italy now and Europe, in general, are having the second wave. No one could have predicted that, obviously. In such a situation, no one could tell me exactly when I could return to China to continue my study. Our teachers are even unable to tell me that because it is not their fault or their responsibility. And that their lives have been greatly affected. They have helped us as much as they can under the circumstances. For example, they offer us online courses. This is not easy for anyone and they have done their best to try to make sure we can graduate. I am very grateful for their help!

E7: I believe it is mainly people with business visas who are able to enter China right now if I'm correct. And to an extent, it is reasonable because the global economy still has to go on, right? It cannot come to a halt. If we want to keep the global economy running but we cannot have full international travel, who should we let in first? And then the priority is obviously going to be people with business visas. Because, you know, for the sake of the economy, stuff has to stay running. I understand that, you know? I can also understand why it might be perceived as annoying for some international students. It's annoying because there is a group of people allowed to enter but the students are sitting at home doing nothing when they could theoretically be allowed to enter too. I understand why it is the business people first because you can't put the global economy to a halt. After all, students can sit at home and take online classes. I think international students can eventually return. It's just a matter of time.

E8: For me going through unexpected situations while studying abroad was an interesting experience, and I think that's what makes an exchange program kind of worth it. Whether it be in regard to independence or maturity, having to solve things and being able to respond and solve problems are the best parts of exchange programs and studying abroad. So I think it's fun. It can be stressful for some people. I know two people (international students) who went home because they couldn't deal with the culture shock or the fact that it was so different. It's not what they expected. So it can be rough on some people.

E9:　At first, I was a little bit sad about it because I'm just a regular person. And why did they want to take a photo with a regular person? And then I looked into the research and there is a lot of research that states why they would take photos because lots of Western movies have been shown in the past. Lots of people watched the movies but never saw a foreigner. And if I see a movie star in the street I also might ask for a photo, or if you see a movie star and you can be close to the movie star and the movie star is just one meter away from you. Yeah. "Can I have a photo with you?" That's also totally fine. But I think there are lots of transfers from that, so I did not take it so personally. Instead, it's more of being...um, maybe more of being...people are happy to see somebody. And if other people are happy then I'm happy as well.

E10:　I think it is our problem. Our Chinese is not good enough. I can't go to a country where everyone is speaking Chinese and then complain that the people there don't speak English.

E11:　When we first arrived, we found that the dormitory we were assigned to was different from what we expected. It was normal for us to feel uncomfortable at first, but we could get used to it gradually. Studying abroad is to experience different experiences. But a lot of people would complain. I was 班长 and I was like, give it a month and then you are gonna get used to it and it's gonna be fine. But everyone didn't listen to me. I just think it is because we are Italian and Italian people love to complain. So that's the point. So that is why people complain. There is nothing that I can do except let them complain.

E12:　European and Chinese cultures understand friendship a little differently and probably love differently, and I've heard some explanations. But I don't have enough time to really understand these explanations for now. I think these are just cultural differences. Maybe Chinese students are more shy, so they don't understand why we talk to them. It is just like I don't understand why some Chinese people come to me and take a photo of me.

E13:　There are many international students who have a very limited understanding of Chinese culture. I think they should really learn more about it and learn more. I often remind the students around me to be careful about what they say and do, but I can't tell everyone to do so and to be nice. Those who behave rudely worry me, and I think we all need to do something together. And I encourage everybody that if you see somebody misbehaving, some international students, you can say "You are a guest here in our country, behave!" It is totally okay. And sometimes they need to hear it. They really need to hear it because it's not okay.

E14:　I remember, like in the library, some Chinese students were falling asleep in the library because they were studying so hard and so long. I study a lot but not as much as they do. For me, it is very different because obviously maybe Europeans, especially Italians, we are very lazy. So like I would never go to study if I was so tired, you know, to the point where I was falling asleep and I'm like "No." So I think Chinese students are very busy because they study so hard. I do understand that the competition in, from a Chinese perspective, is so much harder than for us. Like for me, getting a scholarship in China is not easy, but like easier, I guess than it is for Chinese students to get into universities. So I do understand that they need to keep the standards, like keep their grades up and everything. So we are living at a different pace of life and it's hard for us to have the opportunity to do something together. But I understand why it is. I get it.

E15: Sometimes when I ask for directions on the street, some people reject me at first. Sometimes they are coming back and the first thing they say is "My English is not so good." And I always say, "My Chinese is worse than your English." And we agree on that. It is true. It is true. Almost everybody I meet here knows more English words than I do in Chinese. So I tell them, "Look, my Chinese is worse than your English." And often it helps them. People sometimes come back and you see, at least I feel that they want to talk to me but they really, you feel that they are fighting. So they often said at the very first beginning, "No, sorry, I can't help."

E16: There are thirty-one Italian students here. The (Chinese) teachers helped us with packaging. They had a lot of work to do, I mean, for the packaging. 宿管阿姨 also helped a lot. They had to work so much. I appreciate that. The teachers called everyone to check which things could be thrown out and what has to be shipped back. They tried their best to help us. I thought at the beginning, they were gonna send the suitcases and everything to our university in Italy and the university was gonna give them to us. No! They sent it directly to each one of us. That's even harder! Because you have to divide everything and put the address. It is like it is so much harder. They did so much work. I truly appreciate that! I think the overall environment at the (Chinese university) was so great for me. It really feels like home. That's why I feel so bad right now. It is like so nostalgic right now. I really feel like I'm away from my home. I wish I could go back and work on my master's degree there.

E17: Some people in the West have really deep prejudice against China. I am really feeling bad to hear that because when I am here in China, I don't feel that. Some friends of mine also have this conception as well. They have never been to China. And I try to explain to them some topics. But they refuse to listen to me and always stick to their thinking. I really don't like this. Why don't you try to extend your knowledge about China? I have spent a lot of time studying China. I am still quite ignorant about quite a lot of issues, but I understand the points of view and Chinese lifestyle. Every country has merits and things that could be improved. There is a Chinese saying, 有好处也有坏处. It is true. It is like all over the world. Chinese culture and Western culture have their own merits. But it is not like which one is right and which one is wrong. We don't have to criticize, judge or have prejudice just because of differences. Prejudice is the worst thing to have in this world. I would like China to spread its culture worldwide, to make the world know about it, and to stop this prejudice.

E18: I found that the teaching here emphasizes memorization and closed-book exams. It is just strange for me. I think it has some very good side effects. For example, we are going to offer the course 茶道 and need someone to teach it. This course will turn out to be a tea club and become a place where people could drink tea and talk if no examination is required. Well, having an exam would completely change that because only people who really want to know something about tea would come. So this is actually an advantage of the exam system. The two different systems actually can be combined. For example, if the teaching is conducted like a seminar, everyone can learn easily and enjoyably, and at the end, you can set a kind of assessment. But this assessment should not be the kind that focuses on memorization, but think from your own perspective, such as writing a final paper about what you have learned. It would be good if this is the case. But if you have an empty club where you only drink team and then don't learn much, then you can't expect people to write a paper at the end. And with grading, you have to have a paper, which is, I think, the better method. If there was a tea club in which I would learn about tea with um, one teacher or multiple teachers and where I could drink tea at the same time while I'm listening and where I could write a paper at the end to show what I've learned, I would enter it now, this moment, exactly.

E19: I know some international students complained that their freedom was being violated. As someone who has been living in China for a long time, like ten years, I don't think it matters as much to me as it is to other students. Like, I've always understood right is not something that's inalienable. You are allowed unlimited rights to the extent that it doesn't affect other people. And I think in a pandemic, especially where all the restrictions are for the protection of others and yourself, it is justified. I think it's justified to restrict freedom, but it doesn't mean that I'm happy when it happens. It just means that I'm not going to complain as much.

E20: I think I am kind of used to it (the sense of being an outsider in a foreign country). Sometimes I miss my family in Poland very much. And I know I am kind of idealizing my own country. It means I have a better image of Poland, compared to my Polish friends and family who still live there. So whenever something comes up here in China, I am always thinking in Poland that wouldn't happen. For example, I go to the hospital with my daughter and we have to wait in a long queue. In Poland, it wouldn't happen. Stay in the traffic, in Poland it wouldn't happen. Actually, those things could happen as well in Poland. But for me, it's always this kind of thought that perhaps one day I will come back to Poland and then all these problems would be solved. Every time when I go back, I'm quite tired to say. I have to visit all of my relatives and friends. And then I am thinking of going back to China. So at the time being, I think it's more like I have no real home. I feel a bit like at home here and a bit at home there, but it's never like you're really at home. You don't have roots anywhere. If I move someday, it is the whole family moving together. But my husband can either get equal treatment with Polish or maybe sometimes will get worse treatment because he will be a foreigner and cannot speak the language (Polish). But for me here, sometimes I get better treatment, many times. So I always want to go back, but never make up my mind to do it, because I know China is still a quite friendly place for us to live.

E21: I don't think it's (the insufficient interaction with local students) specific to China, because when I did my Erasmus in Lithuania. All of my friends were international students and I knew some Lithuanian people, but they weren't in my inner circle of friends. I also think it's because people also have their own lives. For example, in Lithuania, they had been living there for years, they had been in the university, and they already had their friends. They were, I won't say studying harder than we were, but in general, when you are on an exchange program, you are also there to learn the culture and language and other things, so we don't have, at least here, I don't have as much studying to do than back in France.

E22: When we first arrived in Beijing, we were not even sure if we had successfully booked a dormitory at the school. But my personality is to look on the bright side and it will all be alright. I think the worst case is that we go to a hotel. It was a problem that should be dealt with at my home university and I didn't even know who to contact to make sure about the dorm. But I am used to it. I have done three exchange programs with universities abroad and every time it is messy. It is like "You have fun." In Lithuania, for example, we were told that we could go to the dorms, but then we found out two weeks or a week before leaving that there weren't any spaces left. And it was two hours away by bus from the university. So we had to find an apartment by ourselves. And it was like okay. We don't speak Lithuanian, we're not in the country yet, we just booked something online and we didn't know if it was a scam. But when we arrived in Lithuania and there was a flat. So all good.

E23: I don't have any problems with many things here. I'm very open and I don't mind too much since I'm used to it from Indonesia. I don't get mad at that so many things. But many of my friends did get mad because of ways things don't go as they do in Germany. And they expect it to be like in Germany for them. Like even if I go to Spain or the south of France, it's a totally different mentality from the German mentality. If I go to a different country, I don't expect the people to be like those in Germany and that things to run like in Germany. But I was quite surprised that's so many exchange students, who like my German friends, really expected everything is like in Germany. I was very surprised because they chose China for a reason. I don't know why they didn't inform or read anything or with what kind of expectation they go to China. I have experience from living abroad. That makes a huge difference.

E24:　I know some foreigners don't like getting attention, but I don't really feel uncomfortable. I know they are just curious about who I am and what I'm doing here. I just don't pay attention to that, personally. If you go to the US, no one pays attention because they are used to different skin colors. But if you come to Russia, people will be also staring at you because the majority of people are Russians, especially old people who stare a lot.

E25.　Chinese universities and my university back in France have different rules. For example, the format of the transcripts and the contents of the transcripts. I think it is important to experience these differences and I am happy to let myself go through them. Then I can gain more experience and maturity to handle this in the future. And it is part of the game. Also, no matter where you study, you will encounter these differences. My Chinese friends who are studying in France, are also international students and they face this kind of stuff as well. It is the same.

E26:　Many Chinese people are curious about where we are from, what language we can speak and where we study. Besides that, there is no more communication.But when we Europeans communicate with others, we either talk for a long time or we don't communicate at all. That's a major cultural difference. Although there were many Chinese students in the building, they didn't interact with us that much.

E27:　I have a lot of Chinese people on WeChat, but basically they are all meeting to practice English and Chinese. It is just kind of like language partners. I have a Chinese friend who is very close to international students, and we meet to do kind of normal things as we do back home with our friends.

E28:　The respect of the professors is different (between Chinese students and international students). Sometimes they (Chinese students) stand up, and they say something that foreigners would not do. We won't do that. I think Chinese people are very shy. But we foreigners ask questions in a quite direct way. When we have questions, we ask professors directly.

E29:　Researcher: But why you don't feel it's more relieved? You can just send text messages or the   homework whenever you want. You don't have to, how to say, follow the rules. It's more flexible.

Interviewee: It's more flexible, But it's just when you are used to something, it's hard to get out of the things you are used to. It is just a cultural thing.

E30: But back home, back in Europe, we would never do that. We have the professor's email address, and that's it. You can send an email from 9:00 am to 7:00 pm. And even that would be, maybe like nine to five and you then wouldn't send it afterwards. And sometimes it is crazy for us because some of us sometimes feel uncomfortable sending kind of text messages to our professors because we would never do that back home.

E31: I'm more into having personal relationships rather than doing cultural events because I think they are pretty outdated. And most of the time when you go to cultural events, no matter where you go, there is just one culture that gets represented. If you pick Germany, they put beer and all this stuff. But it is not really the real deal, you know? So I'm not interested in that. I like to read a book about a particular culture rather than going to cultural events because it is not a real thing when you get there. I hope to have more personal relationships with people from that culture.

E32: I told one of my language partners that there are a lot of Chinese students in this building, but it seems like they don't really want to take the time to interact with us. I told her that I wanted to make more friends with Chinese students, but I didn't know how to do it, and I thought it was quite difficult. Then she said that many Chinese students don't want to make friends with international students or be language partners and that they are not very interested in talking to people from different cultures. That's what she told me.

E33: We foreigners are very open-minded and we can say whatever we want to say. In class, we want to discuss something interesting and hear the Chinese point of view, but they are usually very shy and don't want to say anything in class or need the professor to ask them directly about their point of view. But with foreigners, we usually start discussing something first. Only after that will one or two Chinese people express their point of view. Then there's the participation in the event. If you tell me that the party starts at six o'clock in the evening, I think it's too boring because six o'clock is too early. Usually, nine or ten o'clock is fine for us to start. But when Chinese students organize it, they say it starts at seven, and this is still very early for me. And for Christmas, I invited my Chinese friend to join us to party together and I told her it's Christmas and suggested she come back later and sleep later. But she was hesitant because she had an exam coming up on and she had to study for it. My roommates, even if they have an exam, they don't care, they play until 11:00 or early morning and then come back, after all, it's Christmas, and it's important. But Chinese students don't do that, they always stay inside and study, but I'm not sure how long they really spend studying. They might stay inside and play with their phones or do other things. The most important thing is the quality of the study, not the length of the study. If you study for five hours, but those five hours is a waste of time, that doesn't make sense.

第八章　未来政策建议
　　　　及研究反思

　　本书第二章具体回顾了影响留学生跨文化适应的各种因素，并展示了适应过程中涉及的身份认同及其可能带来的结果。第二章所呈现的各种观点在后续的具体分析章节中得到了一一对应。首先，在具体谈及政策建议之前，我们要认识到留学生这个旅居群体跨文化适应的多样性和复杂性。在此基础上，我们要警惕西方学术界以适应之名行同化之实的留学生管理政策，正视旅居个体文化他者身份出现的合理性和必然性，并从东道国和留学生个体两个层面分别努力，为来华留学生更为顺利地实现跨文化适应、发展跨文化性提供条件。其次，在坚持上述原则的前提下，我将基于受访者所期盼的社会支持，分留学前、留学中以及留学后三个阶段，对来华留学生相关工作提出些许建议，指出未来可以着力深化的研究方向，希望起到抛砖引玉的作用，更好助力中国公共外交和高等教育国际化的纵深开展。最后，我对本研究进行了反思，并为将来如何深化相关研究提出了一些思考。

一　政策建议及配套研究方向

（一）留学前提供详尽的信息并给予及时指导

学校和院系可以进一步通力合作，在留学生来华之前就为其提供更为详细的报到及注册信息。受访者来自不同高校，从他们的讲述中可以看到这些学校在不同程度上都为留学生提供了社会支持，但同时也存在继续提升的空间。例如，留学生来校报到注册之前，学校联手院系可以进一步细化留学生报到所需信息，为其报到提供更为详尽的指导。沐沐在访谈中曾经提出，她在芬兰留学的时候，入校之前就从学校那里获得了一本报到指南，里面详细记载了留学生到校之后需要做的事情，以及负责部门的具体联系方式。我赴美攻读博士学位的时候，入校之前也收到了系里通过邮件发送给我的报到须知。我按照报到须知完成了相关的在线选课以及宿舍预订事项，并在到校之后按报到须知上提供的信息去不同的部门办理了相关证件。与此相反的经历出现在麦克的叙述中。虽然在北京长大，麦克对于自己念书的学校并不了解，因此当他去学校报到的时候，惊讶地发现报到处人头攒动，现场缺乏必要的指示牌。据麦克回忆，当时只有个别学院的留学生自发担任志愿者，在现场为报到的同学提供服务，但他所在的院系并未提供这种帮助。虽然麦克同时精通英语和中文，但依然还是不知所措，在混乱中跟随人流办理了一些手续。后来院系联系麦克，问他为何没有按时报到的时候，麦克非常惊讶，表示自己已经完成了报到手续，不明白为什么院系对此毫不知情。有同样经历的还有杰克。杰克中文并不流利，在报到现场更是跟着别人走，结果就走错了院系，经人提醒才知道自己应该去另外一个院系。弗兰克则是表示他试图按院系指示去学校网站上预订宿舍，但发现当时可以预订的房间并不多，而且因为浏览量太大，学校网站经常运转不动。面对这种情况，我认为可从两个方面解决。一方面，校方和院系联手制定一份内容翔实、信息丰富的报到须知，在其中明确列出学生到校之前需要自行完成的手续、到校之后需要主动联系的行政部门及其联系方式，以及自己所在院系的具体位置。考虑到很多留学生中文能力欠佳，学校可以在报到须知中建议学生下载高德地图，并将其语音导航设置为英文，这样就可以方便留学生入校之后寻找相关的院系部门，完成报到手续。这种详尽的报到须知虽然准备起来较为烦琐，但一旦做好就可以作为一个基础模板，校方和院系针对以后的个别变数进行些许修改即可，可谓一劳永逸。而且这种做法有助于把院系负责留学生事务的行政人员从日常琐事中解放出来。另一方面，院系可以动员在读留学生作为志愿者，在报到当天去现场为来本院系就读的新生提供帮助。通过小小的展台或者标语，这些留学生可以更加清楚地为来报到的留学生提供方向；待有新生根据展台或标语过来询问，在读学生就可以根据自己的实际经验为其提供更具针对性和个性化的帮助，这样可以在报到现场起到人员分流的作用，避免混乱情况的出现。

（二）留学过程中的培训与咨询支持

　　跨文化交际过程中出现的双向他者化极易造成跨文化交际过程中的误解。这种误解如果不及时处理或处理不当，就极易造成不同群体之间的刻板印象乃至偏见，严重的时候甚至会引起冲突。根据受访者的描述，我认为本研究中呈现出来的双向他者化主要根植于中外个体之间深入了解的缺乏。例如，对他者视角的反思部分所提到的来华留学生对中国民众的他者化大致可归于两个原因，即旅居个体对中国文化缺乏深入了解以及个别中国民众的误导。现有文献也充分证明不充分甚至匮乏的跨文化交际会导致不同群组之间彼此认知的过度简化、同质化乃至想象化，而这种认知最终会强化甚至固化业已存在的群组偏见 [1]。因此，跨文化培训对中外民众而言都不

---

① CICOGNANI E, SONN C C, ALBANESI C, et al. Acculturation, social exclusion and resistance: Experiences of young Moroccans in Italy[J]. International Journal of Intercultural Relations, 2018, 66: 108-118. 其他文献详见：HECHT M L, WARREN J R, JUNG E, et al. A communication theory of identity: Development, theoretical perspective, and future directions [C] // GUDYKUNST W B. Theorizing about intercultural communication. Thousand Oaks, CA: Sage, 2005: 257-278；LEBEDKO M G. Interaction of ethnic stereotypes and shared identity in intercultural communication[J]. Procedia-Social and Behavioral Sciences, 2014, 154: 179-183.

可或缺。具体到来华留学生，我建议可以通过两种形式为其提供跨文化培训，助其增强对中国文化的理解。短期来看，学校和院系可以在留学生初到中国、尚未开展课程学习的时候组织迎新周（the orientation week）活动，通过讲座介绍、专家宣讲以及研讨课的形式为这些旅居个体介绍学校的情况，讲解他们在华学习所必须注意的问题，介绍学校选课系统以及其他设施的具体使用，并公布与他们生活和学习密切相关的学校部门及院系负责人的联络方式。据悉，一些受访者所在的学校均在不同程度上为留学生提供了类似迎新周的活动，但这些活动看起来收效甚微。我认为主要问题在于这些活动对跨文化能力培训的重视不足。根据这些受访者的叙述，他们虽然不少人在来华之前已经对中国文化有所了解，但他们并无太多与中国民众真正交往相处的经验，因而在人际交往过程中一旦遭遇文化差异，就会在缺乏相关了解的情况下凭借自己原有的经验猜测，极易陷入民族中心主义的陷阱。因此，我认为迎新周可以有针对性地推出围绕中国文化特点的系列专题讲座，就这些留学生可能遇到的文化差异（比如校外有的中国民众出于好奇会给予他们较多关注，彼此陌生的中国人不太容易展开闲聊，中国文化的交谈更侧重高语境表达和委婉间接的方式，以及中国文化对时间的认知与西方不同等）进行专题讲解，争取让他们在开始真正的跨文化交际之前就树立一个较为客观公正的心态。从长期来看，学校应该进一步要求留学生提高中文水平，为其提供长期的中文课程，并在授课过程中将中外文化各自的特点以及彼此的关联糅合在语言教育中，慢慢灌输给这些学生。根据受访者的反馈，他们所在学校对中文水平均有一定要求，来华攻读全日制学位的学生更是需要努力提高中文水平。但普遍存在的问题在于，目前留学生接触的中文教学大多局限于传统语言技能传授，这种传授与中国文化讲授的融合度依然有限，不能很好地实现语言与文化糅合习得的效果，这就要求目前的国际中文教育要继续探索更加注重跨文化能力塑造的教学方法，力争在传授语言技能的同时也可以把中国文化讲给留学生听，双管齐下，达到更好的效果。跨文化沟通的良好进行需要沟通双方的共同努力。因此，也建议高校中与留学生有接触的教学人员、行政人员以及在读学生参加相关跨文化培训课程。通过较为系统的跨文化培训，中方教职员工可以充分了解中外文化在开始沟通交流时各自的侧重点与特色，增进对文化差异的理解，培养自己的跨文化意识，认识到跨文化沟通双方的观点都具备一定的局限性，在培养跨文化性的过程中可以不时地反思自己，以更加开放的心态倾听留学生从不同视角提出的意见，并在不违背我方原则的基础上对留学生提出的合理意见给予及时反馈。对有可能与留学生开展跨文化交际的中国学生而言，参加相关跨文化培训课程也有助于他们更加客观地认识文化差异，了解这些差异出现的原因，确保在与留学生交流的时候，清晰准确地提供解释，避免因自己了解不充分而误导对方，加重跨文化交际过程中不可避免的刻板印象。此外，我还建议为日常处理留学生事务的行政人员提供定期的英文培训，尽可能地提升我方与留学生之间的双语双向跨文化沟通能力，显示我们的大国胸襟和气度。

　　除了跨文化培训，学校和院系可以加强针对留学生的咨询服务，并充分利用留学归国人员和在读留学生这两个群体的优势。我个人有赴美留学的经历，而且一直从事跨文化传播领域的相关研究，因此在采访过程中可以适时地纠正受访者对中国民众的误解（如中国学生并非不愿意与留学生交流，只是因为中国文化中没有与陌生人闲聊这个习惯），并收到良好的效果。受到这些经历的启发，我认为除了为留学生和中方教职员工提供跨文化培训，还可以考虑动员院系中有丰富跨文化经历的教师充分发挥跨文化沟通桥梁的作用，担任留学生的知华导师，与其保持良好的互动关系，在发现他们对中国文化有误读或误解的时候适时提醒，并予以解释，消除跨文化误解，引导他们知华爱华。除了教师群体，在读留学生也可以互帮互助，以信息共享的形式为有需要的同学提供帮助。在访谈过程中，我发现有一些受访者所在的院系已经出现了留学生自发组织的学生会。在学生会工作的留学生基于自己的来华留学体验，非常清楚新生或后来的留学生需要什么信息，因此可以有针对性地提供服务。例如，留学生学生会会自发组织志愿者，在报到日帮助新来的留学生完成注册；同时也会联系中国寄宿家庭，为有需要的留学生提供机会，让他们与北京当地家庭结成对子，平日可以增加互动与沟通，这既能满足留学生渴望了解中国的心愿，也可以帮助这些本地家庭获得在地国际化的体验。另外，雅各布这样的热心留学生也会积极主动地寻找机会，利用微信群的形式帮助中外同学搭建交流平台，帮助大家寻找语言伙伴。麦克也在采访中提到，之前在读的一个留学生德雷克（化名）非常专业，他建立了一个微信群，并作为群主及时解答其他留学生提出的问题，比如：附近银行几点下班，位置在哪里；怎么办理签证；遇到问题应该去哪个办公室，找哪个老师，联系电话多少；如何办手机卡；如何使用支付宝和淘宝。麦克从小在北京长大，所以获取上述信息对他而言并非难事。但他也承认，对于从未在中国生活过的其他留学生，德雷克这个角色就至关重要，因为他很清楚留学生需要的信息是什么，因而就可以像百科全书一样提供解决方案。正是鉴于这些经历，我认为现在的高校可以考虑充分动员在读留学生这个群体，充分支持他们互帮互助、自我管理，这样既能精准满足留学生的需求，又可以把很多咨询事务从院系负责的行政人员那里分流出去，令其可以更加专注于其他与留学生相关的工作。此外，学校还需针对留学生提供专门的心理咨询服务。疫情发生的时候保罗恰好留在北京，据他回忆，当时周围的同学在不同程度上都出现了紧张情绪。如果其可以通过学校获得专业的心理疏导服务，这可以极大地帮助他们缓解疫情带来的心理冲击。最后，我建议学校针对有意愿继续留在中国念书或工作的留学生提供升学或求职咨询服务。目前高校针对中国学生普遍会提供类似咨询服务，考虑到留学生也是学校不可或缺的一分子，我认为也可以从现有的咨询服务体系中分拨一些人力出来，为有意向的留学生解答问题。

（三）留学过程中的教学及管理模式转变

一些受访者提出较难适应中国大学课堂的教学方式。这种适应不良在前人研究中均有提及，例如，相关研究指出，西方国家来华留学生对中国课堂常见的填鸭式授课方式以及老师讲授侧重重复教材内容等中国教学模式有诸多抱怨[①]。面对这种情况，我结合受访者的期待，认为应从两个方面同时努力。一方面，在留学生刚到中国、尚未开始学习之前就为其提供跨文化培训，使他们通过学习增加对中国教学理念的了解，为后续即将展开的留学生活奠定良好的心理基础。另一方面，中国大学为留学生所提供的课程，可以在教学设计上适度减少闭卷考试所占分数，把这部分分数以平时学习反思日志、小组汇报以及期末个人论文的形式呈现出来。这种多元化、更加侧重学生个性化理解的作业形式可以更好地促进他们对自己的学习内容进行反思，发挥主观能动性，同时也可以降低他们对背诵这种考核形式的抵触情绪。

就管理模式而言，受访留学生普遍希望改变这种与中国同学在课堂教学、课程设置、住宿管理以及其他管理制度等方面"分而治之"、隔而不融的现状。本研究印证了前人研究得出的结论，认为这种差异化管理容易造成来华留学生的疏离感和孤独感，长远来看并不利于他们在中国的跨文化适应[②]。参与本研究的留学生纷纷表示，希望可以通过同班上课、同楼住宿的方式增加与中国同学自然而然展开交流的机会。此外，还有一些受访者表示希望学校可以打通中外学生的选课系统，这样他们就可以看到全校有什么符合他们个人兴趣的课程，然后通过同班上课这种形式遇到与他们兴趣相投的中国同学。鉴于差异化管理带来的种种问题，目前国内已有不少高校开始

① DING X. Exploring the experiences of international students in China[J]. Journal of Studies in International Education, 2016, 20: 319-338. 其他文献详见: HE J-J, CHIANG S-Y. Challenges to English-medium instruction (EMI) for international students in China: A learners' perspective: English-medium education aims to accommodate international students into Chinese universities, but how well is it working?[J] English Today, 2016, 32: 63-67; MA J, WEN Q. Understanding international students' in-class learning experiences in Chinese higher education institutions[J]. Higher Education Research & Development, 2018, 37: 1186-1200; 马佳妮. 留学中国——来华留学生就读经验的质性研究 [M]. 北京: 社会科学文献出版社, 2020; 汪长明. 文化调试、制度供给、社会支持——跨文化视野中的在华留学生 [J]. 当代青年研究, 2014: 5-13.
② DING X. Exploring the experiences of international students in China[J]. Journal of Studies in International Education, 2016, 20: 319-338. 其他文献详见: WEN W, HU D, HAO J. International students' experiences in China: Does the planned reverse mobility work?[J] International Journal of Educational Development, 2018, 61: 204-212; 丁笑炯. 高校来华留学生支持服务满意度调查与思考——基于上海高校的数据 [J]. 高校教育管理, 2018, 12: 115-124; 文雯, 刘金青, 胡蝶, 等. 来华留学生跨文化适应及其影响因素的实证研究 [J]. 复旦教育论坛, 2014: 50-57.

探索在留学生管理、服务与教育教学方面与本国学生趋于一致的趋同化管理模式，而且证明了这种模式对来华留学生跨文化适应的正向促进作用。例如，清华大学、北京大学以及复旦大学均建立了亚洲青年交流中心，为中外学生提供了一个共同生活和学习的国际化社区，为他们创造了一个沉浸式跨文化交流环境，便于他们在日常生活中跨文化交际的充分开展①。我曾经的一个受访者是美国学生，多年前在南京大学留学。当时南京大学从中国同学中选拔出一些优秀的学生，在考虑个人意愿以及双方兴趣匹配度的基础上，让他们与留学生在校外公寓共同居住。这种方式很好地促进了中外学生的日常交往，令他们可以在日常琐碎之事中发展出自然真挚的友谊。我读博期间的师妹恰好就是当时选拔出来的一名中国学生，她与自己的美国室友建立了深厚的友谊，后来将这个美国女生推荐给我作为访谈对象。

为了进一步加强与中国同学的交流，受访者还提到建立一个对中外学生同时开放的信息平台的重要性。由于目前中外学生各自的交际圈重合度较低，受访者表示他们经常不知道中国同学平时参加的活动是什么，这就导致他们无法通过参加活动的方式寻找志同道合的中国伙伴，进而建立跨文化友谊。因此，这些留学生迫切希望可以建立一个联通中外学生的信息渠道，让大家可以在第一时间同时获得相关的活动信息。受访者的这个诉求让我想到自己曾经的求学经历。我硕士期间在南京大学－约翰斯·霍普金斯大学中美文化研究中心（简称"中美中心"）参加了一个证书项目，为期一年。除了让学生同吃同住，中美中心还在宿舍区专门开辟出一个活动留言区。如果即将举办新的活动，相关负责同学就会把活动信息打印出来，张贴在留言板上。这样平时进出的其他学生就可以看到，然后选择自己感兴趣的活动。我当时招募博士学位论文研究访谈对象也采用了这个办法，将招募启事张贴在活动留言区留言板上，吸引感兴趣的受访者主动联系。这种统一信息渠道的建立有助于中外学

---

① 刘鑫鑫，钱婷. 从文化冲突到文化融合：高校国际学生趋同化管理的策略研究 [J]. 北京教育（高教），2020：43-45.

生寻找到一个共享空间，大家聚集于此，通过相同的活动寻找与自己志同道合的伙伴，并在相似或相同兴趣的驱动下自然而然地发展友谊。考虑到我国留学生管理的独特性与复杂性，我认为高校可以在学校内网上建立一个活动信息发布区，然后在迎新周的时候把使用发布区查阅信息的流程告知留学生，以便于他们自行寻找活动。对于学生自发组织的兴趣活动，我会把本科和硕士两个层级的学生会会长邀请到所在院系的留学生群，然后请他们组织活动的时候也同时在这个留学生管理群中转发，以此弥补中外学生的信息差，尽可能地为留学生提供相关活动信息。

（四）留学之后的跟踪配套工作与研究

来华留学生作为他者，既是中国对外传播的对象，也是中国故事的讲述主体，因而已经成为推动中国开展新型公共外交的重要民间力量之一[①]。正如来自意大利的安迪在采访中提到的那样，他在中国生活过，因此他知道国外对中国的很多认知都是偏见。当安迪听到意大利的朋友对中国的种种偏见时，觉得非常难过，因为那些并不是事实，并直言希望中国在全世界传播它的文化，让世界了解中国，停止对中国的偏见。安迪的叙述印证了当前学界所忽视的来华留学生这个他者群体在中国公共外交中的重要性。长久以来，我国的对外传播都遵循自我讲述这个叙事视角，即通过各级政府、中国志愿者、中方文化传播机构以及广大的海外华人华侨群体宣传中国文化；但在复杂的国际环境下，以自我讲述视角出发的讲述容易遭到误解，继而引起一些国际受众的抵触心理[②]。相比之下，"他者叙事借'他者'的描述，完成'自我'的传播"，叙事视点由"我说转变为他说"，进而使得"中华文化的讲述者和传播者成了和中国无关的第

① 卢鹏.来华留学生向世界讲好中国故事的议题方略与实践路径[J].思想教育研究，2022（2）：154-159.其他文献详见：马春燕.中国故事的"他方"讲述与传播初探——以来华留学生为视角[J].理论导刊，2017：93-96；宋海燕.中国国家形象的"他者"传播：来华留学生的中介机制[J].新闻爱好者，2021：27-30；钟新，杨爽.多元主体、多种渠道、多维理念：赵启正与中国的新公共外交[J].公共外交季刊，2021：85-92+130.
② 陈君楣，陈森霖.来华留学生文化传播人才培养路径探索[J].教育评论，2021：35-39.

三方，由此让受众觉得更加客观和真实"①。因此，来华留学生这个群体是中国对外传播的重要参与者，他们作为中国故事的讲述者，可以根据自己在中国的亲身体验修正国际上对中国的偏差认知，并基于自己的他者视角用国际受众能听懂的方式把中国故事讲述出去，传播更为客观公正的中国形象②。例如，泰国公主诗琳通为了纪念自己在北京大学留学的美好时光，回国之后撰写了《我当留学生》一书，并一直致力于中泰之间的教育交流③。作为知华、亲华、友华的中坚力量，来华留学生可以为中国在世界格局中积累人脉，成为推动两国交往的重要桥梁和纽带。鉴于这个群体对中国公共外交的重要意义，高校和学界应对其保持长期的关注。虽然目前来华留学生相关的研究很多，但极少有文献会对已经毕业的来华留学生进行追踪分析，即与这些旅居个体保持长期联系，定期对其进行回访，观察在华旅居学习这段经历对其造成的深远影响。我认为，未来的工作可从以下三个方面推进。

首先，学校可以建立来华留学生的信息库，建立留学生的校友联络群。通过日常维护和沟通，学校可与留学生校友保持密切联系，掌握他们的工作变动情况，为后续的合作打下信息基础。此外，校友联络群的建立也便于学校和研究者联络已毕业校友，进行相关研究。再者，校友联络群的建立也便于学校在招生季的时候通过校友网络招募优质生源，这种招募方式可以弥补疫情期间跨国招生宣讲无法顺利开展这个不足，而且也可以在一定程度上规避合作学校或招生中介把关不严的可能性。留学生之间的口口相传、相互推荐是一个非常有效的宣传策略。安迪在采访中表示，他选择来现在的学校念书还有一个重要原因，即与他相交多年的一个密友已经在这所

---

① 陈君帽，陈森霖.来华留学生文化传播人才培养路径探索 [J].教育评论，2021：35-39.
② 陈君帽，陈森霖.来华留学生文化传播人才培养路径探索 [J].教育评论，2021：35-39.其他文献详见：卢鹏.来华留学生向世界讲好中国故事的议题方略与实践路径 [J].思想教育研究，2022（2）：154-159；马春燕.来华留学生：中国故事讲述者与国家形象宣传员 [J].社会科学论坛，2017：220-229；马春燕.中国故事的"他方"讲述与传播初探——以来华留学生为视角 [J].理论导刊，2017：93-96；宋海燕.中国国家形象的"他者"传播：来华留学生的中介机制 [J].新闻爱好者，2021：27-30；王敏，王令瑶.中国故事的传播中介、传受偏差与传声纠偏——以在华留学生为中介的研究 [J].新闻记者，2020：56-68.
③ 马春燕.来华留学生：中国故事讲述者与国家形象宣传员 [J].社会科学论坛，2017：220-229.其他文献详见：马春燕.中国故事的"他方"讲述与传播初探——以来华留学生为视角 [J].理论导刊，2017：93-96.

学校学习了数年，对该校评价很好。在好友的力荐之下，安迪择校的时候毫不犹豫地把现在的学校作为首选。同样也是来自意大利的萨拉和爱丽丝是以交换生的身份来到北京念书的，疫情的突然发生虽然令其交换中断，但也让她们亲身体会了中方老师对她们的爱护与帮助。这种跨文化人际交往带来的温度令萨拉和爱丽丝大为感动，深觉感激，并在采访即将结束的时候表示她们在完成意大利的学业之后，依然想要回到中国继续学习，并想把在北京就读的学校推荐给自己的朋友。

　　其次，学校可以组织相关学者邀请已经毕业的留学生进行参与研究，研究形式可以是在校友联络群中发放问卷，也可以征集有意愿的受访者进行质性研究。随着留学生的毕业离校，他们有的继续留在中国工作和生活或继续深造，有的选择返回自己的国家就业。无论是哪种选择，这段在华留学经历依然会在不经意间影响这些旅居个体的身份认同与职业选择。通过长期跟踪研究，我们可以从他们的叙述中逐渐梳理出中国文化对其影响深远的部分。我通过文献梳理发现，虽然来华留学生在中国念书期间不可避免地会产生局外人的感觉，但他们随着时间的推移也愈加欣赏中国文化的一些组成部分（如孝敬父母、工作任劳任怨、乐于助人、体贴周到等），并心悦诚服地将其纳入自己的认识体系，在日常生活中践行之[1]。这种文化认同形成于互动充分的跨文化人际交往中，更具烟火气，更能在点滴之间打动并温暖这些旅居个体。但这种更聚焦个体、更接地气、更着眼于日常活动的跨文化交际在目前的公共外交研究中尚未获得足够的重视，因而可以成为未来的一个研究方向[2]。此外，上述研究得出的结论也可以反过来用于指导现在的留学生管理与教育。高校从事留学生教育的院系通过厘清对留学生而言有吸引力的中国文化

---

[1] LIU Y, KRAMER E. Cultural value discrepancies, strategic positioning and integrated identity: American migrants' experiences of being the *Other* in mainland China[J]. Journal of International and Intercultural Communication, 2021, 14: 76-93. 其他文献详见：MULVEY B. International higher education and public diplomacy: A case study of Ugandan graduates from Chinese universities[J]. Higher Education Policy, 2020, 33: 459-477.

[2] MULVEY B. International higher education and public diplomacy: A case study of Ugandan graduates from Chinese universities[J]. Higher Education Policy, 2020, 33: 459-477.

元素，可以有针对性地调整教学内容，将其纳入重点讲解部分。同时，通过与这些留学生保持联系，学校也可以在一个较长的时间跨度上甄别知华爱华的意见领袖，将其列为重点沟通对象，从而在更高层面更好地助力我国的公共外交。

　　最后，学校和研究者也需要对毕业之后留在中国工作和生活的留学生予以长期关注，也可以通过上述方式与其保持联系，对其进行回访。不少受访者在访谈中提到，中方学校对他们而言就像一个保护壳，他们在学校里觉得非常安心。但一踏出学校的大门，有的时候就会遭遇一些让他们手足无措的情况，让他们觉得很不舒服。比如，玛丽就提到她在乘坐公交车的时候，遇到个别好奇的阿姨会一直盯着她看，其中有一个甚至伸手摸了摸她漂染成绿色的头发。沐沐跟丈夫外出购物时，如果遇到需要讨价还价的情况，她先生就会让她与自己保持距离，否则一旦被商贩看出自己的妻子是外国人，就很难还价，因为一些商贩默认外国人有钱。鉴于留学生在校外的遭遇，我建议学校对那些毕业之后有长期旅居中国计划的留学生也进行定期回访。一方面，研究者可以借机为这些校友出谋划策，帮助他们更好地应对这种文化差异，展示学校对校友的人文关怀，以有助于这些旅居个体更好地承担对外讲好中国故事的职责。另一方面，研究发现也可以反馈给负责留学生事务的部门和院系，其在平时制定教学计划、组织跨文化培训的时候就可以有的放矢，提前把文化差异及其处理办法讲给留学生，为他们进入社会之后的跨文化适应打下基础。

二　研究反思

（一）研究者自身定位

　　在采访推进的过程中，我同时扮演两种角色。一种是与受访者拥有相似或相同经历的"局内人"，因为我也曾作为国际学生远赴异国他乡求学，也曾作为文化他者体验感知一个与我自己的原生文化体系截然不同的文化体系。基于这些相似性或相同性，我可以相对轻松地对深度访谈的走向进行宏观把握，对于一些不知从何谈起的受访者，我可以在尽量不干扰他们自主性的前提下，邀请他们分享与本研究有关的跨文化体验。此外，这种局内人的身份对我获取受访者信任、在我们之间建立一座理解的桥梁有着直接促进作用。在数据收集开始之前，我与绝大多数受访者并不认识，因此如何在采访中建立信任关系，创造一个更为舒适的谈话空间成了我在接触到受访者伊始所必须思考的问题。为了让受访者可以更充分地分享自己的故事，我在介绍研究初衷和目的之后、正式采访开始之前，会先简单分享自己当年在美国留学的经历。每每这个时候，受访者总是会流露出惊喜的表情，有的人甚至直接表示"那我们今天有很多共同话题可以聊！"随着彼此之间共鸣的产生，我与受访者之间的距离逐渐拉近。随着采访逐渐展开，当受访者囿于语言障碍（并非所有受访者的母语都为英文）或一时不知如何总结自己感受的时候，我往往从自己的经历出发，在讲述自己故事的过程中询问他们，我所理解的感受是否与他们一致。这样很快就可以帮助他们厘清思路，进入状态。

与此同时，我还扮演着另外一种角色，即这些西方来华留学生眼中的"局外人"。我与他们分属不同的国家、不同的文化体系、不同的年龄段以及不同的职业领域。正如马佳妮所说，局外人身份令研究者"可能难以理解留学生基于其长期在其自身文化情景浸泡中对所描述事件或意义的深刻阐释，可能很难理解对方所说的某些词语在其自身文化中的真正含义"。[①] 例如，艾米莉在访谈中提到她不能适应中国师生之间借助微信所形成的更为弹性的互动方式。我第一次听她描述这种不适的时候，非常费解，因为我不理解为什么更为弹性、距离更近的师生关系对她而言是一种负担。正是因为不理解，所以我才会请她讲述得更为详细一些，并请她给我提供一个具体的例子或描述一个具体的场景。正是因为这种局外人身份，我

[①]　马佳妮.留学中国——来华留学生就读经验的质性研究 [M].北京：社会科学文献出版社，2020：346.

才会对自己不理解的内容刨根问底，才能获得受访者更为详尽、准确的解释。但不得不指出的一点是，研究人员的局外人身份在一些特定语境中也会阻碍数据的顺利收集[①]。受访者在谈及自己留学经历的时候，不可避免地会提到一些不开心的遭遇。但个别受访者在触及这些话题的时候，含糊带过，不愿多谈。还有的受访者或许是急于表达自己的满意之情，担心自己的一些感受会伤害到我这个中国人的感情，所以对这些话题避而不谈。这种经历与我多年之前回国收集博士学位论文数据时候的经历很是不同。虽然我对当时的受访者（在华旅居的美国人）而言是一个局外人（中国人），但我的另外一层身份在很大程度上冲淡了我在国籍上之于他们的局外人身份，即我是一个在美国攻读博士学位、返回中国做田野研究的博士研究生。两相对比之下，我在本研究开展的过程中对研究者本身的局外人身份感受更为深刻。这就要求未来相似研究展开的时候，在研究者精力、财力和时间充裕的情况下，尽可能地使用多种研究方法、兼顾不同场景，从而减少研究的局限性。

（二）研究局限性及未来研究方向

　　受限于我本人的时间与精力，本研究在深度和广度上均有不足。首先，本研究只着眼于在京来华西方留学生，对其跨文化交际进行了质性分析。但正如我在研究方法部分陈述的那样，北京虽然凭借深厚的文化底蕴在来华留学教育版图上占据重要且独特的地位，但不能代表中国其他城市，我们更不能忽略其他城市为来华留学生教育事业做出的贡献。与北京相比，江浙沪地区和广东地区各具特色，也深受来华国际移民及留学生的青睐[②]。这些区域独特的地域文化、方言以及地理位置对来华西方留学生的跨文化交际有何影响？这些影响与北京相比有何相似之处，又有何不同之处？这些问题都值得未来学界深入探究，以便以一个更宏大的视角，更全面地了解来华

[①] SHAH S. The researcher/interviewer in intercultural context: A social intruder! [J]British Educational Research Journal, 2004, 30: 549-575.

[②] ZHENG C. Immigrant numbers rise in cities [DB/OL]. 2016-03-18. http://www.chinadaily.com.cn/china/2016-03/18/content_23957378.htm.

留学生的跨文化体验。其次，由于时间有限，我在目前的篇章中没有对涉及留学生教学与管理的中方教职员工以及与留学生开展跨文化对话的中国学生进行采访，更无力展开参与式观察，对他们和留学生的互动进行旁观分析。正如前文所述，参与跨文化交际的个体因其视域的不同，对同一段跨文化交际经历有可能给出不同解读。这种不同解读很多时候无关对错，仅是"仁者见仁，智者见智"或"有一千个读者，就有一千个哈姆雷特"在跨文化交际过程中的生动且具体的体现。虽然我从中国学者的客位视角对受访者的主观感受进行了批判性分析，但未来研究需要在一个更为自然的场景，借助参与式观察这个研究方法，去捕捉来华留学生与中国民众的互动，而且需要更多呈现来自中方跨文化交流个体的声音。通过对比两方的声音，我们可以更加精准地锁定中外跨文化交际过程中极易引起误解甚至矛盾的互动方式，从而可以更加有针对性地进行干预，推动跨文化互动质量的进一步提升。最后，本研究囿于篇幅，同时受限于疫情带来的干扰，未能对华裔留学生的跨文化经历进行深入细致的分析。从目前的分析结果来看，来华学习的华裔留学生相比其他国家的来华留学生更具顺利开展跨文化适应的先天优势，而且海外离散华裔族群也可以为他们提供更为强大、更有针对性的支持网络。基于上述条件，华裔留学生更容易承担起中国沟通世界、对外讲述中国故事的重任，这是刻在他们群组文化中的使命。为此，我建议以后的研究可以专门着眼于来华华裔留学生，深入分析他们的跨文化经历，探讨更好开展公共外交的可能性。

（三）混合方法研究作为一个选择

本研究作为质性研究，只能对来华西方留学生的跨文化交际进行深描，无法从统计学上对他们的经历进行量化分析。但在研究推进的过程中，我发现不同国籍对受访者的跨文化体验有所影响，而且留学生所需的社会支持类型与其跨文化交际程度存在一定的呼应关系。鉴于质性研究的局限，未来学界可以从量化研究入手，推进混合方法研究（mixed methods research），结合两种研究范式各自的优点，对来华西方留学生的跨文化体验进行更为全面立体的分析。在此，我对混合方法研究的由来和争论进行回顾，并对学界最新观点进行陈述，希望以此推动未来研究的更好开展。

混合方法研究在 20 世纪 80 年代问世之初，被界定为至少包含一种质性研究方法（旨在收集文本）和一种量化研究方法（旨在收集数字）的研究设计，而且当时的倡导者认为这两种研究方法与任何范式没有天然的相关性。到了 20 世纪 90 年代，混合方法研究的支持者认为混合方法研究已经演变为一种独立的方法论，拥有自己独特的世界观、表述和技巧[1]。他们进一步指出，混合方法研究代表了继质性研究方法与量化研究方法之后的第三次方法论研究运动（the third research movement），并且坚信这次运动提供了一种兼具逻辑性和实用性的研究方法和哲学体系。在这些混合方法研究的支持者看来，混合方法研究跳出了学界一直以来围绕质性与量化的二元对立关系所开展的范式之争[2]。至此，混合方法研究被视为一种独特的方法论，其哲学世界观在于倡导关注问题、采取行动的实用主义（pragmatism）[3]。在近 30 年的发展过程中，混合方法研究领域出现了不同声音。支持者和反对者的争论主要围绕以下三个问题：研究方法是否应该独立于范式而存在，研究方法的结合是否毫无顾虑，以及实用主义是否可以作为混合方法研究合理性的哲学依据[4]。具体而言，混合方法研究的支持者认为研究方法仅是研究者用以解决研究问题的工具，可以将之与其所对应的方法论和范式区别对待，质性研究方法与量化研究方法并不存在本体论、认识论与方法论层面的对立，因此二者的结合并不存在任何问题，并在此基础上提出了混合方法研究的类型学模型。此外，混合方法研究的支持者还认

① TASHAKKORI A, TEDDLIE C. The past and the future of mixed model research: From "methodological triangulation" to "mixed model designs" [C]// TASHAKKORI A, TEDDLIE C. Handbook of mixed methods in social and behavioral research. Thousand Oaks, CA: Sage, 2003: 671-701.

② JOHNSON R B, ONWUEBGUZIE A J. Mixed methods research: A research paradigm whose time has come [J]. Educational Researcher, 2004,33: 14-26.

③ CRESWELL J. W. Research design: Qualitative, quantitative, and mixed methods approaches [M]. Los Angeles, CA: Sage, 2009.

④ LIU Y. Paradigmatic compatibility matters: A critical review of qualitative-quantitative debate in mixed methods research[J]. SAGE Open, 2022, 12: 1-14.

为混合方法研究的哲学世界观根植于实用主义，而实用主义关注的
是如何解决具体问题。为了实现这个目的，实用主义倡导同时使用
多种方法，为现实世界中存在的问题提供以实践为导向（practice-
oriented）的解决措施。因此，混合方法研究的支持者并不执着于
方法论层面的辩论。他们认为质性研究方法和量化研究方法的结合
可以提升研究的效度（validity），并产生更好的结果。但混合方法
研究的反对者则认为质性研究方法与量化研究方法各自所依赖的本
体论、认识论和方法论彼此排斥，并不兼容，因而二者不可随意组合。
对于混合方法研究所青睐的实用主义，这些反对者也持怀疑态度，
他们认为实用主义从方法论角度来看既能服务于混合方法研究设计，
也适用于单一方法研究设计，因此可用于任何范式[1]。混合方法研究
所谈及的实用主义带有浓厚的后实证主义色彩，是一种带有实用主
义特点的后实证主义。这种把混合方法研究与实用主义嫁接起来的
做法既缺乏理论反思性，也反映了一种在方法选择上的折中主义[2]。

　　抛却不同观点，上述争论在一个问题上达成一致，即质性研究
方法与建构主义存在一种天然的联系，而量化研究方法则自然而然
地被纳入实证主义或后实证主义的范畴。实际上，这个前提完全忽
视了质性研究方法所属范式的多样性。换言之，它并没有从根本上
抓住质性研究方法与量化研究方法之间的本质差别与联系，而是一
种把研究方法以质性—量化进行简单区分的做法，其本质是用信息
并不充分的标题，把研究方法粗略地划分为两个庞大的、包含不同
方法的阵营[3]。鉴于质性研究方法所隶属的范式具有多样性，我认为
质性研究方法—量化研究方法的二元划分不能等同于建构主义与实
证主义（或后实证主义）之分；真正决定这两种研究方法是否可以

① BERGMAN M M. Introduction: Whither mixed methods? [C]// BERGMAN M M. Advances in Mixed Methods Research: Theories and Applications. Thousand Oaks, California: Sage, 2008: 8-17.
② GIDDINGS L S, GRANT B M. A Trojan horse for positivism? A critique of mixed methods research [J]. Advances in Nursing Science, 2007,30: 52-60.
③ BERGMAN M M. The straw men of the qualitative-quantitative divide and their influence on mixed methods research[C]// BERGMAN M M. Advances in Mixed Methods Research: Theories and Applications. Thousand Oaks, California: Sage, 2008: 18-31.

合并的关键在于它们的范式兼容性[①]。例如，质性研究方法中比较常见的扎根理论，其实深受实证主义和后实证主义传统的影响。它对数据精简、聚集成簇以及证伪的强调，使之与量化研究方法具备范式兼容性，进而可以组成混合方法研究。接下来，我将以扎根理论为例，结合具体案例逐层分析它作为一种质性研究方法为何与量化研究方法存在范式兼容性，以及这种兼容性如何确保混合方法研究的成功。

扎根理论的最初版本（即格拉泽和斯特劳斯提出的版本）认为，客观实在独立于研究者之外而存在。因此，研究者必须保持客观和中立，依靠系统的分析对实在进行探索，从而发现可以对大量经验数据进行解释与预测的理论[②]。这种从经验数据中获得的理论要经受时间与空间两个维度上的变化，具有持续的效度[③]。扎根理论的最初版本强调实在的绝对客观性，要求研究者的观察具有完全的中立性，因而带有鲜明的实证主义色彩。在这个版本之后，斯特劳斯和科尔宾（Juliet Corbin）提出了扎根理论的另外一个版本，即实用主义版本。虽然这个版本也强调客观实在存在于研究者之外，认为数据分析不应该受到研究者偏见的影响，但这个版本承认人的主观能动性，认为研究者在分析过程中并非机器人，应该积极主动地参与到数据分析过程中去，并需要通过具体的措施尽量减少其主观偏见对客观性的影响[④]。这种既坚持实在的客观唯一性，又承认研究者主动性的观点，把扎根理论实用主义版本与后实证主义联系在一起。因此，这个版本也被称为扎根理论的后实证主义版本[⑤]。格拉泽和斯特劳斯对扎根理论的理解虽然不同，但他们二人都认为研究者需要依据系统的研究方法去探索客观存在的唯一实在，在反复的证伪过程中发

---

① LIU Y. Paradigmatic compatibility matters: A critical review of qualitative-quantitative debate in mixed methods research[J]. SAGE Open, 2022, 12: 1-14.

② GLASER B G. Theoretical sensitivity [M]. Mill Valley, CA: Sociology Press, 1978.

③ AGE L J. Grounded theory methodology: Positivism, hermeneutics, and pragmatism [J]. Qualitative Report, 2001, 16: 1599-1615.

④ STRAUSS A, CORBIN J M. Basics of qualitative research: Grounded theory procedures and techniques [M]. Newbury Park, CA: Sage, 1990.

⑤ CHARMAZ K. Constructing grounded theory: A practical guide through qualitative analysis [M]. London, UK: Sage, 2006.

现一种具有强大预测能力的理论。因此，格拉泽和斯特劳斯各自提出的版本依然带有浓厚的实证主义或后实证主义的烙印。这种烙印使扎根理论与探索性因子分析（exploratory factor analysis）这种量化研究方法的合作成为可能。

探索性因子分析作为一种常见的量化研究方法，旨在发现不同变量（variable）错综复杂关系之下的本质结构[①]。探索性因子分析假定每个变量均由公共因子（common factor）和独特因子（unique factor）两部分组成。探索性因子分析通过不断地比较这些变量之间的异同，保留富含公共因子的变量，将其形成数据簇（data cluster），从中提炼出这些变量所共同包含的公共因子；同时，探索性因子分析也会剔除那些公共因子不够显著的变量，实现数据体量的消减（data reduction）。简而言之，探索性因子分析就是在不断比较的过程中，把数量庞大的变量逐渐加载（load）到一组数量较少但彼此相关的核心因子上。探索性因子分析所具备的数据消减和数据聚集成簇（clustering）这两个特点在扎根理论中也有明确的体现。探索性因子分析对变量之间公共性的挖掘，类似于扎根理论采用不断比较分析的方法对类属之间的联系进行的探索。研究者在不断比较分析思路的指导下，不断把新收集到的数据与之前收集到的数据进行对比，即一组经验数据与一个概念、一个概念与一个类属等放在一起做比较分析，从而不断地在不同概念之间、概念与类属之间以及不同类属之间建立新的关联方式，最终发现可以对数据进行进一步抽象与概括的核心概念（core concept）[②]。研究者在这种逐层抽象化和概念化推进的过程中不断减少数据体量，最终实现基于共性的数据簇集。

探索性因子分析所发现的公共因子与扎根理论所生成的核心概念相似，两种研究方法均在演绎推理（deductive reasoning）的指导下，以一种提纯精炼的方式把后续出现的变量或数据与已经生

① HAIG B D. Exploratory factor analysis, theory generation, and scientific method [J]. Multivariate Behavioral Research, 2005, 40: 303-329.
② HAIG B D. Exploratory factor analysis, theory generation, and scientific method [J]. Multivariate Behavioral Research, 2005, 40: 303-329.

成的公共因子或核心概念进行比较，进而验证业已生成的后者在多大程度上可以准确解释并预测前者，最终把所有变量或数据所共同涵盖的特质浓缩成数量更少的核心数据簇。基于上述这些相似性，扎根理论可以与探索性因子分析结合起来，形成混合方法研究。例如，美国的一个研究团队多年来一直致力于研究医疗口译从业人员（medical interpreter，以下简称"译员"）在医护人员与病患的互动过程中所扮演的角色，并围绕这个问题做了大量质性研究，在此基础上指出医疗口译服务提供商（以下简称"提供商"）对译员的期待会影响后者所提供的口译服务质量。这个团队前期采用扎根理论，对 39 位提供商进行了深入访谈（8 个小组访谈，14 个一对一访谈，每个时长均为 60~90 分钟），访谈主要探究这些提供商对译员的期待和评价①。研究发现，不同领域的提供商期待译员扮演三类角色（三个核心类属）：病患盟友（Patient Ally）、健康护理专业人士（Health Care Professional）以及提供商代理人（Provider Proxy）。接下来，该研究团队基于这三个核心类属及其子概念，制作了一份问卷，对 293 位提供商进行了问卷调查，并采用探索性因子分析进行统计学分析，然后把这个统计结果与之前的质性研究发现结合起来进行三角互证，最后指出这三个核心类属的确包含了供应商对译员的主要期待，并且进一步指出来自不同行业的提供商在"病患盟友"这个因子上存在显著的差异。具体而言，护理服务（nursing）领域的提供商比精神健康（mental health）及肿瘤治疗（oncologists）这两个领域的提供商更加期待译员在服务过程中可以赢得病患的信赖，成为病患的盟友。基于上述通过混合方法研究得出的结论，该研究团队呼吁健康传播研究在未来应该更加关注译员如何可以成为病患盟友，进一步阐述影响这种同盟关系形成的因素。

　　混合方法研究发源于西方学术界，目前在中国的应用与探讨多集中在教育学和公共管理领域，跨文化传播领域涉及不多。因此，

① HSIEH E, PITALOKA D, JOHNSON J. Bilingual health communication: Distinctive needs of providers from five specialties [J]. Health Communication, 2013, 28: 557-567.

在这个时候对混合方法研究的缘起、发展以及争论进行一个清晰的阐述，有助于中国跨文化研究的深入发展。跨文化传播研究自发展之初就带有浓厚的实证主义与后实证主义色彩，强调把研究对象视为与研究者对立的存在，倡导用演绎推理的思路，把跨文化传播现象拆分为细小的变量，探讨不同变量之间的关系，力求发现具有极大普适性的理论性阐述。这种把人类复杂传播现象及文化体系拆分为不同变量的思路后来遭到了诠释主义学派的批判。这些学者认为，对人类跨文化传播行为的研究不能脱离这些传播行为所产生的语境（尤其是文化语境），不能忽视行为背后的原因。因此，这些学者倡导用质性研究发现，对人类跨文化传播现象进行深描。在这样的学科发展背景下，混合方法研究无疑为跨文化传播提供了很好的研究思路，因为量化研究方法与质性研究方法的适度结合，可以同时在普适性与独特性两个维度上提升研究的信度与效度。另外，现有跨文化传播研究所倚重的理论框架大多产生于西方文化体系之下，这些理论框架在中国文化语境下的适用性有待探讨。混合方法研究可以帮助学者更好地发现非西方文化体系对现有西方理论框架的拓展与补充。对中国跨文化传播研究而言，混合方法研究有助于中国研究者跳出西方中心主义的泥沼，结合中国情况的特殊性与复杂性，走具有中国特色的跨文化传播研究道路。

三　结语与展望

马佳妮在其专著最后写过这样一段话："来华留学生教育涉及面广，是需要较大投入的系统性工程。留学生的适应过程更需要教师和学生对话式的、共同的努力。留学生在中国的学习需要教师、留学生本人、中国学生、其他有关联的中国人对话式的通力合作。"[1]通过对近 30 位来华留学生的采访，我对这段话更是无比赞同。跨文

---

[1]　马佳妮. 留学中国——来华留学生就读经验的质性研究 [M]. 北京：社会科学文献出版社，2020.

化交际是一个复杂的、充满了动态变化的过程。开展跨文化对话的个体都经历着自己原有母国文化赋予的视域与其他人的视域动态融合的过程。在这个融合的过程中，每个个体的特点、他们在不同社会结构中所处的位置以及他们曾经的过往都会影响他们对同一段跨文化交际经历的解读。因此，跨文化沟通最大的挑战在于参与者如何认识到原有视域对自己的束缚，同时可以看到他人视域背后的合理性，并在这个过程中相互协商，寻找共同之处，在此基础上和而不同，相互尊重，平等对话。正如马佳妮总结的那样，对双方均有助益的跨文化交际一定是各方共同努力的结果，需要对话者的双向奔赴，而非一方的一厢情愿。① 而且，跨文化交际并非一个一蹴而就的过程，势必需要各方漫长的、恒定的努力。因此，本书的结束并非我研究的终点。正是在聆听并分析受访者精彩叙述的同时，我更加意识到自己作为一个普通研究者任重而道远，而且种种尚未完成的不足将激励我继续深入来华留学生研究。我坚信，未来会有更多的有志之士加入这个研究领域，我们也会迎来更多向往中国、热爱中国的留学生。就让我们一起努力，期待中国高等教育国际化更加美好的明天！

---

① 马佳妮.留学中国——来华留学生就读经验的质性研究 [M].北京：社会科学文献出版社，2020.

参考文献

爱德华·霍尔. 超越文化 [M]. 何道宽，译. 北京：北京大学出版社，2010.

爱德华·霍尔. 无声的语言 [M]. 何道宽，译. 北京：北京大学出版社，2010.

安然. 解析跨文化传播学术语"濡化"与"涵化"[J]. 国际新闻界，2013，35: 54-60.

安亚伦，段世飞. 推拉理论在学生国际流动研究领域的发展与创新 [J]. 北京师范大学学报（社会科学版），2020: 25-35.

芭芭拉·亚当. 时间与社会理论 [M]. 金梦兰，译. 北京：北京师范大学出版社，2009.

陈国明，余彤. 跨文化适应理论构建 [J]. 学术研究，2012: 130-138.

陈慧，车宏生，朱敏. 跨文化适应影响因素研究述评 [J]. 心理科学进展，2003: 704-710.

陈君楣，陈森霖. 来华留学生文化传播人才培养路径探索 [J]. 教育评论，2021: 35-39.

陈强，孙奕，王静，等. 新中国第一批"洋学生"——清华大学东欧交换生中国语文专修班始末 [J]. 神州学人，2015，7: 9-13.

陈向明. 社会科学中的定性研究方法 [J]. 中国社会科学，1996（6）：93-102.

陈向明．扎根理论的思路和方法 [J]．教育研究与实验，1999（4）：58-
　　63+73．

陈向明．旅居者和"外国人"——留美中国学生跨文化人际交往研究 [M]．
　　北京：教育科学出版社，2004．

陈秀琼，林赞歌．来华安哥拉青年跨文化心理适应相关因素研究——以在厦
　　一百多名安哥拉留学生为例 [J]．西北人口，2017，38：36-43．

陈学金．"结构"与"能动性"：人类学与社会学中的百年争论 [J]．贵州
　　社会科学，2013：96-101．

陈玉涓．"一带一路"背景下中东欧来华留学生跨文化身份的建构 [J]．高
　　教学刊，2020：20-24．

程家福．来华留学生教育结构历史研究 [M]．上海：同济大学出版社，2012．

程立浩，刘志民．"一带一路"视域下来华留学教育与经济发展协调关系研
　　究 [J]．黑龙江高教研究，2020，38（8）：66-71．

崔希涛，何俊芳．来华非洲留学研究生学术适应问题探究——以坦桑尼亚为
　　例 [J]．民族教育研究，2021，32：158-165．

戴晓东．跨文化交际理论从欧洲中心到多中心演进探析 [J]．学术研究，
　　2011：137-146+160．

单波．跨文化传播的基本理论命题 [J]．华中师范大学学报（人文社会科学
　　版），2011，50：103-113．

单波，张腾方．跨文化传播视野中的他者化难题 [J]．学术研究，2016（6）：
　　39-45+73+32．

道端良秀．日中佛教友好二千年史 [M]．北京：商务印书馆，1992．

丁笑炯．高校来华留学生支持服务满意度调查与思考——基于上海高校的数
　　据 [J]．高校教育管理，2018，12：115-124．

董明．明清时期琉球人的汉语汉文化学习 [J]．北京师范大学学报（人文社
　　会科学版），2001，163：109-116．

董明．中国古代来华留学生教育的启示 [J]．海外华文教育，2003，26：68-
　　74．

樊静薇，田美．来华留学生研究综述——基于 WoS 核心合集 SSCI 文献 [J]．
　　国际学生教育管理研究，2021（1）：81-95．

方宝．近十五年东盟国家来华留学生教育的变化趋势研究——基于 1999～2013 年相关统计数据的分析 [J]．比较教育研究，2015, 37: 77-86.

费孝通．乡土中国 [M]．北京：中华书局，2013.

冯增俊．教育人类学 [M]．南京：江苏教育出版社，1991.

高一虹．"想像共同体"与语言学习 [J]．中国外语，2007: 47-52.

格奥尔格·齐美尔．社会学——关于社会化形式的研究 [M]．林荣远，译．北京：华夏出版社，2002.

顾钧．美国第一批留学生在北京 [M]．郑州：大象出版社，2015.

郭丽．唐代留学生教育管理制度述论 [J]．北京社会科学，2016: 65-72.

郭毅，朱扬帆，朱熹．人际关系互动与社会结构网络化——社会资本理论的建构基础 [J]．社会科学，2003: 64-74.

哈巍，陈东阳．人才流动与教育红利——来华留学教育研究综述 [J]．教育学术月刊，2019: 55-64.

韩瑞霞，王琦．国内留学生认同研究的现状、理论与方法——基于 CNKI 的主题元分析 [J]．上海交通大学学报（哲学社会科学版），2016, 24: 75-83.

何培仪，张正珊，王颖，等．来华医学留学生跨文化效能及适应现状的调查 [J]．护理研究，2018, 32: 3268-3270.

贺寨平．国外社会支持网研究综述 [J]．国外社会科学，2001: 76-82.

侯清勇．来华日本留学生大学学习融入问题研究 [D]．上海：华东师范大学，2010.

胡雪松，李文文，王蕾．来华留学生跨文化适应的困境与对策研究 [J]．高校辅导员学刊，2022, 14: 83-88.

胡玉婷，洪建中，刁春婷．跨文化沟通能力对来华留学生抑郁的影响：身份认同差异的中介作用 [J]．心理科学，2019, 42: 942-948.

黄仁国．中美人文交流高层磋商机制分析 [J]．现代国际关系，2010: 12-19.

贾文山，刘杨．跨文化传播的诠释学视角——以中国语境为例 [J]．西安交通大学学报（社会科学版），2018, 38: 123-129.

教育部．2018 年来华留学统计 [DB/OL]．2019-04-12. http://www.moe.gov.cn/

jyb_xwfb/gzdt_gzdt/s5987/201904/t20190412_377692.html.

金恒江，张国良．微信使用对在华留学生社会融入的影响——基于上海市
　　五所高校的调查研究［J］．现代传播—中国传媒大学学报，2017, 39:
　　145-151.

克莱默，刘杨．全球化语境下的跨文化传播［M］.北京：清华大学出版社，
　　2015.

匡文波，武晓立．跨文化视角下在华留学生微信使用行为分析——基于文
　　化适应理论的实证研究［J］．武汉大学学报（哲学社会科学版），2019,
　　72: 115-126.

旷群，戚业国．赴澳"留学热"探源——基于推拉因素理论的分析［J］．高
　　教探索，2016（1）: 20-26.

李春雨．北京文化的异域审视——针对在京留学生群体的考察［J］.北京师
　　范大学学报（社会科学版），2006（6）: 122-126.

李红，李亚红．完美主义、社会联结对来华留学生心理健康的影响——文
　　化适应压力的中介作用［J］．西南民族大学学报（人文社会科学版），
　　2016, 37: 213-217.

李琳，生安锋．后殖民主义的文化身份观［J］．国外理论动态 ，2004: 48-
　　51.

李鹏．新中国来华留学教育的发端：缘起、进程与意义［J］．华东师范大学
　　学报（教育科学版），2016, 34: 107-112+124.

李滔．中华留学教育史录：1949 年以后 ［M］.北京：高等教育出版社，2000.

李文宏．留学生跨文化沟通效果评价模式探微［J］．人民论坛 ，2011: 170-
　　171.

李晓艳，周二华，姚姝慧．在华留学生文化智力对其跨文化适应的影响研究
　　［J］．管理学报，2012, 9: 1779-1785.

林航，谢志忠，郑瑞云．孔子学院是否促进了海外学生来华留学——基于
　　40 个国家 2004 ～ 2014 年面板数据的实证检验 ［J］．国际商务（对外
　　经济贸易大学学报），2016: 52-65.

林小英．分析归纳法和连续比较法：质性研究的路径探析［J］．北京大学教
　　育评论 ，2015, 13: 16-39+188.

刘海方．从中国模式的智力援助到全球化时代新公共外交——讲述中国对非洲奖学金的故事 [J]．当代世界，2013: 54–57.

刘俊．"他者"的存在和"身份"的追寻——美国华文文学的一种解读 [J]．南京大学学报（哲学·人文科学·社会科学），2003: 102–110.

刘鑫鑫，钱婷．从文化冲突到文化融合：高校国际学生趋同化管理的策略研究 [J]．北京教育（高教），2020: 43–45.

刘亚秋．费孝通社会学思想中的主体性研究 [J]．西南民族大学学报（人文社会科学版），2020, 41: 15–20.

刘杨．跨文化传播：范式之争与全球一体化的新角度 [J]．中国传媒海外报告，2013, 9.

刘杨．跨文化适应 [J]．跨文化研究论丛，2020（1）：136–140+148.

卢鹏．来华留学生向世界讲好中国故事的议题方略与实践路径 [J]．思想教育研究，2022（2）：154–159.

吕小蓬．跨文化视野下的北京文化国际推广——在京留学生的北京文化认同调查 [J]．中华文化论坛，2015: 11–18+191.

马彬彬，李祖超．高校来华留学生"趋同管理"培养模式探析 [J]．黑龙江高教研究，2021, 39: 62–65.

马春燕．来华留学生：中国故事讲述者与国家形象宣传员 [J]．社会科学论坛，2017: 220–229.

马春燕．浅谈对来华留学生的公共外交 [J]．海外华文教育，2017: 1695–1701.

马春燕．中国故事的"他方"讲述与传播初探——以来华留学生为视角 [J]．理论导刊，2017: 93–96.

马佳妮．留学中国——来华留学生就读经验的质性研究 [M]．北京：社会科学文献出版社，2020.

孟祥远，邓智平．如何超越二元对立？——对布迪厄与吉登斯比较性评析 [J]．南京社会科学，2009: 111–114.

彭泽平，金燕．近代来华留学教育的递嬗、趋势及历史影响 [J]．社会科学战线 2022（1）：215–225.

亓华，李秀妍．在京韩国留学生跨文化适应问题研究 [J]．青年研究，2009:

84-93+96.

任一弘，施广东．来华留学生文化认同变化的现状研究 [J]．智库时代，
　　2017, 14: 245-246.

申莉．优化来华留学生教育管理，促进中华文化认同 [J]．黑龙江教师发展
　　学院学报，2021, 40: 1-3.

宋海燕．中国国家形象的"他者"传播：来华留学生的中介机制 [J]．新闻
　　爱好者，2021: 27-30.

宋华盛，刘莉．外国学生缘何来华留学——基于引力模型的实证研究 [J]．
　　高等教育研究，2014，35（11）：31-38.

孙晓娥．深度访谈研究方法的实证论析 [J]．西安交通大学学报（社会科学
　　版），2012, 32: 101-106.

孙艺风．翻译研究与意识形态：拓展跨文化对话的空间 [J]．中国翻译，
　　2003: 6-12.

唐静．留学生选择来华学习的行为意向研究——基于计划行为理论的解释框
　　架 [J]．高教探索，2017: 90-94+116.

汪长明．文化调试、制度供给、社会支持——跨文化视野中的在华留学生 [J]．
　　当代青年研究，2014: 5-13.

王炳钰，陈敬复，吴思莹．流动想象与学术移民：中国回流学者工作与生活
　　研究 [J]．广东社会科学，2020: 199-211.

王朝晖，张春胜．"一带一路"倡议下中国企业"走出去"人才本土化研究——
　　以来华留学生为例 [J]．上海对外经贸大学学报，2018, 25: 63-73.

王凤丽，王春刚，徐瑾．来华留学生对中华文化传播探析 [J]．未来与发展，
　　2019, 43: 69-71+77.

王敏，王令瑶．中国故事的传播中介、传受偏差与传声纠偏——以在华留学
　　生为中介的研究 [J]．新闻记者，2020: 56-68.

王雁飞．社会支持与身心健康关系研究述评 [J]．心理科学杂志，2004（5）：
　　1175-1177.

王祖亮．来华留学生教育发展变化、动因分析及未来展望——基于 2004-
　　2011 年统计数据的实证分析 [J]．大学（学术版），2013: 47-54+46.

韦歆．以文化认同为导向的留学生管理——以 H 大学为例 [D]．上海：上海

交通大学， 2013.

魏崇新. 来华留学生文化适应性研究——以北京高校留学生为例 [J]. 海外
    华文教育，2015: 169-179.

魏浩，袁然，赖德胜. 中国吸引留学生来华的影响因素研究——基于中国
    与全球 172 个国家双边数据的实证分析 [J]. 教育研究，2018, 39: 76-
    90.

文雯，陈丽，白羽，等. 北京地区来华留学生就读经验和满意度国际比较研
    究 [J]. 北京社会科学，2013: 63-70.

文雯，刘金青，胡蝶，等. 来华留学生跨文化适应及其影响因素的实证研究
    [J]. 复旦教育论坛，2014: 50-57.

吴彩娟. 来华留学生微信使用与跨文化适应调查 [D]. 武汉: 中南财经政法
    大学， 2019.

吴灿新. 文化认同与和谐社会建设 [J]. 广东省社会主义学院学报，2006:
    49-53.

吴肃然，李名荟. 扎根理论的历史与逻辑 [J]. 社会学研究，2020, 35: 75-
    98+243.

肖耀科，陈路芳. 在中国的东南亚留学生的文化适应问题——对广西民族大
    学东南亚留学生的调查 [J]. 东南亚纵横，2012: 38-42.

谢永飞，刘衍军. 亚洲来华留学生在江西高校的社会适应研究 [J]. 西北人
    口，2009, 30: 61-64.

徐付. 高丽末年儒学家李穑及其《牧隐稿》研究 [D]. 呼和浩特: 内蒙古师
    范大学，2010.

徐雪英，胡温婕. 基于身份管理理论的学生跨文化交际困境研究 [J]. 继续
    教育研究，2021: 96-102.

杨军红. 来华留学生跨文化适应问题研究 [D] . 上海: 华东师范大学，
    2005.

杨力苈. 约翰为什么来中国学习?——一位美国留学生的叙事研究 [J]. 教
    育学术月刊，2016（2）: 74-81.

杨林，杨希. 来华留学研究生学业满意度及其影响因素研究——基于上海
    市研究型大学 A 校的实证调查 [J]. 长春教育学院学报，2018, 34: 26-

29.

杨昭全．中国—朝鲜·韩国文化交流史（Ⅳ）[M].北京：昆仑出版社，2004.

姚君喜．互联网使用对外籍留学生中国文化认同的影响——基于北京、上海、广州高校的实证研究 [J]. 西南民族大学学报（人文社会科学版），2021, 42: 162-170.

姚燕．跨文化性与跨文化态度——德国跨文化交往理论研究管窥[J]. 国外社会科学，2015（3）：108-116.

叶荔辉．隐性教育中的群际融合路径研究——基于 545 名来华留学生的质性访谈和实证研究 [J]. 思想教育研究，2020: 14-19.

于富增．改革开放 30 年的来华留学生教育 [M].北京：北京语言大学出版社，2009.

于富增，辽波，朱小玉．教育国际交流与合作史 [M].海口：海南出版社，2002.

余子侠，王海凤．近代来华留学生教育的演变历程及特点 [J]. 湖北大学学报（哲学社会科学版），2021, 48: 111-119.

岳天明．浅谈民族学中的主位研究和客位研究 [J]. 中央民族大学学报（哲学社会科学版），2005, 32: 41-46.

张继焦，吴玥．西方民族志的发展阶段及中国实践反思 [J]. 西北师大学报（社会科学版），2022, 59: 95-105.

张静．来华留学生趋同化管理的现实意义与推进策略 [J]. 中国高等教育，2020: 55-56.

张静．高校国际学生管理趋同化的思考与建议 [J]. 高等工程教育研究，2021: 122-127.

张世蓉，王美娟．高校留学生文化身份认同研究 [J]. 海外英语，2018: 175-178+180.

张淑华，李海莹，刘芳．身份认同研究综述 [J]. 心理研究，2012, 5: 21-27.

赵欣．"边缘人"研究的理论脉络、核心逻辑与研究展望 [J]. 国外社会科学，2021, 346: 116-127.

郑震 . 空间：一个社会学的概念 [J]. 社会学研究，2010, 25: 167-191+245.

《中国教育年鉴》编辑部 . 中国教育年鉴（1991）[M]. 北京：人民教育出版社，
    1992.

《中国教育年鉴》编辑部 . 中国教育年鉴（1992）[M]. 北京：人民教育出版社，
    1993.

中华人民共和国国务院 . 2003-2007 年教育振兴行动计划 [M]. 北京：人民
    教育出版社，2004.

中华人民共和国教育部 ."十三五"时期来华留学生结构不断优化 [DB/OL].
    2020-12-22. http://www.moe.gov.cn/fbh/live/2020/52834/mtbd/202012/
    t20201222_506945.html.

钟新，杨爽 . 多元主体、多种渠道、多维理念：赵启正与中国的新公共外交
    [J]. 公共外交季刊，2021: 85-92+130.

周婷 . 来华留学生文化认同的研究进展——基于 2004—2018 年 CNKI 的文献
    分析 [J]. 湖南广播电视大学学报,2020（4）：89-96.

周宪 . 跨文化研究：方法论与观念 [J]. 学术研究，2011: 127-133.

周晓虹 . 现代社会心理学：多维视野中的社会行为研究 [M]. 上海：上海人
    民出版社，1997.

周一良 . 中朝人民的友谊关系与文化交流 [M]. 上海：开明书店，1951.

Dervin F. 教育的跨文化性 [M]. 袁梅，张菀，译 . 北京：中央民族大学出版
    社，2020.

Dervin F, 袁梅，陈宁 . 跨文化性视角 [J]. 跨文化研究论丛，2020（2）：
    119-124+132.

AGE L J. Grounded theory methodology: Positivism, hermeneutics, and
    pragmatism [J]. Qualitative Report, 2001, 16: 1599-1615.

AHMAD A B, SHAH M. International students' choice to study in China: An
    exploratory study [J]. Tertiary Education and Management, 2018, 24: 325-
    337.

AKANWA E E. International students in Western developed countries: History,
    challenges, and prospects[J]. Journal of International Students , 2015, 5:
    271-284.

AKHTAR M, KRöNER-HERWIG B. Acculturative stress among international students in context of socio-demographic variables and coping styles [J]. Current Psychology, 2015, 34: 803-815.

AN R, CHIANG S-Y. International students' culture learning and cultural adaptation in China[J]. Journal of Multilingual and Multicultural Development , 2015, 36: 661-676.

ANDRADE M S. International students in English-speaking universities: Adjustment factors [J]. Journal of Research in International Education, 2006, 5: 131-154.

ANDREOTTI V. Actionable postcolonial theory in education [M].London, UK: Palgrave, 2011.

ARTHUR N, FLYNN S. Career development influences of international students who pursue permanent immigration to Canada [J]. International Journal for Educational and Vocational Guidance, 2011, 11: 221-237.

BAI L, WANG Y X. In-class and out-of-class interactions between international students and their host university teachers[J]. Research in Comparative and International Education , 2021.

BAKHTIN M M. The dialogic imagination: Four essays [M]. EMERSON C, HOLQUIST M, trans. Austin: University of Texas Press, 1981.

BERGMAN M M. Introduction: Whither mixed methods? [C]// BERGMAN M M. Advances in Mixed Methods Research: Theories and Applications. Thousand Oaks, California: Sage, 2008: 8-17.

BERGMAN M M. The straw men of the qualitative-quantitative divide and their influence on mixed methods research[C]// BERGMAN M M, Advances in Mixed Methods Research: Theories and Applications. Thousand Oaks, California: Sage, 2008: 18-31.

BERRY J W. Acculturation as varieties of adaptation [C] // PADILLA A. Acculturation: Theory, models and some new findings. Boulder, CO: Westview, 1980: 9-25.

BERRY J W. Immigration, acculturation and adaptation[J]. Applied Psychology:

An International Review , 1997, 46: 5-68.

BERRY J W. Conceptual approaches to acculturation [C] // CHUN K M, ORGANISTA P B, MARÍN G. Acculturation: Advances in theory, measurement and applied research. Washington, D.C.:American Psychological Association, 2003: 17-37.

BERRY J W. Acculturation: Living successfully in two cultures [J]. International Journal of Intercultural Relations, 2005, 29: 697-712.

BERRY J W. Stress perspectives on acculturation [C] //SAM D L , BERRY J W. The Cambridge handbook of acculturation psychology. Cambridge, MA: Cambridge University Press, 2006: 43-57.

BERRY J W, PHINNEY J S, SAM D L, et al. Immigrant youth in cultural transition [M]. Mahwah, NJ: Lawrence Erlbaum Associates, 2006.

BERRY J W, POORTINGA Y H, SEGALL M H, et al. Cross-cultural psychology: Research and applications [M]. New York, NY: Cambridge University Press, 2002.

BERRY J W, SABATIER C. Variations in the assessment of acculturation attitudes: Their relationships with psychological wellbeing[J]. International Journal of Intercultural Relations , 2011, 35: 658-669.

BERRY J W, SAM D L. Acculturation and adaptation [C] // BERRY J W, SEGALL M H, KAGITCIBASI C. Handbook of cross-cultural psychology. Boston, MA:Allyn & Bacon, 1997: 291-329.

BEVIS T B, LUCAS C J. International students in American colleges and universities: A history [M]. New York, NY: Palgrave Macmillan, 2007.

BHABHA H K. Of mimicry and man: The ambivalence of colonial discourse [J]. October, 1984, 28: 125-133.

BHABHA H K. The location of culture [M]. London: Routledge, 1994.

BLUMER H. Symbolic interactionism: Perspective and method [M]. Englewood Cliffs, NJ: Prentice Hall, 1969.

BLUMER H. George Herbert Mead and human conduct [M]. Walnut Creek, CA: AltaMira Press, 2004.

BOTHA W. English and international students in China today: A sociolinguistic study of English-medium degree programs at a major Chinese university [J]. English Today, 2016, 32: 41-47.

BOURHIS R Y, MOISE L C, PERREAULT S, et al. Towards an interactive acculturation model: A social psychological approach[J]. International Journal of Psychology , 1997, 32: 369-386.

BRYMAN A. The debate about quantitative and qualitative research: A question of method or epistemology?[J] The British Journal of Sociology , 1984, 35: 75-92.

CAO C, MENG Q. A systematic review of predictors of international students' cross-cultural adjustment in China: Current knowledge and agenda for future research [J]. Asia Pacific Education Review, 2022, 23: 45-67.

CARBAUGII D. Cultural communication and intercultural contact [M]. Hillsdale, NJ: Erlbaum, 1990.

CHAN W-K, WU X. Promoting governance model through international higher education: Examining international student mobility in China between 2003 and 2016 [J]. Higher Education Policy, 2020, 33: 511-530.

CHARMAZ K. Constructing grounded theory: A practical guide through qualitative analysis [M]. London, UK: Sage, 2006.

CHEN J M. Three levels of push-pull dynamics among Chinese international students' decision to study abroad in the Canadian context[J]. Journal of International Students , 2016, 7: 113-135.

CHIANG S-Y. Cultural adaptation as a sense-making experience: International students in China[J]. Journal of International Migration and Integration , 2015, 16: 397-413.

CHIRKOV V, VANSTEENKISTE M, TAO R, et al. The role of self-determined motivation and goals for study abroad in the adaptation of international students[J]. International Journal of Intercultural Relations , 2007, 31: 199-222.

CICOGNANI E, SONN C C, ALBANESI C, et al. Acculturation, social exclusion and resistance: Experiences of young Moroccans in Italy[J]. International Journal of Intercultural Relations , 2018, 66: 108-118.

CITRON J Short-term study abroad: Integration, third culture formation, and re-entry [M]. Phoenix, AZ: NAFSA Annual Conference, 1996.

COLEMAN J A . Social circles during residence abroad: What students do, and who with [C] // MITCHELL R, TRACY-VENTURA N, MCMANUS K. Social interaction, identity and language learning during residence abroad. Amsterdam: The European Second Language Association, 2015.

COLLIER M J. Cultural identity and intercultural communication [C] // SAMOVAR L A, PORTER R E. Intercultural communication. 8th edn. Belmont, CA: Wadsworth, 1997: 36-44.

COLLIER M J. Researching cultural identity: Reconciling interpretive and postcolonial perspectives [C] // TANNO D V, GONZáLEZ A B. Communication and identity across cultures (International and Intercultural Communication Annual). Thousand Oaks, CA: Sage, 1998: 122-147.

COLLIER M J, THOMAS M. Cultural identity: An interpretive perspective [C] // KIM Y Y, GUDYKUNST W B. Theories in intercultural communication (International and Intercultural Communication Annual). Newbury Park, CA: Sage, 1988: 99-120.

COLLINS P H. Learning from the outsider within: The sociological significance of black feminist thought[J]. Social Problems , 1986, 33: S14-S32.

COOLEY C H. Human nature and the social order [M]. New York, NY: Scribners, 1902.

CORDER S P. Strategies of communication [C] // FAERCH C, KASPER G. Strategies in inter-language communication. London, UK: Longman, 1983: 15-19.

CRESWELL J W. Research design: Qualitative, quantitative, and mixed methods approaches [M]. Los Angeles, CA: Sage, 2009.

CROUCHER S M, KRAMER E. Cultural fusion theory: An alternative to acculturation [J]. Journal of International and Intercultural Communication,

2017, 10: 97-114.

DAI K, HARDY I. Language for learning? International students' doctoral writing practices in China[J]. Journal of Multilingual and Multicultural Development, 2022: 1-14.

DAO T K, LEE D, CHANG H L. Acculturation level, perceived English fluency, perceived social support level, and depression among Taiwanese international students[J]. College Student Journal , 2007, 41: 287-295.

DE LA GARZA A T, ONO K A. Retheorizing adaptation: Differential adaptation and critical intercultural communication[J]. Journal of International and Intercultural Communication , 2015, 8: 269-289.

DENTAKOS S, WINTRE M, CHAVOSHI S, et al. Acculturation motivation in international student adjustment and permanent residency intentions: A mixed-methods approach [J]. Emerging Adulthood, 2016, 5: 27-41.

DERVIN F. Assessing intercultural competence in language learning and teaching: A critical review of current efforts in higher education [C] // DERVIN F, SUOMELA-SALMI E. New approaches to assessing language and (inter-) cultural competences in higher education. Bern:Peter Lang, 2010: 157-173.

DERVIN F, GAO M. Keeping up appearances before the "Other"? Interculturality and Occidentalism in the educational TV-program "Happy Chinese" [J]. Frontiers of Education in China, 2012, 7: 553-575.

DIAO W. Between the standard and non-standard: Accent and identity among transnational Mandarin speakers studying abroad in China [J]. System, 2017, 71: 87-101.

DING X. Exploring the experiences of international students in China[J]. Journal of Studies in International Education , 2016, 20: 319-338.

DU H. The complexity of study abroad: Stories from ethnic minority American students in China[J]. Annual Review of Applied Linguistics , 2018, 38: 122-139.

DURU E, POYRAZLI S. Personality dimensions, psychosocial-demographic variables, and English language competency in predicting level of acculturative stress among Turkish international students[J]. International Journal of Stress Management , 2007, 14: 90-110.

EMIKO S K, EVELYN L. International students' acculturation: Effects of international, conational, and local ties and need for closure [J]. International Journal of Intercultural Relations, 2005, 30: 471-485.

ENGLISH A S, ZENG Z J, MA J H. The stress of studying in China: Primary and secondary coping interaction effects[J]. SpringerPlus , 2015, 4: 1-14.

ENGLISH A S, ZHANG R. Coping with perceived discrimination: A longitudinal study of sojourners in China [J]. Current Psychology, 2020, 39: 854-869.

FAN L, MAHMOOD M, UDDIN M A. Supportive Chinese supervisor, innovative international students: A social exchange theory perspective [J]. Asia Pacific Education Review, 2019, 20: 101-115.

FOUCAULT M. The archaeology of knowledge [M]. London: Tavistock, 1972.

FOUCAULT M. Power/Knowledge: Selected interviews and other writings, 1972-1977 [M]. Brighton: Harvester, 1980.

FURNHAM A, ALIBHAI N. The friendship networks of foreign students: A replication and extension of the functional model[J]. International Journal of Psychology , 1985, 20: 709-722.

FURNHAM A, BOCHNER S. Culture shock: Psychological reactions to unfamiliar environments [M]. New York: Methuen, 1986.

GADAMER H-G. Truth and method [M]. WEINSHEIMER J, MARSHALL D G,trans. New York, NY: Crossroad, 1991.

GAERTNER S L, DOVIDIO J F, RUST M C, et al. Reducing intergroup bias: Elements of intergroup cooperation[J]. Journal of Personality and Social Psychology , 1999, 76: 388-402.

GAERTNER S L, MANN J A, DOVIDIO J F, et al. How does cooperation reduce intergroup bias? [J] Journal of Personality and Social Psychology, 1990, 59: 692-704.

GEBREGERGIS W T, HUANG F, HONG J. Cultural intelligence, age and prior travel experience as predictors of acculturative stress and depression among international students studying in China[J]. Journal of International Students, 2019, 9: 511-534.

GEERTZ C. The interpretation of cultures [M]. New York, NY: Basic Books, 1977.

GIDDENS A. The constitution of society: Outline of the theory of structuration [M]. Cambridge: Polity, 1984.

GIDDINGS L, GRANT B M. A Trojan horse for positivism? A critique of mixed methods research [J]. Advances in Nursing Science, 2007, 30: 52-60.

GILES H, JOHNSON P. The role of language in ethnic group relations [C] // TURNER J C, GILES H. Intergroup behavior. Oxford, UK: Blackwell, 1981: 199-243.

GLASER B. The constant comparative method of qualitative analysis[J]. Social Problem , 1965, 12: 436-445.

GLASER B. Theoretical sensitivity [M]. Mill Valley, CA: Sociology Press, 1978.

GLASER B G, STRAUSS A L. The discovery of grounded theory: Strategies for qualitative research [M]. Chicago, IL: Aldine Publishing Company, 1967.

GOFFMAN E. The presentation of self in everyday life [M]. Garden City, NY: Anchor, 1959.

GUBA E G, LINCOLN Y S. Competing paradigms in qualitative research [C] // DENZIN N K, LINCOLN Y S. The Sage handbook of qualitative research. Thousand Oaks, CA:Sage, 1994: 105-117.

GUDYKUNST W B. A model of uncertainty reduction in intercultural encounters [J]. Journal of Language and Social Psychology, 1985, 4: 79-98.

GUDYKUNST W B. Uncertainty and anxiety [C] // KIM Y Y, GUDYKUNST W B. Theories in intercultural communication. Newbury Park, CA:Sage, 1988: 123-156.

GUDYKUNST W B. Anxiety/uncertainty management (AUM) theory: Current status [C] // WISEMAN R L. Intercultural communication competence (International and Intercultural Communication Annual). Thousand Oaks, CA: Sage, 1995: 8-58.

GUDYKUNST W B, HAMMER M R. Strangers and hosts: An uncertainty reduction based theory of intercultural adaptation [C] // KIM Y Y, GUDYKUNST W B. Cross-cultural adaptation: Current approaches. Newbury Park, CA: Sage Publications, 1988: 106-139.

GUDYKUNST W B, KIM Y Y. Communicating with strangers: An approach to intercultural communication [M]. New York, NY: McGraw Hill, 2003.

GUDYKUNST W B, MATSUMOTO Y, TING-TOOMEY S, et al. The influence of cultural individualism-collectivism, self construals, and individual values on communication styles across cultures[J]. Human Communication Research , 2006, 22: 510-543.

GUI Y, BERRY J W, ZHENG Y. Migrant worker acculturation in China[J]. International Journal of Intercultural Relations , 2012, 36: 598-610.

HAIG B. Exploratory factor analysis, theory generation, and scientific method [J]. Multivariate Behavioral Research, 2005, 40: 303-329.

HALL S. Encoding/decoding [C] // HALL S, HOBSON D, LOWE A, et al. Culture, media, language.London: Hutchinson, 1980.

HALL S. New ethnicities [C] // DONALD J, RATTANSI A. Race, culture and differences. Newbury Park, CA: Sage, 1992.

HAWTHORNE L. How valuable is "Two-Step Migration"? Labor market outcomes for international student migrants to Australia[J]. Asian and Pacific Migration Journal , 2010, 19: 5-36.

HE J-J, CHIANG S-Y. Challenges to English-medium instruction (EMI) for international students in China: A learners' perspective: English-medium education aims to accommodate international students into Chinese universities, but how well is it working?[J] English Today, 2016, 32: 63-67.

HE Y, QIN X. Students' perceptions of an internship experience in China: A pilot study [J]. Foreign Language Annals, 2017, 50: 57-70.

HECHT M L, WARREN J R, JUNG E, et al. A communication theory of identity: Development, theoretical perspective, and future directions [C] // GUDYKUNST W B. Theorizing about intercultural communication.Thousand Oaks, CA: Sage,

2005: 257-278.

HO E L-E. African student migrants in China: Negotiating the global geographies of power through gastronomic practices and culture[J]. Food, Culture & Society, 2018, 21: 9-24.

HOFSTEDE G. Culture's consequences: International differences in work-related values [M]. Beverly Hills, CA: Sage, 1980.

HOLMES P, BAVIERI L, GANASSIN S, et al. Interculturality and the study abroad experience: Students' learning from the IEREST materials[J]. Language and Intercultural Communication , 2016, 16: 452-469.

HSIEH E, PITALOKA D, JOHNSON J. Bilingual health communication: Distinctive needs of providers from five specialties [J]. Health Communication, 2013, 28: 557-567.

HU S, LIU H, ZHANG S, et al. Proactive personality and cross-cultural adjustment: Roles of social media usage and cultural intelligence[J]. International Journal of Intercultural Relations , 2020, 74: 42-57.

JIN T. Moving beyond "intercultural competence": Interculturality in the learning of Mandarin in UK universities [J]. Language and Intercultural Communication, 2017, 17: 306-322.

JING X, GHOSH R, SUN Z, et al. Mapping global research related to international students: A scientometric review[J]. Higher Education, 2020, 80: 415-433.

JOHNSON E. "They are not very open to people": How mobile students construct interculturality through metaphor and narrative [J]. Language and Intercultural Communication, 2021: 1-14.

JOHNSON R B, ONWUEBGUZIE A J. Mixed methods research: A research paradigm whose time has come [J]. Educational Researcher, 2004, 33: 14-26.

KHAWAJA N G, DEMPSEY J. A comparison of international and domestic tertiary students in Australia [J]. Journal of Psychologists and Counsellors in Schools, 2008, 18: 30-46.

KHEIR Z. Cultural bridges and reimagined geographies: International students navigating and engaging the complex cultures present in the academic world of Taiwan[J]. Research in Comparative and International Education , 2021, 16: 209-227.

KIM Y Y. Communication and cross-cultural adaptation: An integrative theory [M]. Clevedon, UK: Multilingual Matters, 1988.

KIM Y Y. Becoming intercultural: An integrative theory of communication and cross-cultural adaptation [M]. Thousand Oaks, CA: Sage, 2001.

KIM Y Y. From ethnic to interethnic: The case for identity adaptation and transformation [J]. Journal of Language and Social Psychology, 2006, 25: 283-300.

KIM Y Y. Beyond cultural categories: Communication, adaptation, and transformation [C] //JACKSON J . Handbook of language and intercultural communication. New York, NY: Routledge, 2011: 229-243.

KIM Y Y. Finding a "home" beyond culture: The emergence of intercultural personhood in the globalizing world[J]. International Journal of Intercultural Relations , 2015, 46: 3-12.

KIM Y Y. Interethnic communication: An interdisciplinary overview [C] // CHEN L. Handbook of intercultural communication. Berlin, Germany: De Gruyter Mouton, 2017: 389-413.

KOGUT B, SINGH H. The effect of national culture on the choice of entry mode[J]. Journal of International Business Studies , 1988, 19: 411-432.

KRAMER E. Cultural fusion and the defense of difference [C] // ASANTE M K, MIN J E. Socio-cultural Conflict between African and Korean Americans. New York, NY: University Press of America, 2000: 183-230.

KRAMSCH C. The multilingual subject [M]. Oxford: Oxford University Press, 2009.

KUHN T S. The structure of scientific revolutions [M]. 2nd edn. Chicago, IL: University of Chicago Press, 1970.

LAMBERT R D, BRESSLER M. Indian students and the United States: Cross-cultural images [J]. The Annals of the American Academy of Political and

Social Science, 1954, 295: 62-72.

LANGFORD C P H, BOWSHER J, MALONEY J P, et al. Social support: A conceptual analysis[J]. Journal of Advanced Nursing , 1997, 25: 95-100.

LATIEF R, LEFEN L. Analysis of Chinese Government Scholarship for international students using analytical hierarchy process (AHP)[J]. Sustainability , 2018, 10: 2112.

LEBEDKO M G. Interaction of ethnic stereotypes and shared identity in intercultural communication[J]. Procedia-Social and Behavioral Sciences , 2014, 154: 179-183.

LEE K H. Becoming a bona fide cosmopolitan: Unpacking the narratives of Western-situated degree-seeking transnational students in China[J]. Social & Cultural Geography , 2020: 1-19.

LEE K H. "I Post, therefore I Become #cosmopolitan": The materiality of online representations of study abroad in China[J]. Population, Space and Place , 2020, 26: e2297.

LI J, XIE P, AI B, et al. Multilingual communication experiences of international students during the COVID-19 Pandemic [J]. Multilingua, 2020, 39: 529-539.

LI L. Stages and characteristics of the development in Chinese international student education over a 70-year period[J]. Journal of International Students, 2020, 10: 6-17.

LI X. International students in China: Cross-cultural interaction, integration, and identity construction. Journal of Language [J], Identity & Education, 2015, 14: 237-254.

LINDLOF T R, TAYLOR B C. Qualitative communication research methods [M]. 3rd edn. California, CA: Sage, 2011.

LIU S. Living with others: Mapping the routes to acculturation in a multicultural society [J]. International Journal of Intercultural Relations, 2007, 31: 761-778.

LIU S. Identity, hybridity and cultural home: Chinese migrants and diaspora in multicultural societies [M]. New York, NY: Rowman & Littlefield, 2015.

LIU Y. Paradigmatic compatibility matters: A critical review of qualitative-quantitative debate in mixed methods research[J]. SAGE Open , 2022, 12: 1-14.

LIU Y. Communication with non-host-nationals in migration: The case of sojourning students from the United States and China [C] // CROUCHER S M, CAETANO J R, CAMPBELL E A. The Routledge companion to migration, communication and politics. Oxon, UK:Routledge, 2019: 351-364.

LIU Y, CHEN X, LI S, et al. Path analysis of acculturative stress components and their relationship with depression among international students in China [J]. Stress and Health, 2016, 32: 524-532.

LIU Y, DERVIN F. Racial marker, transnational capital, and the Occidental Other: White Americans' experiences of whiteness on the Chinese mainland[J]. Journal of Ethnic and Migration Studies , 2022, 48: 1033-1050.

LIU Y, DONG Y. Shared experiences and resilience of cultural heritage: Chinese students' social interaction with non-host-nationals in the United States[J]. Journal of International Students , 2019, 9: 112-129.

LIU Y, KRAMER E. Conceptualizing the *Other* in intercultural encounters: Review, formulation and typology of the *Other*-identity [J]. Howard Journal of Communications, 2019, 30: 446-463.

LIU Y, KRAMER E. Cultural value discrepancies, strategic positioning and integrated identity: American migrants' experiences of being the *Other* in mainland China[J]. Journal of International and Intercultural Communication, 2021, 14: 76-93.

LIU Y, SELF C C. Laowai as a discourse of Othering: Unnoticed stereotyping of American expatriates in mainland China[J]. Identities: Global Studies in Culture and Power , 2020, 27: 462-480.

LU Z, LI W, LI M, et al. Destination China: International students in Chengdu [J]. International Migration, 2019, 57: 354-372.

MA J. Why and how international students choose mainland China as a higher education study abroad destination[J]. Higher Education , 2017, 74: 563-579.

MA J, WEN Q. Understanding international students' in-class learning experiences in Chinese higher education institutions[J]. Higher Education Research & Development , 2018, 37: 1186-1200.

MARTIN J N. Understanding whiteness in the United States [C] // SAMOVAR L A, PORTER R E. Intercultural communication. 8th edn. Belmont, CA: Wadsworth, 1997: 54-62.

MARTIN J N, NAKAYAMA T K. Thinking dialectically about culture and communication[J]. Communication Theory , 1999, 9: 1-25.

MCLACHLAN D A, JUSTICE J. A grounded theory of international student well-being[J]. Journal of Theory Construction & Testing , 2009, 13.

MEAD G H. Mind, self and society [M]. Chicago, IL: University of Chicago Press, 1934.

MENDOZA S L, HALUALANI R T, DRZEWIECKA J A. Moving the discourse on identities in intercultural communication: Structure, culture, and resignifications [J]. Communication Quarterly, 2002, 50: 312-327.

MULVEY B. International higher education and public diplomacy: A case study of Ugandan graduates from Chinese universities[J]. Higher Education Policy, 2020, 33: 459-477.

NAKAYAMA T K, MARTIN J N. Introduction: Whiteness as the communication of social identity [C] // NAKAYAMA T K, MARTIN J N. Whiteness: The communication of social identity. Thousand Oaks, CA: Sage, 1999: vii-xiv.

NAKAYAMA T K, MARTIN J N . Critical intercultural communication, overview [C] // KIM Y Y. The international encyclopedia of intercultural communication. New York, NY:Wiley-Blackwell, 2017: 1-13.

NGUYEN T T T. Language and intercultural peer interactions: Vietnamese students in Taiwan's bilingual academic settings [J]. International Journal of Intercultural Relations, 2021, 84: 86-94.

ORBE M P. From the standpoint(s) of traditionally muted groups: Explicating a co-cultural communication theoretical mode [J]. Communication Theory, 1998, 8: 1-26.

ORBE M P . Co-cultural theory [C] // KIM Y Y. The international encyclopedia of intercultural communication. New York, NY:Wiley-Blackwell, 2017: 1-14.

PEDERSENA E R, NEIGHBORSB C, LARIMERC M E, et al. Measuring sojourner adjustment among American students studying abroad [J]. International Journal of Intercultural Relations, 2011, 35: 881-889.

PELTOKORPI V, CLAUSEN L. Linguistic and cultural barriers to intercultural communication in foreign subsidiaries[J]. Asian Business & Management , 2011, 10: 509-528.

PITTS M J. Identity and the role of expectations, stress, and talk in short-term student sojourner adjustment: An application of the integrative theory of communication and cross-cultural adaptation[J]. International Journal of Intercultural Relations , 2009, 33: 450-462.

POYRAZLI S, ARBONA C, BULLINGTON R, et al. Adjustment issues of Turkish college students studying in the United States[J]. College Student Journal , 2001, 35: 52-63.

POYRAZLI S, KAVANAUGH P R. Marital status, ethnicity, academic achievement, and adjustment strains: The case of graduate international students[J]. College Student Journal , 2006, 40: 767-780.

POYRAZLI S, KAVANAUGH P R, BAKER A, et al. Social support and demographic correlates of acculturative stress in international students[J]. Journal of College Counseling , 2004, 7: 73-82.

RUBIN H J, RUBIN I S. Qualitative interviewing: The art of hearing data [M]. California, CA: Sage, 2011.

SHAH S. The researcher/interviewer in intercultural context: A social intruder![J] British Educational Research Journal , 2004, 30: 549-575.

SAWIR E, MARGINSON S, DEUMERT A, et al. Loneliness and international students: An Australian study [J]. Journal of Studies in International Education, 2008, 12: 148-180.

SAWIR E, MARGINSON S, DEUMERT A, et al. Loneliness and international students: An Australian study [J]. Journal of Studies in International Education, 2008, 12: 148-180.

SCHIEFER D, MOLLERING A, DANIEL E. Cultural value fit of immigrant and minority adolescents: The role of acculturation orientations [J]. International Journal of Intercultural Relations, 2012, 36: 486-497.

SCHWARTZ S H. Values: Cultural and individual [C] // BREUGELMANS S M, CHASIOTIS A, VAN DE VIJVER F J R. Fundamental questions in cross-cultural psychology. Cambridge, MA:Cambridge University Press, 2011: 463-493.

SELLTIZ C, CHRIST J R, HAVEL J, et al. Attitudes and social relations of foreign students in the United States [M]. Minneapolis: University of Minnesota Press, 1963.

SEWELL W H, DAVIDSEN O M. The adjustment of Scandinavian students[J]. Journal of Social Issues , 1961, 12: 9-19.

SHARMA Y. India's ancient university returns to life[DB/OL].2013-05-29. https://www.bbc.com/news/business-22160989.

SHIN C I, JACKSON R L. A review of identity research in communication theory: Reconceptualizing cultural identity[J]. International and Intercultural Communication Annual , 2003, 26: 211-240.

SMITH R A, KHAWAJA N G. A review of the acculturation experiences of international students[J]. International Journal of Intercultural Relations, 2011, 35: 699-713.

SODERLUNDH H. Language choice and linguistic variation in classes nominally taught in English [C] // HABERLAND H, LøNSMANN D, PREISLER B. Language alternation, language choice and language encounter in international tertiary education. UK: Springer, 2013: 85-102.

SPRECKELS J, KOTTHOFF H. Communication identity in intercultural communication [C] // KOTTHOFF H, SPENCER-OATEY H. Handbook of intercultural communication. New York, NY: De Gruyter Mouton, 2007:

415-440.

STRAUSS A L, CORBIN J M. Basics of qualitative research: Grounded theory procedures and techniques [M]. 2nd edn. Thousand Oaks, CA: Sage, 1998.

SUAREZ D. TESOL teacher candidates experience cultural otherness[J]. TESOL Journal , 2002, 11: 19-25.

SUMER S, POYRAZLI S, GRAHAME K. Predictors of depression and anxiety among international students [J]. Journal of Counseling & Development, 2008, 86: 429-437.

SWEETMAN A, WARMAN C. Former temporary foreign workers and international students as sources of permanent immigration [J]. Canadian Public Policy, 2014, 40: 392-407.

TAJFEL H. Social identity and intergroup behavior [J]. Social Science Information, 1974, 13: 65-93.

TAJFEL H. Human groups and social categories [M]. Cambridge, MA: Cambridge University Press, 1981.

TAJFEL H. Social identity and intergroup relations [M]. Cambridge, UK: Cambridge University Press, 1982.

TAN Y. Gendered skilled migration: American women in China[J]. Asian Geographer , 2021: 1-17.

TARRANT M A, RUBIN D L, STONER L. The added value of study abroad: Fostering a global citizenry [J]. Journal of Studies in International Education, 2014, 18: 141-161.

TASHAKKORI A, TEDDLIE C. The past and the future of mixed model research: From "methodological triangulation" to "mixed model designs" [C]// TASHAKKORI A, TEDDLIE C. Handbook of mixed methods in social and behavioral research. Thousand Oaks, CA: Sage, 2003: 671-701.

TENG F, BUI G. Thai university students studying in China: Identity, imagined communities, and communities of practice[J]. Applied Linguistics Review , 2020, 11: 341-368.

TEYE E T, TETTEH A N, TEYE A, et al. The role of individual absorptive capacity, subjective-wellbeing and cultural fit in predicting international student's academic achievement and novelty in China[J]. International Journal of Higher Education , 2018, 7: 78-97.

TIAN L, LIU N C. Inward international students in China and their contributions to global common goods[J]. Higher Education , 2021, 81: 197-217.

TIAN M, LOWE A. Intercultural identity and intercultural experiences of American students in China [J]. Journal of Studies in International Education, 2014, 18: 281-297.

TIAN M, LOWE J. Missing dialogue: Intercultural experiences of Pakistani students in their first-year studies at a Chinese university [C] // ATE A W, TRAN L T, LIYANAGE I. Educational reciprocity and adaptivity: International students and stakeholders.London, UK: Routledge, 2018: 142-161.

TIAN M, LU G. Intercultural learning, adaptation, and personal growth: A longitudinal investigation of international student experiences in China[J]. Frontiers of Education in China , 2018, 13: 56-92.

TING-TOOMEY S. Identity negotiation theory: Crossing cultural boundaries [C] //GUDYKUNST W B. Theorizing about intercultural communication. Thousand Oaks, CA: Sage, 2005: 211-233.

TOWNSEND P, JUN POH H. An exploratory study of international students studying and living in a regional area [J]. Journal of Marketing for Higher Education, 2008, 18: 240-263.

TURNER J C. Toward a cognitive redefinition of the social group [C] // TAJFEL H. Social identity and inter-group relations. Cambridge, MA: Cambridge University Press, 1982: 15-40.

TURNER J C. Social categorization and the self-concept: A social cognitive theory of group behavior [C] // LAWLER E J. Advances in group processes. Greenwich, UK: JAI Press, 1985: 77-122.

TURNER J C. Rediscovering the social group: A self-categorization theory [M]. Oxford: Blackwell, 1987.

TURNER J C, OAKES P J. The significance of the social identity concept for social psychology with reference to individualism, interactionism and social influence[J]. British Journal of Social Psychology, 1986, 25: 237-252.

WANG B, CHEN J. Emotions and migration aspirations: Western scholars in China and the navigation of aspirational possibilities[J]. Journal of Ethnic and Migration Studies, 2020.

WANG L, BYRAM M. International doctoral students' experience of supervision: A case study in a Chinese university [J]. Cambridge Journal of Education, 2019, 49: 255-274.

WANG W, CURDT-CHRISTIANSEN X L. Teaching Chinese to international students in China: Political rhetoric and ground realities [J]. The Asia-Pacific Education Researcher, 2016, 25: 723-734.

WARD C, BOCHNER S, FURNHAM A. The psychology of culture shock [M]. London, UK: Routledge, 2001.

WARD C, KENNEDY A. Locus of control, mood disturbance and social difficulty during cross-cultural transitions [J]. International Journal of Intercultural Relations, 1992, 16: 175-194.

WARD C, KENNEDY A. Psychological and socio-cultural adjustment during cross-cultural transitions: A comparison of secondary students overseas and at home[J]. International Journal of Psychology , 1993, 28: 129-147.

WARD C, KENNEDY A. Where's the culture in cross-cultural transition? [J]. Comparative studies of sojourner adjustment. Journal of Cross-Cultural Psychology , 1993, 24: 221-249.

WARD C, KENNEDY A. The measurement of sociocultural adaptation [J]. International Journal of Intercultural Relations, 1999, 23: 659-677.

WARD C, RANA-DEUBA A. Home and host culture influences on sojourner adjustment [J]. International Journal of Intercultural Relations, 2000, 24: 291-306.

WATERS J, BROOKS R, PIMLOTT-WILSON H. Youthful escapes? British students, overseas education and the pursuit of happiness[J]. Social & Cultural Geography , 2011, 12: 455-469.

WEI H. An empirical study on the determinants of international student mobility: A global perspective [J]. Higher Education, 2013, 66: 105-122.

WEN W, HU D. The emergence of a regional education hub: Rationales of international students' choice of China as the study destination [J]. Journal of Studies in International Education, 2019, 23: 303-325.

WEN W, HU D, HAO J. International students' experiences in China: Does the planned reverse mobility work? [J] International Journal of Educational Development, 2018, 61: 204-212.

WILLS T A. Social support and interpersonal relationship [C] //CLARK M S . Prosocial Behavior (The Review of Personality and Social Psychology). Sage, 1991: 265-289.

WINTRE M G, KANDASAMY A R, CHAVOSHI S, et al. Are international undergraduate students emerging adults?[J] Motivations for studying abroad. Emerging Adulthood , 2015, 3: 255-264.

WU M-Y, ZHAI J, WALL G, et al. Understanding international students' motivations to pursue higher education in mainland China[J]. Educational Review , 2021, 73: 580-596.

XU K. Theorizing difference in intercultural communication: A critical dialogic perspective[J]. Communication Monographs , 2013, 80: 379-397.

YADAV D K. Student engagement at higher education institutions: A study of international student engagement and motivational challenges at Chinese universities [J]. International Journal of Educational Reform, 2021, 30: 237-254.

YANG P. Compromise and complicity in international student mobility: The ethnographic case of Indian medical students at a Chinese university[J]. Discourse: Studies in the Cultural Politics of Education , 2018, 39: 694-708.

YEH C J, INOSE M. International students' reported English fluency,social support satisfaction, and social connectedness as predictors of acculturative stress[J]. Counselling Psychology Quarterly , 2003, 16: 15-28.

YU B. Learning Chinese abroad: The role of language attitudes and motivation in the adaptation of international students in China[J]. Journal of Multilingual and Multicultural Development , 2010, 31: 301-321.

YU B, CHEN X, LI S, et al. Acculturative stress and influential factors among international students in China: a structural dynamic perspective [J]. PLoS One, 2014, 9: e96322.

YU B, DOWNING K. Determinants of international students' adaptation: Examining effects of integrative motivation, instrumental motivation and second language proficiency [J]. Educational Studies, 2012, 38: 457-471.

YU B, WATKINS D A. Motivational and cultural correlates of second language acquisition: An investigation of international students in the universities of the People's Republic of China [J]. Australian Review of Applied Linguistics, 2008, 31: 17.1-17.22.

ZHANG J, GOODSON P. Predictors of international students' psychosocial adjustment to life in the United States: A systematic review[J]. International Journal of Intercultural Relations , 2011, 35: 139-162.

ZHANG Z, BRUNTON M. Differences in living and learning: Chinese international students in New Zealand[J]. Journal of Studies in International Education , 2007, 11: 124-140.

ZHENG C. Immigrant numbers rise in cities[DB/OL].2016-03-18. http://www. chinadaily.com.cn/china/2016-03/18/content_23957378.htm.

ZHU H. Exploring intercultural communication: Language in action [M]. New York, NY: Routledge, 2014.

附录

（一）研究招募信息（中英文）

　　您好，我是北京外国语大学英语学院讲师刘杨。我正在做一个研究项目，重点关注国际学生在中国的跨文化经历和身份变化。如果您符合以下条件，欢迎您与我们联系：①您目前仍是中国学校的在读学生或毕业不超过一年时间；②您正在或曾经有在北京留学的经历；③您认为自己来自西方国家。访谈将持续1—2小时，具体时长和具体地点取决于您的意愿。每个受访者将获得100元人民币的报酬。如果您对这项研究有兴趣，请通过以下方式联系我们：xxxxxxxxxxxxx。谢谢！

Hi, this is Yang Liu, an Assistant Professor from the School of English and International Studies, Beijing Foreign Studies University. I am working on a research project focusing on international students' intercultural experiences and identity change in China. If you meet the following criteria, you are welcome to contact us for interviews: ① you are still enrolled students in China or graduated for no more than one year; ② you are studying or studied in Beijing; and ③ you originally come from countries which you identify as Western countries. The interview will last for 1-2 hours. Both the interview length and location depend on interviewees' willingness. Each interviewee will be paid 100 RMB. If you have the interest on this research, please feel free to contact us: xxxxxxxxxxxxx. Thanks!

（二）访谈提纲（中英文）

受访者背景信息

- 请问您的真实姓名是什么？
- 请问您在访谈中想使用的化名是什么？
- 请问您的国籍是什么？
- 请问您多大年纪？
- 请问您目前就读的学校是哪里？
- 请问您就读的专业是什么？
- 请问您在中国攻读的学位是什么？
- 请问您在中国学习了多长时间？
- 请问您希望用哪种语言接受采访（英文或中文）？
- 请问您在中国的学习是否有奖学金的资助？如果有，是什么奖学金？
- 请问您接受本次采访之前是否有到中国旅游或学习的经历？如果有，具体是什么时间？为什么来呢？
- 请问您接受本次采访之前是否有旅居其他国家的经历？如果有，是哪里？具体做什么？

中文学习及来华动因

- 请问您目前的中文水平如何？
- 您学习中文多久了？当初为什么想学习中文？
- 您为什么选择来中国学习呢？为什么选择北京这个城市？为什么选择现在这个学校呢？

在华留学经历

- 请谈一下您对目前留学生活的总体感受。
- 在留学期间，您社交圈的主要构成是哪些群体？
- 请您按这些群体，逐一描述自己与他们的交往经历，例如如何认识、平时交往具体做什么、您怎么看待这种交往？
- 您与不同群体交往的时候，交往活动本身是否有差异？如果有，差异是什么？为什么会出现？
- 在中国留学的时候，您遇到过什么困难或挑战？您是如何解决的？
- 面对困难的时候，您是否向周围的人求助？如果没有，为什么？如果有，具体向什么人求助？为什么向他们求助？

文化他者身份

○ 您在这里读书生活的过程中，什么事情或跨文化交际让您突然意识到自己外国人或国际学生的身份？这种情况具体如何发生的？具体场景如何？具体个体有哪些？

○ 当您意识到自己的外国人或国际学生身份之后，您如何应对？您是否求助他人？如果有，是谁？为什么要向这个人求助？

○ 您对这种凸显身份背后的原因，如何理解？

○ 您自己怎么看待自己这种不同寻常的身份？

未来期待与展望

○ 您觉得学校和社会可以提供什么样的支持，让国际学生可以更好地融入中国社会？

○ 您毕业之后有什么计划？是否会继续留在中国？

Background Information

○ What is your real name?

○ What is the pseudonym you would like to use in the interview?

○ What is your nationality?

○ How old are you?

○ What school do you currently attend?

○ What is your field of study?

○ What is your degree in China?

○ How long have you been studying in China?

○ Which language would you like to be interviewed in?

○ Have you received any scholarship support for your studies in China? If yes, what kind of scholarship?

○ Have you traveled to China or studied there before this interview? If so, when exactly? And why did you come to China?

○ Have you ever lived in another country before this interview? If so, where? What exactly did you do?

Mandarin Proficiency and Aspiration

○ What is your current level of Mandarin?

○ How long have you been studying this language? Why did you want to learn it in the first place?

○ Why did you choose to come to China to study? Why did you choose the city of Beijing? Why did you choose this school now?

Experiences of Studying in China

○ Please tell us how you feel about your study abroad life in general.

○ What are the main groups that make up your social circle while studying abroad?

○ Please describe your experiences with each of these groups, such as how you met them, what you usually do in your interactions, and how you view such interactions?

○ When you interacted with different groups, were there differences in the interaction activities themselves? If so, what were the differences? Why did they occur?

○ What difficulties or challenges did you encounter while studying in China? How did you solve them?

○ Did you ask for help from people around you when you faced difficulties? If not, why? If yes, to whom specifically? Why did you ask them for help?

Other-identity

○ During your time here, what events or cross-cultural interactions made you suddenly aware of your status as a foreigner or international student? How exactly did this happen? What were the specific situations? What are the specific individuals?

○ What did you do when you became aware of your status as a foreigner or international student? Did you ask someone for help? If so, who was it? Why did you ask this person for help?

○ What is your understanding of the reasons behind this prominence of identity?

○ What is your understanding of being a foreigner or international student in China?

Future expectations and outlook

○ What kind of support do you think the school and the community can provide so that international students can better integrate into Chinese society?

○ What are your plans after graduation? Will you stay in China?

（三）受访者画像

1. 利奥：阿根廷华裔，祖籍福州，祖父母那辈远赴阿根廷淘金，父母在阿根廷相识，后结婚生下他。自小在布宜诺斯艾利斯长大。其家族成员曾经遭受种族歧视，间接导致亲戚纷纷选择回到中国发展。利奥在成长过程中也曾因其族裔身份在学校备受孤立。考虑到中国的教育资源更为丰富，利奥父母在他初中的时候将其短暂地送回福建念书。后因不习惯，初三的时候返回阿根廷，直到高中再度回到福建，逐渐适应当地环境，在这里的公立学校顺利完成高中学业，考取大学，后到北京攻读全日制本科学士学位。中文流利，整个访谈用中文进行。认为自己在中国更有家的感觉，希望以后继续生活在这里。

2. 约翰：阿根廷华裔，祖籍浙江，父母是第一代移民，自小在布宜诺斯艾利斯长大，性格外向，从小就知道如何回击种族歧视、捍卫自己的利益。会三国语言，但英文比中文流利，采访前期使用中文回答，但问题逐渐抽象之后，自动转为英文回答。在阿根廷完成高中学业之后报考中国大学，在北京一所高校攻读全日制本科学士学位。希望自己将来可以投身阿根廷政治和外交领域，推动这个国家变得更好。受母亲影响，自认为是世界公民。

3. 麦克：美国华裔，祖籍北京。其父母在美生下他之后离婚，他被生父带回国内，交由外婆抚养，自小在北京长大，中文流利。后在母亲的强烈干预下，选择保留美国国籍，并独自一人返回美国完成高中学业。上大学之前在中国有短暂的工作经历（幼儿园外教）。后考取北京的大学，攻读全日制本科学士学位。其自小在北京长大，对中国文化非常熟悉，故与中国同学交往非常密切。采访的时候主动选择使用中文。截至本书成稿之时，已顺利完成本科学业，考取北京一所知名大学，继续攻读硕士学位。

4. 卡森：中文水平一般，因而采访以英文进行。高中毕业后在父母建议下出国留学，父母其中一人曾学过中文，加之咨询朋友，后在台北和昆明两个城市之间选择前者，赴台湾师范大学的教学中心学习中文，为期一年。在学习过程中对中国文化产生浓厚兴趣，返回德国海德堡大学攻读中国研究学士学位，两个学期之后借助学校交换项目来北京一所高校系统学习中文，为期一年。采访当天，身着淡灰色中式棉长袍，对中国传统文化尤为热爱。

5. 安迪：少年时期居住的地方有很多中餐厅，自那时开始对中国文化产生兴趣。学习中文长达八年，接受采访的时候通过了 HSK① 四级考试。上个学期借助学校的交换项目来北京一所高校学习三个月，认识了一位在读留学生，经其介绍，计划在这里攻读国际关系专业硕士学位。为了进一步提升中文水平，于 2019年 9 月再度来到这所学校，自费学习中文，为期一年。2019 年 12 月将返回意大利本科学校完成本科毕业答辩，专业为中意翻译。中文口语水平一般，故采访使用英文进行。

6. 麦考利：在来华之前曾经在印度尼西亚做志愿者，对亚洲产生浓厚兴趣。2013—2014 年借助本科学校的交换项目来到北京，开始学习中文。2016 年再度来京，在另外一所高校系统学习中文，为期一年。本科毕业之后数年往返于中美之间，在中国从事英语外教工作。接受访谈的时候在北京一家私立医院工作了两年，从事市场运营方面的工作，已经萌生要告别中国的想法。

7. 艾米莉：为了在国际贸易领域谋求更好的发展，决定学习中文，因为中国极具市场潜力。来华之前中文的系统学习仅有一年。本科阶段借助学校的交换项目赴青岛一所高校学习半年。目前为在读硕士研究生，借助学校的交换机会来北京一所高校学习一年，学习内容主要围绕国际贸易。来华之前，在立陶宛、爱尔兰等国家有旅居经历。中文水平一般，故采访以英文进行。

8. 玛丽：为了在国际贸易领域谋求更好的发展，决定学习中文，因为中国极具市场潜力，且她的国家（澳大利亚）与中国的商业联系非常紧密。系统学习中文两年，其中一年在澳大利亚，目前在准备 HSK 三级考试。借助本科学校的交换项目来北京一所高校学习，为期一年，学习内容主要围绕国际贸易。

9. 苏西：按其专业（亚洲研究）设置，必须辅修一门亚洲语言。考虑到中文所蕴藏的潜在工作机会，放弃了日语（因为之前对日本流行文化感兴趣），专修中文。系统学习数月之后，对中国文化产生了浓厚的兴趣，继而萌生了留学中国的想法，期待在留学过程中加深自己对中国文化的了解。后借助学校的交换项目来

① HSK 汉语水平考试（简称 HSK）为测试母语非汉语者的汉语水平而设立的一项国际汉语能力标准化考试。六级是新汉语水平考试 HSK 的最高等级，通过六级的考生可以轻松地理解听到或读到的汉语信息，以口头或书面的形式用汉语流利地表达自己的见解。通过一级的考生可以理解并使用一些非常简单的汉语词语和句子，满足具体的交际需求，具备进一步学习汉语的能力；通过二级的考生可以用汉语就熟悉的日常话题进行简单而直接的交流，达到初级汉语优等水平；通过三级的考生可以用汉语完成生活、学习、工作等方面的基本交际任务，在中国旅游时，可应对遇到的大部分交际任务；通过四级的考生可以用汉语就较广泛领域的话题进行谈论，比较流利地与汉语为母语者进行交流；通过五级的考生可以阅读汉语报纸杂志，欣赏汉语影视节目，用汉语进行较为完整的演讲。详见：http://www.chinesetest.cn/gosign.do?id=1&lid=0#.

北京一所高校学习中文和中国文化，为期一年。

10. 亚历克斯：本科翻译专业（法中翻译及法英翻译）。上个学期借助本科学校的交换项目来北京一所高校学习。之后自己再度来到这所学校，自费学习中文，为期一年。接受采访的时候通过了 HSK 四级考试。希望此次中文学习结束之后在北京继续攻读国际关系硕士学位。

11. 凯文：上大学之前先后在德国本土企业和在德中国企业工作，从事国际贸易。在工作过程中接触到中国文化。后为挑战自己，走出舒适圈，进入大学之后借助交换项目来北京一所高校学习，为期四个月。少年时期跟随父母在印度尼西亚首都雅加达生活三年。接受采访的时候刚刚开始学习中文，故采访使用英文进行。

12. 凯特：本科专业为语言学，按其学位要求必须在英文之外再辅修一门外语。考虑到中国蓬勃发展的经济前景以及中文带来的挑战性，选择辅修中文，并决心到中国留学。借助孔子学院提供的奖学金来北京一所高校系统学习中文，为期一年。来华之前曾经在美国怀俄明州的一所高校交换学习。与中文相比，英文更为流利，故选择用英文接受采访。

13. 雅各布：本科专业为国际贸易，借助学校的交换项目来北京一所高校交流，为期四个月。四年前作为德方学生代表，接待中国学生代表团，接触到中文，加之自己结交一个中国好友，随后开始断断续续学习这门语言。2014 年曾经跟随学校的游学项目到北京一所高校交换了两周。2018 年夏天自费在北京学习中文，为期三个月。此次来北京交换之前，通过了 HSK 二级考试。中文流利程度欠佳，故而选择用英文接受采访。

14. 沐沐：九年前开始学习中文，后通过网络结识了来自中国的语言伙伴，二人逐渐发展为恋人。本科毕业之后（即六年前），考虑到当时的男朋友（后来的先生）在北京工作，且自己本科所在学校与北京一所高校有很多合作，故而选择到北京这所高校攻读硕士学位，并组建了跨国家庭，婚后育有一女。硕士毕业之后，留在北京，在一家企业里工作三年。后选择继续深造，进入之前的学校攻读博士学位，主修中国语言与文化。来华之前曾作为交换生，在芬兰留学。中文流利，但依然觉得使用英文接受采访更为自在。

15. 玛格丽娜：本科为国际贸易专业，毕业之后在英国国内做过多种短期工作，后通过英国文化协会到北京的一所公立学校从事英语教学工作。为了更好地与中国同事沟通并提高自己在中国的生活质量，两年前开始在私立语言机构系统学习中文，每周两次课。接受采访的时候通过了 HSK 三级考试。采访以其母语（英文）进行。

16. 保罗：四五年前通过孔子学院的夏令营项目首次来到中国，在北京的一所高校学习。之后通过本科学校交换项目二度来京，在另外一所高校学习两个学期。本科毕业之后第三次来到中国，在哈尔滨的一所高校系统学习中文，为期一年。学习结束之后直接申请北京现在这所高校的硕士项目，主修国际贸易。接受采访的时候刚刚硕士毕业，正在北京一个知名企业实习。疫情期间留在北京。中文通过了 HSK 四级考试。中文口语表达能力有限，故而选择英文接受采访。

17. 小夏：在高考失利后无法选择最初心仪的欧洲研究，只能选择亚洲研究，需要辅修一门亚洲语言。在老师和父母的建议下选择了中文，从 2014 年开始系统学习。大学期间成绩优异，先后两次借助学校的交换项目赴大连一所高校进修中文，每次学习时间为一个学期。本科期间利用假期在中国人开的旅行社做兼职导游，锻炼中文口语。大四的时候参加俄罗斯"汉语桥"中文比赛，获得冠军，同时得到"汉语桥"奖学金的资助来北京攻读对外汉语硕士学位。未婚妻是中国人。中文口语流利，选择用中文接受采访。截至本书成稿之时，已顺利完成硕士学业，在同一所学校继续攻读中国语言与文化的博士学位。

18. 弗兰克：幼时在法国跟随一个中国武术老师练习迷踪拳，长达五年。高中毕业之后有感于中国经济的蓬勃发展，决定学习中文，希望为自己将来在国际贸易领域的发展积累资本。2018 年通过学校交换项目赴天津学习两周。2019年申请到北京现在这所高校攻读国际贸易学士学位。中文水平有限，故使用英文接受采访。

19. 杰克：英国华裔，父母为第一代移民。2008 年全球金融危机之后，父母决定回国寻求更好的发展，并在杭州获得更好的工作机会，遂举家回迁，定居杭州至今。小学和初中在杭州公立学校，高中在国际学校。考虑到家庭经济压力以及思乡心切，选择在中国念大学，申请了北京现在这所高校，读英美文学专业。课余时间兼职英文辩论教练，未来希望赴美国攻读相关专业的硕士学位。英文为母语，故使用英文接受采访。

20. 斯诺：从 12 岁开始跟随一个旅居意大利的中国武术老师学习少林拳，14 岁开始在高中系统学习中文（所在高中是意大利为数不多的在高中阶段就开设中文课程的学校）。2014 年首次来华，参加"汉语桥"中文比赛。2015 年赴中国西安继续系统学习中文，为期六个月。为了从事自己喜欢的电影行业，同时为了来中国寻求更好的发展，高中毕业之后报考了北京一所高校。因为通过 HSK 五级考试，其可进入中国学生所在本科项目进行合班学习，是班上唯一一个国际学生。

21. 萨拉：四年前开始系统学习中文。本科专业为亚洲研究，需要辅修一门亚洲语言。考虑到中国在国际舞台上的影响力，选择了辅修中文。在学习过程中对中国文化、历史、艺术和文学等产生了浓厚的兴趣。本科所在学校与北京一所学校有双学位合作项目，得到这个项目资助的学生可在学业最后一年赴对方学校学习，学习结束之后同时获得两所学校颁发的学位证书。为了能到中国学习，本科阶段努力学习。但为期一年的留学因为疫情的突然发生被迫中断，遂于 2020 年 2 月返回意大利。

22. 乔纳森：出生于一个跨国家庭（父亲是英国人，母亲是塞尔维亚人），高中阶段跟随家人在奥地利维也纳生活，就读于当地的美国国际学校，所住地方与一个中国社区邻近。青少年时期经常赴中国香港探望在那里工作的姨妈，在那里对中国电影产生浓厚兴趣。高中毕业之后报考了北京一所高校的摄影专业，因为中文水平有限，只能进入为国际学生开设的国际项目。后因受疫情影响，本科项目整体延期，返回伦敦后一边继续跟随以前的中文老师学习中文，一边在当地学校学习表演。英文为母语，故用英文接受采访。

23. 爱丽丝：四年前开始系统学习中文。硕士专业为亚洲研究，辅修中文，原因有二：一是中文的神秘感，二是其他欧洲语言将来都有机会学习。但学中文一定要去中国。所在学校与北京一所学校有双学位合作项目，得到这个项目资助的学生可在学业最后一年赴对方学校学习，学习结束之后同时获得两所学校颁发的学位证书。但为期一年的留学因为疫情的突然发生被迫中断，遂于 2020 年 2 月返回意大利。

24. 卢卡：两年前来京攻读对外汉语专业硕士学位，念书期间与当地的一位中国女性相爱，两人结婚，定居北京。硕士毕业之后，留校任教。截至本书成稿之时，已和妻子育有一子。中文水平流利，但依然选择用英文接受采访。

25. 朱迪：2010 年借助本科学校的交换项目首次来华，在北京一所高校系统学习中文，为期一年。2016 年通过国际高校项目二度来到北京，在另外一所高校学习中文，为期一年。接受采访的时候准备开始在美国攻读硕士学位，专业为多语教育（Multilingual Education），希望将来可以从事中文教学，做一名中文教师。

图书在版编目（CIP）数据

在北京的留学生：国际教育流动中的跨文化体验与
适应／刘杨著． -- 北京：社会科学文献出版社，
2024.1

（田野中国）

ISBN 978 - 7 - 5228 - 2697 - 4

Ⅰ．①在…　Ⅱ．①刘…　Ⅲ．①留学生 - 中外关系 - 文
化交流 - 研究 - 北京　Ⅳ．①G648.9②C912.6 - 0

中国国家版本馆 CIP 数据核字（2023）第 206668 号

·田野中国·

在北京的留学生：国际教育流动中的跨文化体验与适应

著　　者／刘　杨

出 版 人／冀祥德
组稿编辑／谢蕊芬
责任编辑／赵　娜
文稿编辑／邹丹妮
责任印制／王京美

出　　版／社会科学文献出版社·群学出版分社（010）59367002
　　　　　　地址：北京市北三环中路甲29号院华龙大厦　邮编：100029
　　　　　　网址：www. ssap. com. cn
发　　行／社会科学文献出版社（010）59367028
印　　装／三河市龙林印务有限公司

规　　格／开本：787mm×1092mm　1/16
　　　　　　印张：18.75　字数：267千字
版　　次／2024年1月第1版　2024年1月第1次印刷
书　　号／ISBN 978 - 7 - 5228 - 2697 - 4
定　　价／128.00元

读者服务电话：4008918866